성공을 위해
갖춰야 할 10가지

성공을 위해 갖춰야 할 10가지

초판 1쇄 인쇄 2021년 1월 10일
초판 1쇄 발행 2021년 1월 15일

발행인 박해성
발행처 (주)정진라이프
지은이 시민(稀敏)
옮긴이 이지연
출판등록 2016년 5월 11일
주소 02752 서울특별시 성북구 화랑로 119-8, 3층(하월곡동)
전화 02-917-9900
팩스 02-917-9907
홈페이지 www.jeongjinpub.co.kr
편집 김양섭·조윤수
기획마케팅 박상훈·이민희
ISBN 979-11-90027-03-8 *13320

과감히 생각하고 부딪치는 것, 그것이 성공의 시작이다

성공을 위해
갖춰야 할 10가지

시민稀敏 **지음** | **이지연** 옮김

정진 *Life*

그래도 꿈은 가져야 한다.
혹시라도 실현될 수 있지 않은가

"그래도 꿈은 가져야 한다. 혹시라도 실현될 수 있지 않은가."

중국 알리바바Alibaba·阿里巴巴그룹의 회장 마윈馬雲이 어느 팬에게 건넨 이 말은 많은 이들의 좌우명이 되었다. 모두가 성공을 향해 고군분투하는 오늘날, 무엇인가를 해내기 위해서는 '생각'과 '행동'이라는 필수불가결한 과정을 거쳐야 한다. 과감히 생각하고 부딪치는 것, 그것이 성공의 첫걸음임을 기억하자.

친구의 동생은 대학을 졸업하고 중국 상하이上海로 일자리를 찾아 떠났다. 하지만 그에게 2년간의 상하이 생활은 그리 녹록지 않았다. 끊임없이 이직을 되풀이하며 밥벌이조차 제대로 하지 못했던 그는 다시 고향으로 돌아가 창업을 결심했다. 그가 창업에 대한 자신의 생각을 친구에게 알렸지만 무덤덤한 반응뿐이었다.

한 달이 지난 후 친구는 나와 밥을 먹기로 약속했다. 나를 만나러 오는 길에 그에게 한 통의 전화가 걸려왔다. 너무 힘들어서 형과 술 한 잔 하고 싶다는 그의 동생이었다. 친구는 선약이 있다면서 뿌리쳤지만, 동생은 끝내 약속 장소를 알아내어 우리가 있는 곳까지 달려왔다.

이렇게 나는 친구의 동생을 처음으로 마주하게 되었다. 훤칠한 키에 수려한 외모를 가진 그는 나에게 정중히 인사를 하자마자 술을 주문했다.

친구는 동생과 대화를 시작했다.

"너 창업한다면서? 뭐 할지 생각했어?"

"아니, 아직. 누가 그러는데, 뭘 하든지 다 실패할 확률이 높대. 만만하게 할 만한 게 없다고."

"창업이란 게 당연히 실패할 수 있지. 하지만 그게 걱정되면 아무 일도 못한다고!"

"형, 내가 생각해 봤는데, 정 안되면 타오바오淘寶(중국 알리바바그룹이 운영하는 온라인 마켓)에서 물건이나 팔아 볼까 해. 동기 몇 명이 그걸 하는데 벌써 자리를 잘 잡았더라고."

친구는 고개를 끄덕이며 대답했다.

"그래, 인터넷 쇼핑몰도 괜찮지! 내 도움이 필요하면 언제든지 말해."

친구 동생은 맥주잔을 들고 한숨을 크게 내쉬더니 말했다.

"형, 그런데 인터넷 쇼핑몰은 투자금이 별로 안 들긴 하지만 망하는 사람도 부지기수겠지?"

두 사람의 대화를 묵묵히 듣고 있던 나는 조심스레 입을 열었다.

"난 어떤 일을 하든 담력이 필요하다고 생각해. 이리저리 재면서 겁부터 내면 그 어떤 일도 할 수 없거든."

동생이 대답했다.

"그야 다 아는 얘기죠. 하지만 제가 소심한 걸 어떡해요. 돈 벌고 싶은 마음은 굴뚝같은데 지난 2년 동안 아무것도 이루어낸 게 없다고요. 형한테 와서 이렇게 밥이나 얻어먹고 있는 것 좀 보세요. 저도 창업도 하고 싶고 돈도 벌고 싶지만, 잘못되면 어쩌나 하는 생각에 자꾸 망설이게 돼요."

나는 그에게 더 이상 그 어떤 조언도 해 줄 수 없었다. 일말의 배짱도 없는 녀석이 창업이라니….

친구는 무슨 일을 하든 남의 말에 휘말리지 말고 과감히 부딪치라고 재차 강조했지만 동생은 실패가 두려워 아무것도 할 수 없다고 징징댈 뿐이었다. 이렇게 친구와 동생의 대화가 되돌이표처럼 계속 이어지자 나는 다른 핑계를 대며 자리를 떴다.

집에 돌아오는 길에 내 머릿속은 복잡한 생각들로 가득 찼다. 모두가 성공을 좇는 오늘날, 의지가 강한 사람들은 스스로의 노력으로 성공을 이루고자 한다. 하지만 단지 의지만 있으면 되는 것인가? 물론 아니다. 담력이 뒷받침되어 과감히 생각하고 부딪쳐야 한다. 우물쭈물하다간 그 어떤 일도 해낼 수 없다.

성공한 사람들은 공통된 몇 가지 기질을 갖추고 있다. 담력과 식견,

용기 · 인내심 · 모험정신 · 패기 · 의지 · 도전정신 · 행동력 · 성실함 등이 그것이다. 그들은 자신의 경험을 통해 한 가지 사실을 입증하고 있다. 과감히 생각하면 기회가 생기고 과감히 행동하면 성공한다. 과감히 생각하기에 늘 꿈과 함께 할 수 있고 과감히 행동하기에 성공에 더욱 가까워진다.

"그래도 꿈은 가져야 한다. 혹시라도 실현될 수 있지 않은가." 총 10개의 장으로 구성되어 있는 이 책은 성공의 문을 여는 10가지 열쇠, 즉 담력과 식견, 용기 · 시도 · 인내심 · 모험 · 패기 · 도전 · 의지 · 행동력 · 성실함에 대해 다루었다. 이 책은 당신이 뚜렷한 목표를 향해 전진하고 성공을 하기까지 좋은 지침서가 될 것이다. 이 책을 통해 앞서 말한 키워드를 정확히 파악하여 원하는 성공을 이룰 수 있기를 바란다.

제10장 성실함

세상은 당신의 노력에 길을 내준다

—

제1장

담력과 식견

생각조차 하지 않는다면 더 이상의 발전이란 없다

☑ 1. 성공-담력과 식견을 가진 자의 편

☑ 2. 기회-담력과 식견을 가진 자에게 주어지는 것

☑ 3. 담력과 식견을 가진 자-지혜로 무장하다

☑ 4. 대담함과 세심함-성공으로 가는 길의 동반자

☑ 5. 내실 없는 배짱을 담력과 식견이라 오해 말라

1

성공—
담력과 식견을 가진 자의 편

　장사는 잘하고 싶지만 고객을 만나기를 꺼리는가? 멋진 연설은 하고 싶지만 무대에 오르기를 겁내는가? 자신의 영향력을 높이고 싶지만 낯선 사람과 이야기하기가 두려운가? 산에서 떨어질까 무서워 산을 오르지 못하고, 물에 빠질까 무서워 강을 건너지 못하고 있지는 않은가⋯. 그렇다면 당신은 그저 평범하고 단조로운 인생을 살고 있는 것이다.

　대부분의 사람들은 돈과 자신감을 동일시하며 돈 많은 사람만이 떵떵거리면서 살 수 있다고 생각한다. 그렇다면 가난한 사람은 늘 소심하고 열등감에 사로잡혀 살아야 하는가? 필자는 아래의 글을 읽고 가난한 사람의 담력에 대해서 다시 한번 생각해 보게 되었다.

❖

　어느 깊은 산속 작은 초가집에 가난한 부부가 살고 있었다. 남자의 이름은 후허사胡合薩로 7년 동안 집안에 틀어박혀서 글공부에 전념하며 바깥세상에 대한 관심이 전혀 없었다.

　그러던 어느 날, 아내가 울먹이며 말했다.

　"여보, 우리 사는 꼴을 좀 보세요. 그렇게 공부만 해서야 무슨 소용이 있겠어요. 나는 지금까지 다른 사람의 옷을 만들어주고 빨래해 주면서도 정작 제대로 된 내 옷 하나 없어요. 지금 쌀통에는 3일 치 쌀밖에 안 남았어요. 이제 우리는 굶어 죽게 생겼다구요."

아내의 말을 들은 후허사는 조용히 책을 덮고 집을 나서 어딘가를 향해 떠났다. 그가 도착한 곳은 시끌벅적한 시내였다. 그는 길가에서 행인 한 명을 붙잡고 물었다.

"안녕하십니까. 저기, 말 좀 물읍시다. 이 동네에서 가장 잘사는 부자가 누구입니까? 제가 좀 만났으면 합니다만."

행인은 그를 위아래로 훑어보더니 비아냥거리며 말했다.

"그 유명한 보요우은博尤恩을 모르다니, 어디 촌구석에서 왔나 보군! 그분으로 말할 것 같으면 돈이 어마어마하게 많은 백만장자여서 그 집 지붕도 번쩍이는 금으로 만들었다네. 아무튼 만나러 갈 필요도 없네. 그분은 돈 있는 사람들만 상대하니까 어차피 당신 같은 사람은 안 만나 줄 게 뻔하다고."

후허사는 아무 말 없이 행인이 손짓한 방향을 따라 길을 떠났다. 곧 말로만 듣던 백만장자의 집이 눈앞에 펼쳐졌다. 마침 대문이 열려 있었고, 그는 안으로 들어가 대뜸 주인에게 말했다.

"존경하는 보요우은 선생님, 저는 후허사라고 합니다. 제가 사업을 해보고 싶은데 돈이 없어서 그러니, 저에게 만 위안만 빌려주실 수 있습니까?"

주인 옆에 앉아 있던 손님은 어이가 없다는 듯 그를 한심하게 쳐다

보았다. 하지만 뜻밖에도 주인은 흔쾌히 그의 요청을 들어주며 조건 하나를 제안했다.

"알았네. 자네 말대로 돈을 빌려주겠네. 단 조건이 하나 있네."

후허사는 감격에 찬 얼굴로 대답했다.

"네, 선생님. 그게 무엇입니까?"

보요우은은 말을 이었다.

"아송阿松시장에서 가장 큰 위원회의 상선 위탁 업무를 따오면 돈을 빌려주겠네."

후허사는 결의에 찬 목소리로 대답했다.

"네, 문제없습니다! 가서 해보겠습니다!"

후허사가 떠난 후 자리에 있던 손님들이 의아하다는 듯 물었다.

"아니, 자네, 그렇게 많은 돈을 낯선 사람에게 빌려주겠다는 이유가 뭔가?"

보요우은은 대답했다.

"저 사람은 비록 행색은 초라해 보여도 한 치의 비굴함이나 열등감도 보이지 않았네. 그의 눈빛에서 강인한 정신력을 느낄 수 있었지. 게다가 그의 우렁찬 목소리를 보게나. 아주 영특한 사람임이 틀림없어. 때로는 돈이 사람을 한없이 초라하게 만들기도 하지만, 저 사내는 오히려 돈 앞에서도 당당한 사내대장부라네. 저 사람과 함께 나도 돈 한번 제대로 벌어야겠다는 생각이 들었지."

이야기 속의 후허사는 무일푼의 가난한 사람이지만 남다른 자신감, 담력과 식견을 가졌다. 이를 바탕으로 그는 백만장자의 신임을 한번에 얻고 자신의 가치를 입증했다. 이로써 우리는 개인의 담력과 식견은 눈에 보이는 재물과 무관하며, 오히려 내적 재능 및 지혜와 긴밀한 관계가 있다는 것을 알 수 있다. 똑똑하고 지혜로운 사람이라면 아무리 빈털터리일지라도 자신의 지혜를 활용해서 기회를 잡고 용감하게 성공의 길로 나아갈 수 있는 것이다.

　옛날부터 사람들은 성공을 좇으며 살아왔다. 작게는 일상 업무의 성과를 높인다든지, 크게는 사업을 일군다든지 하는 일이 모두 성공의 일환이다. 가만히 살펴보면 크고 작은 성공에는 모두 담력과 식견이 수반된다. 담력이 강한 사람은 크게 성공할 수 있지만, 소심하고 매사에 쭈볏거리는 사람은 성공과 점점 요원해질 수밖에 없다. 성공은 담력과 식견을 갖춘 사람의 편이기 때문이다.

　삼국시대, 제갈공명諸葛孔明은 공성계空城計를 펼쳐 단 2천여 명의 사병으로 사마의司馬懿의 15만 대군을 무찔렀다. 1935년 마오쩌둥毛澤東은 3만 홍군을 이끌고 국민당 토벌군의 추격을 뿌리치기 위해 적수하赤水河를 4번이나 도하하며 전쟁사의 기적을 만들어냈다.

　제갈공명, 마오쩌둥은 서로 다른 시기에 살았던 인물이지만 두 사람 모두 과감히 생각하고 행동하는 담력과 식견을 갖추었다. 그들의 성공은 담력과 식견을 바탕으로 실현됐고, 담력과 식견은 새로운 기적을 만드는 데 일조했다. 그들은 몸소 한 가지 사실을 입증했다. 성공하고 싶으면 담력과 식견으로 무장하라!

중국 기업가 100인의 성공 스토리를 종합적으로 비교 분석한 결과 다음과 같은 결론이 도출되었다. 성공한 사람들은 비범한 능력과 지혜뿐 아니라 강인함과 담력, 식견을 갖추고 있다는 것이다.

홍콩 창장長江그룹의 리자청李嘉誠 회장은 전형적인 자수성가형 오너로 몇 백 위안, 몇천 위안만으로 창업을 시작했다. 그 당시 홍콩에는 리자청보다 돈 많은 사람들이 넘쳐났지만 그보다 가난한 사람도 부지기수였다. 결국 그는 홍콩 최고의 백만장자가 되어 사람들의 존경과 부러움을 한몸에 받았다. 리자청의 성공은 그의 비범한 담력과 식견, 지혜가 기반이 되었다.

담력과 식견이 없는 사람은 기회를 잡을 수 없을 뿐 아니라 그 어떠한 시도도 하려 하지 않는다. 평생 이렇다 할 성과 없이 살아가는 사람들의 가장 중요한 패인은 바로 담력과 식견의 부재다. 어떤 일을 시작하려 해도 머뭇거리다 끝나 버리는 것이다. 성공하지 못한 이유는 능력이 부족해서가 아니라 내면의 두려움과 주저함이 그것을 가로막았기 때문이다. 주견 없이 그저 남의 장단에 맞춰 춤만 추는데 어찌 기회를 얻을 수 있단 말인가.

일본 산요전기三洋電機의 창업자 이우에 도시오井植歲男, 그가 전 직원과 힘을 합쳐 부단히 노력한 끝에 회사는 성공 가도를 달리기 시작했다.

어느 날, 집에서 정원을 가꾸는 원예사가 이우에 도시오에게 말했다.

"사장님, 사장님께서는 이렇게 사업을 일으켜서 성공하셨는데, 저는 아직도 나무만 가꾸고 있으니 전혀 나아진 게 없네요. 사업 성공의 비결 좀 알려 주십시오. 저도 돈 좀 많이 벌어 보고 싶습니다."

이우에 도시오는 몇 년 동안 자신을 위해 힘들게 일해 온 원예사를 안쓰럽게 바라보며 말했다.

"알겠네! 자네가 원예 쪽에 소질이 있으니 공장 옆에 있는 2만 평의 부지에 우리 같이 묘목을 심어 보세. 묘목 한 그루에 보통 얼마인가?"

원예사는 그 정도는 식은 죽 먹기인 듯 즉각 대답했다.

"40엔입니다."

이우에 도시오는 말을 이었다.

"그럼 내가 100만 엔을 투자할 테니 묘목과 비료를 사게나. 제초 작업과 비료 주는 것은 자네가 맡아 주게. 열심히 가꾸면 3년 후에는 600만 엔 이상의 이윤을 남길 수 있을 게야. 그때 자네와 내가 이윤을 반반씩 나누면 되겠지?"

원예사는 자신을 굳게 믿어 주는 사장님의 마음에 감동했지만 오히려 손사래를 쳤다.

"사업 규모가 너무 큰 것 아닙니까? 100만 엔이라니요, 저는 못 합니다."

이우에 도시오는 이에 아무 말도 하지 않았다. 결국 원예사는 여전히 그의 집에서 정원을 가꾸며 매월 고정적인 월급으로 생활하고 있다. 원예사 스스로 부자가 될 절호의 기회를 차버린 것이다.

❖

이우에 도시오는 원예사에게 기회를 주었지만 원예사는 소심한 마음에 그 제안을 뿌리쳤다. 나약함과 소심함에 사로잡힌 그에게 기회는 그렇게 스쳐 지나갔다. 만약 원예사가 기회를 놓치지 않고 제안을 받아들였다면 어떤 결과가 나타났을까? 담력과 식견이 없는 사람은 눈앞에 놓인 기회도 잡지 못한다.

담력은 용기와 배짱을 의미하며 식견은 지식 · 경험 · 능력 · 지혜를 아우른다. 부를 물려받은 '금수저'를 제외한 자수성가형 재력가들을 보면 대부분 담력이 남다르다. 그들은 기회를 정확히 포착하고 과감히 출격한다. 때로는 지나치게 신중을 기하는 것처럼 보이지만, 그 역시 타이밍을 기다리는 것이지 담력이 부족해서가 아니다.

성공을 위한 공식을 아는가. 바로 '담력+식견+운=성공'이다. 담력과 식견은 성공의 중요한 요소이기에 이것이 없으면 운이 아무리 좋아도 일을 성공적으로 끝낼 수 없다. 업무의 성과를 높이거나 사업을 크게 성사시키고자 하는 사람에게 담력과 식견은 필수불가결한 기질인 것이다.

다른 사람이 미처 생각하지 못한 것을 과감히 생각하고 추진하는 것, 그것이 바로 담력과 식견이다. 우리가 살고 있는 이 사회는 매우 복잡미묘해서 성공의 길을 걷기란 쉬운 일이 아니다. 곳곳의 수많은 문제와 모순들이 당신이 나서주기를 기다리고 있다. 이런 문제들을 잘 해결하고 싶다면 지혜, 담력과 식견을 갖추는 것이 최우선 과제임을 잊지 말자.

2

기회–
담력과 식견을 가진 자에게 주어지는 것

성공하기 위해서는 부단한 노력뿐 아니라 적절한 기회 또한 뒷받침되어야 한다. 기회를 잡는 것은 스스로의 결단력에 달렸고, 그 기회에 도전하는 것은 그만한 담력과 식견이 있느냐에 달렸다. 기회는 담력과 식견을 가진 사람의 몫이라는 것을 기억하라.

무슨 일을 하든 크고 작은 위험은 존재하기 마련이다. 첫발을 내디뎌야만 이 길이 나에게 맞는 길인지 알 수 있다. 기회를 눈앞에 두고 주저하거나 이리저리 재다가는 어느새 성공이 저 멀리 떠나 있을 것이다. 성공한 사람들은 대부분 남다른 담력과 식견이 있다. 기회가 주어졌을 때, 머뭇거리지 않고 핵심을 포착하여 과감하게 도전했기에, 성공의 달콤함이 그 대가로 따라온 것이다.

기회란 담력과 식견을 가진 자의 전유물이다. 담대한 용기와 식견을 갖추지 않은 채 목적지 없이 전력 질주를 해 봤자 나에게 남는 것은 고작 다른 사람이 먹다 버린 찌꺼기일 뿐이다.

시골에서 태어난 리하이李海는 대대로 농민이었던 집안의 아들이다.

중국에 신농촌 건설 바람이 불면서 많은 젊은이들이 도시로 떠나 일을 하기 시작했고, 농촌은 경제 농작으로 더욱 살기 좋아졌다.

돈을 벌어 가족의 생계에 보탬이 되는 옛 친구들을 보면서 리하이는 부러움을 감추지 못했다. 하지만 집을 떠나는 것도, 익숙한 전통 농작 방식을 바꾸는 것도 그에게는 큰 두려움으로 다가왔다. 결국 리하이는 기존의 방식을 고수하며 일 년 동안 열심히 일했고, 그 결과는 참혹했다. 도시로 떠난 친구들이 차와 집을 사는 모습을 그저 부러워할 뿐, 그는 어떤 새로운 도전도 하지 않았다.

요즘 사람들이라면 누구나 알 것이다. 나가서 부딪쳐야 기회가 생기고, 과감하게 생각하고 도전해야만 기회를 잡을 수 있다는 것을…. 저마다의 방식으로 잘살고 있는 옛 친구들을 그저 관망하며 그 어떤 변화도 시도하지 않으면 제자리걸음만 하거나 심지어 훨씬 뒤처진 삶을 살게 될 것이다.

배짱만 있고 식견이 없다면 이 또한 자신에게 해가 될 수 있다. 최선을 다한 것처럼 보이지만 오히려 역효과를 낳을 것이다. 담력과 식견으로 무장할수록 기회는 더욱 가까이 오는 법, 용기 없고 나약한 사람은 그저 존재감 없는 아웃사이더가 될 뿐이다.

어느 날, 어느 소심한 영혼이 신에게 와서 물었다.

"신이시여, 저는 모든 일에 최선을 다했지만 돌아오는 것은 늘 실패뿐이었습니다. 도대체 제가 무엇이 되는 게 좋을까요?"

신은 그를 바라보며 나직이 대답했다.

"사람이 되어라."

소심한 영혼은 두려운 말투로 반문했다.

"사람이 되는 것은 위험한가요?"

"위험하지."

"어떤 점이 위험하죠? 위험한데 왜 사람이 되라고 하시는 거죠?"

"인생을 살다 보면 사람들 간의 온갖 암투나 유언비어에 시달리곤 하지. 때로는 상대를 다치게 하고 죽이기도 한다."

두려움에 찬 얼굴로 신의 이야기를 듣던 영혼은 결심한 듯 말했다.

"그럼, 사람은 되지 않겠습니다."

"사람이 되지 않겠다면 무엇이 되고 싶단 말이냐?"

"그게… 저도 잘 모르겠습니다."

신은 그에게 호랑이가 되라, 꽃이 되라는 등 여러 제안을 했지만 소심한 영혼은 모두 거절했다. 결국 신은 그에게 생쥐 가죽을 던져 주며 차갑게 말했다.

"그렇게 배짱이 없다니, 다른 선택이 없구나. 생쥐 가죽이나 뒤집어 쓰거라!"

소심한 영혼은 차라리 그게 낫겠다 싶어 생쥐 가죽을 입었고 결국 하찮은 쥐가 되어 세상에 보내졌다.

이름 없는 생쥐의 삶으로는 큰일을 이루어낼 수 없다. 담력과 식견을 가진 사람만이 더 많은 기회를 얻을 수 있다.

1930년대 중국 상하이는 '모험가의 낙원'이라고 불리며 '상하이에는 황금이 널려 있다'라는 평판이 자자했다. 하지만 실제로 상하이로 떠난 사람은 몇 명이나 되었던가? 1970년대 중국 개혁 개방 시기에는 '검은 고양이든 흰 고양이든 쥐만 잘 잡으면 된다'라는 '흑묘백묘黑描白描론'이 크게 유행했지만, 과감히 철밥통을 내던지고 사업에 뛰어든 사람은 또 얼마나 됐는가? 세상은 모든 사람에게 공평하지만 기회는 오직 담력과 식견을 갖춘 사람에게만 주어진다.

눈앞의 기회를 잡는 것은 일생에서 가장 중요한 일이다. 담력과 식견을 가지고 과감하게 부딪친다면 기회는 어느새 당신의 손안에 있을 것이다.

2015년 10월, 한 여성 구직자가 인터넷에서 구인구직 사이트를 검색하던 중, 어느 의류회사의 사무직 채용 공고를 보았다. 그녀가 이력서를 보내자 곧 회사로부터 면접을 보자는 회신을 받았다. 여성 구직자는 약속한 면접일에 학교 추천서를 들고 회사에 도착했다. 그곳에는 이미 많은 지원자들이 와 있었고 대학생처럼 보이는 지원자들도 보였다. 모두들 차례대로 앉아서 자신의 이력서를 보며 면접 연습에 한창이었다.

반면 그녀는 조금도 긴장하지 않고 담담한 모습을 보였다. 이미 완벽히 준비가 되어 있었기 때문이다. 학창 시절 그녀는 프레젠테이션과 모의 면접을 수차례 연습한 끝에 자신감과 유창한 언변 능력을 갖게 되었다. 그녀는 자기 차례가 되어 면접실에 들어가면서도 몸을 당당히 세우고 자신감에 찬 미소까지 보였다.

면접관은 그녀의 학력을 훑어보더니 이력서를 옆으로 밀어내며 탐탁지 않은 듯 말했다.

"우리는 대학을 안 나온 사람은 채용해 본 적이 없습니다."

그러자 그녀는 미소를 보이며 대답했다.

"저의 이력서를 끝까지 다 보신다면 생각이 달라지실 것이라 믿습니다."

면접관은 다시 자료를 들고 천천히 살펴본 후, 날카로운 눈빛으로 그녀를 바라보았다.

"자신의 장점이 무엇이라고 생각하죠?"

그녀는 여전히 자신감과 침착함을 잃지 않은 채 예의 바르게 말했다.

"저는 올해 18세입니다. 대학 졸업장이 없는 것이 매우 정상적인 나이죠. 하지만 저는 14세 때부터 전문 기술을 배우면서 직접 현장에 나가 사회 경험을 쌓았습니다. 이것만으로도 저의 잠재력을 충분히 증명할 수 있다고 생각합니다."

면접관은 흐뭇한 미소를 보이며 고개를 끄덕였고, 그날 오후 그녀는 회사로부터 합격 통지를 받았다.

이 여성 구직자는 자신감과 용기 덕분에 기회를 얻었다. 주어진 기회가 공평하다 해도 담력과 식견을 갖추었는지의 여부에 따라 결과는 달라진다. 자신의 능력 수준을 판단하고 그 이상의 것을 목표로 삼아 끊임없이 능력을 향상시키면 더 많은 기회를 얻게 될 것이다.

중국 알리바바그룹의 회장 마윈은 다음과 같이 말했다.

"당신은 돈이 없는 것이 아니라 생각이 없는 것이다. 당신은 기회가 없는 것이 아니라 담력, 기회를 잡을 마음이 없는 것이다. 당신의 생각이 운명을 결정한다."

도전에 직면했을 때, 과감히 부딪치고자 하는 담력과 식견이 없다면 설사 모든 조건을 갖추고 있다고 해도 결국 기회를 놓치고 말 것이다.

3

담력과 식견을 가진 자─
지혜로 무장하다

매사에 성공적으로 일하는 사람은 그 일을 힘이 아닌 머리로 이루어낸다. 무력 싸움은 종종 쌍방 모두에게 상처를 입히며, 힘겹게 승리를 했다 해도 참담한 대가를 치르게 된다. 상대방과 지혜로 겨루는 '머리싸움'을 하면 불필요한 피해를 줄이고 경쟁에서 쉽게 선두를 차지할 수 있다.

한漢나라에 한 신하가 있었다. 말재주가 좋았던 그는 황제의 환심을 사기 위해 늘 곁에서 이야기 상대가 되어 주었다. 황제는 날마다 그의 우스갯소리를 들으며 즐거워했고 결국 그 신하는 왕의 총애를 받으며 평탄한 조정 생활을 누렸다. 역사가들은 그를 군주의 놀이 상대 역할을 하는 신하인 '농신弄臣'이라 폄하했다. 그 인물이 바로 유명한 동방삭東方朔이다.

어떤 사람들은 동방삭을 아첨쟁이라고 손가락질하지만 그들이 간과한 사실이 하나 있다. 황제 앞에서 보인 동방삭의 열정은 조정 생활에서 살아남기 위한 지혜로운 생존법이었다. 이것이야말로 치고 빠질 때를 정확히 아는 담력과 식견에 기인한다.

❖

한무제漢武帝는 즉위한 그해에 전국에 명령을 내려 훌륭한 인재를 뽑아 올리도록 했다. 꿈과 야심이 가득했던 동방삭은 능력 또한 우수했기에 출세할 이 절호의 기회를 놓칠 리가 없었다. 그는 죽간 3천 조각에 상서를 써서 올렸다. 그것은 관리 2명이 간신히 들고 운반할 수 있는 정도의 분량이었다고 한다. 상서 내용의 일부는 다음과 같다.

'신臣 동방삭은 16세에 22만 어를 암송했으며 19세에는 암송할 수 있는 글귀가 도합 44만 어에 달했습니다. 현재 저의 나이는 22세로 신장은 9척 3촌입니다. 용감하기는 맹비孟賁와 같고, 빠르기 또한 경기慶忌와 같으며, 청렴하기로는 포숙鮑叔과 같고, 신의를 지키는 것은 미생尾生과 같습니다. 이로 보건대 제가 천자天子의 대신大臣됨이 마땅합니다.'

동방삭의 상서를 매우 흥미롭게 읽은 한무제는 그를 즉각 등용했고, 이로써 동방삭의 조정 생활이 본격적으로 시작되었다.

동방삭이 한무제의 총애를 받은 것은 그에게 분명 커다란 행운이다. 하지만 그의 행운은 어쩌면 마땅한 대가인지도 모른다. 그는 기회를 잡기 위해 상서를 올려 스스로를 추천함으로써 자신의 재능을 충분히 어필했다. 결국 수많은 인재들 가운데서 단연 빛을 발했으니 그의 지혜가 예사롭지 않음을 알 수 있다.

투자의 대가 워런 버핏Warren Buffett은 "머리를 굴려라. 그리고 2천 달러를 투자해라. 곧 150만 달러가 되어 돌아올 것이다"라고 말했다. 성공은 지혜로부터 시작되기에 담력만 있고 지혜가 없다면 빈 깡통일 뿐이다. 성공을 위해서는 슬기로운 지혜가 천금보다 중요하다.

개인의 지혜를 발휘해야만 일을 성공적으로 이끌 수 있다. 성공에는 언제나 당신의 머리, 지혜가 수반된다. 지혜가 부족하거나 생각을 회피하는 사람들은 일을 원만하게 처리하지 못하고 성공과 더욱 멀어질 뿐이다. 기술이 모자라면 부단히 갈고 닦으면 되고, 지식이 부족하면 열심히 배우고 익히면 되며, 돈이 없으면 빌리면 그만이다. 하지만 담력과 지혜가 없다는 것은 성공의 밑거름의 부재를 의미한다.

❖

이탈리아에 어느 작은 시골 마을이 있었다. 이 마을은 일찍이 수원 水源이 끊겨 사람들은 빗물에 의지하며 힘겹게 살고 있었다. 마을 사람들은 식수 문제를 해결하기 위해 다른 마을과 송수계약을 맺었는데 물탱크에서 물을 길어 올 사람이 필요했다.

젊은 두 청년 브루노와 파블로가 나서서 이 일을 맡았고 사람들은 계약서를 그들에게 일임했다. 계약을 체결한 후 브루노는 즉각 행동에 나섰다. 날마다 어깨에 커다란 물통을 메고 10킬로미터나 떨어진 물탱크에서 물을 길어 마을 저수지로 옮겼다. 마을 사람들은 브루노 덕분에 충분한 물을 얻을 수 있었고, 그 역시 밤낮 가리지 않고 일하면서 돈도 차곡차곡 모았다. 비록 일은 고됐지만 무척 뿌듯했다.

그럼 파블로는 어땠을까? 그는 계약을 체결하자마자 자취를 감추고 몇 달 동안 아무에게도 모습을 보이지 않았다. 사람들이 마지막으로 본 그는 경쟁 상대가 없다는 것을 알고 흥분을 감추지 못하는 모습이었다. 파블로는 어디로 떠난 것일까? 알고 보니 그는 계약서를 받자마자 주도면밀하게 사업 계획서를 기획했다. 이 계획서에 따라 그는 4명의 투자자를 찾았고 그들과 연합하여 회사를 차렸다. 6개월 후 파블로는 투자금을 들고 시공팀을 꾸려 마을로 돌아왔다. 그는 장장 일 년 동안 마을과 물탱크를 연결하는 대용량 스테인리스 파이프라인을 건설하였다.

그 후 다른 마을에서도 이와 유사한 수요가 빗발친다는 것을 알게 된 그는 전국 각지, 나아가 세계를 관통하는 파이프라인을 구축하겠다는 원대한 계획을 세우기 시작했다. 그가 만든 파이프라인을 통해 물이 흘러들수록 파블로의 주머니는 더욱 두둑해졌다.

파이프라인이 구축되면서 열심히 물을 실어 나른 '물통맨' 브루노의 일거리는 점차 줄어들게 되었고 브루노는 미래에 대한 걱정에 사로잡히기 시작했다.

브루노와 파블로 모두 열심히 일했지만 결과적으로 더 현명했던 사람은 파

블로였다. 브루노는 고된 노동을 감수하며 마을 사람들에게 물을 실어 주고 돈도 벌었다. 하지만 혼자서 옮길 수 있는 물의 양은 한계가 있기에 그가 벌 수 있는 돈은 파블로와는 비교도 안 되는 수준이었다. 파블로는 자신의 지혜를 십분 발휘하여 사업을 기획했고 협력 파트너를 찾아 회사를 열어 송수 시스템을 만들었다. 시기적으로 수익을 본 시점은 브루노보다 늦었지만 한 번의 고생으로 성공의 길이 열리면서 다른 마을, 나아가 전 세계적으로 진출했다. 이것이 바로 평범한 사람과 성공한 사람의 차이다. 두 사람 모두 나름의 노력을 했고 일을 추진하는 방식만 달랐을 뿐인데, 그 결과는 천지 차이인 것이다.

어떤 일을 시작하기 전에 먼저 자문해 보자.

'나는 파이프를 만들 것인가, 아니면 물을 길어 올 것인가? 나는 죽자사자 열심히 일만 할 것인가, 아니면 머리를 써서 현명하게 일할 것인가?'

성공은 마냥 열심히 하는 것만으로는 부족하다. 지혜롭게 창의적으로 일하는 것이 더욱 중요하다. 무턱대고 열심히 일하는 것보다 지혜롭게 일하는 것이 낫다는 사실은 누구나 알고 있지만 실제로 이를 실천에 옮기는 사람은 드물다. 많은 사람들은 업무량과 성공이 정비례한다고 생각하기 때문이다. 투입하는 인적·물적·정신적 역량이 클수록 얻게 되는 성과가 더욱 높다고 여긴다. 하지만 단순히 열심히 일하는 것이 반드시 성취감이나 성과로 이어지는 것은 아니다. 보다 지혜롭게 일을 하면 생활의 여유가 늘어나고 더 좋은 성과를 창출하는 선순환을 낳는다.

미국의 유명한 행동학자 필룩스Phillux는 『생각으로 자신을 구하라』라는 책에서 다음과 같이 언급했다.

'다른 사람의 도움에 의지한 성공은 빈껍데기다. 스스로 머리를 굴려야 자신을 구할 수 있다. 지혜는 나 자신의 운명을 결정하기 때문이다.'

사고思考는 한 사람의 운명을 결정짓기 때문에 성공하는 사람은 높은 사고력을 지닌 사람이라 할 수 있다.

❖

여름 방학을 맞은 16세 프레디가 아빠에게 말했다.

"아빠, 저는 여름 방학 내내 아빠에게 손 벌리고 싶지 않아요. 저도 일을 좀 해야겠어요."

아들의 말을 들은 아빠는 내심 놀랐지만 침착하게 대답했다.

"그래, 프레디. 네가 일자리를 찾을 수 있도록 도와주마. 그런데 쉽지 않을 게야. 너도 알다시피 요즘 일자리 구하는 것이 하늘의 별 따기인 데다가 너는 고작 16세잖니."

프레디는 반색하며 말했다.

"아빠, 제 말을 오해하셨나 본데요. 전 아빠에게 일자리를 구해 달라고 부탁한 것이 아니에요. 제가 스스로 찾겠다는 말이었어요. 그리고 그렇게 부정적으로 생각하지 마세요. 물론 요즘 일자리 찾는 게 힘들다고 하지만 전 할 수 있다고 믿어요. 어려운 상황에서 취직하는 사람들도 있잖아요."

아빠는 의아하다는 듯 물었다.

"대체 어떤 사람들이 일을 쉽게 구한단 말이냐?"

프레디는 당당하게 대답했다.

"머리를 잘 쓰는 사람이요."

그 후 프레디는 구인 광고를 여기저기 뒤진 끝에 자신의 소질에 적합한 업무를 찾았다. 구인 광고에는 '면접자들은 다음날 아침 8시까지 42번가에 있는 모 건물에 모일 것'이라고 쓰여 있었다. 한시라도 빨리 면접을 보고 싶었던 프레디는 7시 45분경에 면접 장소에 도착했다. 그런데 이게 웬일인가. 그곳에 도착하니 이미 20명의 구직자들이 사무실 밖에서 줄지어 기다리고 있었다. 그는 21번째로 도착한 것이다.

프레디는 면접관의 관심을 어떻게 끌 수 있을까 고민하며 깊은 생각에 잠겼다. 결국 그의 머릿속에 묘안이 하나 떠올랐다. 그는 종이 한 장을 꺼내들고 무엇인가를 적어 내렸다. 그리고 그것을 가지런히 접은 후 여비서에게 다가가 공손하게 부탁했다.

"죄송하지만 이 쪽지를 사장님께 지금 전달해 주십시오. 아주 시급한 일입니다."

업무 경력이 6년이나 되는 비서는 경험이 풍부한 베테랑이었다. 만약 프레디가 평범한 소년이었다면 그 비서는 "무슨 말씀을 하시는 거예요. 당장 제자리로 돌아가세요"라고 딱 잘라 말했을 것이다. 하지만 그녀의 경험으로 미루어 보았을 때 눈앞의 소년은 보통내기가 아니었다. 온몸에서 비범한 기질이 뿜어져 나왔다.

비서는 쪽지를 펴서 보더니 피식 웃음을 터뜨렸고 이내 쪽지를 들고 사장 사무실로 들어갔다. 그녀가 쪽지를 사장의 책상 위에 올려놓자 사장은 의아한 듯 쪽지를 열어 보았다. 쪽지에는 이렇게 쓰여 있었다.

'사장님, 저는 21번째 면접자입니다. 저를 보시기 전에 절대 그 어떤 결정도 하시면 안 됩니다.'

사장은 껄껄 웃기 시작했다. 결국 그날 프레디는 회사로부터 합격 소식을 들었다.

프레디가 면접에 성공할 수 있었던 것은 머리를 잘 쓰는 법을 알고 있었기 때문이다. 머리를 잘 쓰는 사람은 문제 파악뿐 아니라 해결에도 능하다.

사고력이 높지 않은 사람은 곤경에 부딪혔을 때 정확한 판단력으로 자신의 위기를 발견하고 극복하지 못한다. 사업의 성공을 위해서는 지혜를 충분히 발휘하여 유연하게 문제를 해결해야 한다. 문제가 생겼다고 바짝 웅크리고만 있거나 부화뇌동해서는 안 된다.

4

대담함과 세심함－
성공으로 가는 길의 동반자

성공한 사람이 남부러운 인생을 살 수 있는 이유는 그들의 능력이 출중해서뿐 아니라 대담함과 세심함을 고루 갖추었기 때문이다. 대담하면서도 세심한 사람은 일을 처리할 때 과감하면서도 꼼꼼함을 잃지 않는다.

대담함과 세심함은 일종의 성격이자 내적 기질이며 성공은 대담함과 세심함을 갖추었는지의 여부에 달려 있다. 같은 맥락에서 이 두 요소는 업무의 성과를 높이고 사업을 성공시키는 중요한 촉진제 역할을 하며, 한 사람의 인생에서 최대한 오를 수 있는 고점을 결정짓는다. 일을 처리할 때 우유부단하거나 부주의한 자세로 임하면 어떤 일도 제대로 끝낼 수 없다.

한 물리학 교수가 한밤중에 잠에서 깼다. 다시 쉽게 잠을 이룰 수가 없어 실험실에 가 보니, 한 학생이 실험대 앞에 서서 무엇인가 바삐 움직이고 있었다. 교수는 학생에게 가까이 다가가 물었다.

"자네 쉬지 않고 뭐하는가? 이렇게 늦은 시간까지 실험을 하다니, 낮에는 무엇을 했는가?"

학생은 대답했다.

"저는 낮에도 실험을 했습니다."

교수는 잠시 멈칫하다가 말을 이었다.

"나는 물론 성실한 태도를 높이 사네만 자네를 보니 문득 궁금증이 생기네. 자신의 모든 시간을 실험에 쏟는다면 도대체 언제 세부적인 연구 과제들을 고민한단 말인가?"

❖

자발적으로 성실히 실험에 임했던 이 학생은 자신의 모든 에너지를 실험에 쏟느라 세부 분야에 대한 연구를 간과하고 말았다. 실험의 근본적인 목적은 세부적 문제를 파악하고 발견하는 것인데, 결국 본말이 전도되는 결과를 낳은 것이다. 무엇인가에 몰두하며 열정을 보이는 것은 좋지만 맹목적으로 자신의 모든 시간과 에너지를 쏟을 필요는 없다. 대담함과 세심함을 고루 갖춘 사람이야말로 진정한 담력과 식견의 소유자다. 성공한 사람은 무슨 일을 시작하기 전에 세부적인 사안들을 먼저 꼼꼼히 파악한 후에 행동에 나선다.

❖

류융싱劉永行은 1948년 중국 쓰촨성四川省 신진新津에서 태어났다. 그의 부모님은 모두 지식층으로 과거 혁명에 참가한 적이 있다. 1977년 류융싱은 청두成都사범대학의 수학과에 입학하였고, 3년 후 고향

신진에 돌아와 교수직을 맡으면서 모두가 부러워하는 '철밥통'의 인생을 시작했다.

1982년 8월, 류융싱과 그의 형제들은 일을 그만두고 사업을 하기로 결심하면서 1천 위안을 모아 창업에 뛰어들었다. 5년 간의 노력 끝에 그들은 중국 서남에서 가장 큰 규모의 '희망사료연구소'를 창립하고 '희망 1호 축산사료'를 출시하였다. 1992년 중국 '1차 농업박람회'에서 류융싱 형제의 '희망 1호 축산사료'는 금상을 받았고, 같은 해 류융싱은 쓰촨 희망그룹의 이사장으로 임명되었다. 류융싱의 지휘하에 일년 후 희망그룹은 상하이 시장으로 판로를 확장하여 자회사까지 설립하였다.

훗날 류융싱 형제들은 서로 분리, 독립을 했지만 류융싱은 초심을 잃지 않고 상하이 푸둥浦東에 동물사료 · 식품 · 바이오 등의 연구 개발과 생산을 아우르는 전국적 규모의 대형 민영기업을 창립했다. 그것이 바로 총 3개 그룹, 62개의 자회사를 산하에 두고 있는 유명한 융싱永行기업이다. 일 년 후 류융싱은 10억 달러에 이르는 자산으로 「포브스」가 선정한 '2008 중국 부호 순위'에서 2위에 등재되었다.

성공한 사람들은 인생에서 수많은 갈림길에 봉착한다. 그때마다 그들을 성공으로 이끄는 것은 다름 아닌 그들의 강인한 담력과 식견이며, 세부적 부분을 면밀히 살피는 세심함 또한 중요한 자질이다.

세심한 사람들은 사고력 또한 남다르다. 그들은 평범한 사람이 발견하지 못한 사소한 문제들을 파악하고 해결하면서 성공의 가능성을 높인다. 기억하라. 모든 성과는 작은 성공이 모여 만들어진다는 것을….

세계적인 경영의 귀재 액손Axon은 경영에 뛰어나고 매우 명석한 머리를 가진 사업가이다. 1921년 액손의 오스트리아행은 그에게 새로운 성공의 길을 열어 주었다.

오스트리아에 간 액손이 어느 날 만년필을 사기 위해 문구점을 찾아갔다. 그런데 놀랍게도 미국에서는 고작 몇 달러에 불과한 만년필이 이곳에서는 무려 30파운드에 팔리고 있었다.

이에 액손은 흥분을 감추지 못하고 곧장 오스트리아 시내로 달려가서 자세한 시장조사를 했다. 알고 보니 그 당시 오스트리아에는 만년필 공장이 단 한 곳뿐이었다. 전쟁의 영향으로 생산 능력과 자원이 부족했기 때문에 물품의 희소성이 높아지면서 만년필 가격이 천정부지로 솟은 것이다.

그리하여 액손은 오스트리아에 만년필 공장을 세우기로 결심했다. 그는 당시 비엔나 정부를 찾아가 간곡히 청했다.

"오스트리아 정부도 온 국민이 책을 읽고 글 쓰는 것을 권장하고 있다고 알고 있습니다. 그런데 만년필이 없는데 어떻게 공부를 하겠습니까? 제가 만년필을 대량 생산해서 널리 보급할 수 있도록 허가해 주십시오."

이렇게 정부의 허가를 받게 된 액손은 즉각 계획을 세웠다. 먼저 그는 독일에서 가장 오랜 역사를 지닌 만년필 명소를 찾아갔다. 그곳에 있는 수많은 저명한 만년필 생산 공장들이 만년필 제작에 대한 기밀 기술을 보유하고 있었기 때문이다. 액손은 거금을 들여 한 공장의 핵심 기술자를 매수했다. 그 기술자는 스위스로 휴가를 간다는 핑계로 몇 명의 기술자들을 모아 몰래 오스트리아로 건너왔다. 생산을 시작한 지 8개월 후 수억 자루의 만년필을 생산했고, 그해 수백만 파운드의 이윤을 창출했다. 1926년 그들이 생산한 만년필은 오스트리아 시장의 수요를 만족시켰을 뿐 아니라 미국, 중국, 터키 등과 같은 세계시장으로까지 판로를 뻗어 나갔다.

액손의 성공은 그의 세심한 관찰력에 기인했다. 그는 오스트리아의 만년필이 비싸게 팔리고 있다는 것을 정확히 파악한 것이다. 작은 만년필 하나에서 사업 기회를 발견한 그는 민첩한 사고력과 높은 행동력을 발휘하여 오스트리아에서 엄청난 돈을 벌었고 세계적인 유명인사가 되었다. 성공은 대담하고 섬세함을 갖춘 사람에게 주어진다. 액손은 사소한 일에 대한 예리한 관찰력과 통찰력으로 비범한 길을 걸으면서 세계 비즈니스 업계에서 하나의 기적을 만들어냈다.

작은 일들을 꼼꼼히 살피는 것이야말로 성공으로 가는 첫걸음이다. 사소한 일들의 성공이 모여 큰 성공을 불러온다. 그러므로 성공의 길을 걷고자 한다면 대담함과 세심함의 중요성을 기억하자.

5

내실 없는 배짱을
담력과 식견이라 오해 말라

앞에서 담력의 중요성을 강조했지만 담력에는 현명한 지혜가 수반되어야 한다. 방향성 없는 일 처리는 쓸데없이 에너지만 소모할 뿐이다.

초楚나라의 패왕覇王 항우項羽는 중국의 유명한 역사 인물 중 하나다. 전투에 능했던 그는 혼자서 10명도 거뜬히 상대하는 용맹함을 지녔다. 하지만 그렇게 용맹했던 항우도 결국 오강烏江에서 자결했으니 참으로 개탄스러운 일이다. 항우는 분명 담력과 식견을 갖춘 인물임에 틀림없지만, 그는 병법 익히는 것을 게을리하고 책략가의 충고를 받아들이지 않았다. 그는 그저 앞뒤 가리지 않고 필사적으로 싸우기만 했다. 지략을 쓰지 않고 밀어붙이기만 하는 마구잡이식 삶이 참담한 비극을 가져왔고, 결국 항우는 유방에게 패하고 말았다.

반면 유방의 삶은 우리에게 다음과 같은 교훈을 알려 준다. 모든 일에는 현명한 지략이 필요하며 맹목적으로 밀어붙여서는 안 된다. 지피지기知彼知己면 백전불태百戰不殆라 했다. 열쇠로 자물쇠를 열 때에도 자물쇠의 내부 구조를 알아야 정확한 방법으로 손쉽게 열 수 있다. 방법이 잘못되면 온 힘을 쏟아도 자물쇠가 열리기는커녕 결국 망가지고 말 것이다.

중국 역사를 보면 소수小數가 다수多數를 이기고 약한 병력으로 강한 병력을 무찌른 사례가 많다. 그중에서 단연 으뜸은 불로 적벽을 태웠던 '화소적벽

火燒赤壁'이 아닐까.

조조가 세찬 기세로 몰려왔지만, 제갈공명과 주유는 조조가 수전에 약하다는 것을 파악하고 연환계連環計와 고육계苦肉計를 써서 전쟁에서 승리를 거머쥐었다.

무슨 일에 착수하기 전에 신중한 사고가 선행되어야 한다. 상황 판단을 하지 못한 상태에서는 그 어떤 결론도 쉽게 내려서는 안 된다. 성공의 비결은 의외로 단순하다. 머리를 잘 굴리고 지혜롭게 문제를 해결하는 것이다. 대담함도 중요하지만 방향성 없는 막무가내형 일 처리는 지양해야 한다.

어느 유명기업의 회장은 늘 직원들에게 이같이 당부했다.

"일을 할 때 체력과 시간을 불필요하게 낭비하지 마십시오. 머리를 써서 현명하게 일하는 것이 중요합니다."

무작정 에너지를 쏟는 것이 아니라 지혜롭게 문제에 접근하고 분석함으로써 현명한 해결 방법을 도출해야 한다. 업무가 아무리 많아도 충분히 생각할 시간을 확보하여 최소의 에너지로 최고의 성과를 낼 수 있는 방법을 찾도록 하자.

청년 저우융周勇은 대학을 졸업하고 어느 회사에 채용되었다. 그는 평범한 회사원처럼 보였지만 새로운 부서를 갈 때마다 사람들의 인정을 받으며 탄탄대로를 걸었다.

도대체 그에게 어떤 비결이 있는 것일까? 저우융은 무작정 일에 매달리는 것보다 용기와 끈기를 갖고 일을 하는 것이 더욱 효과적이라는 것을 알고 있었다. 회의에 참석한 첫날부터 그는 적극적인 자세로 발표를 하면서 상사들에게 좋은 이미지를 남겼다. 다른 신입사원들이 주어진 일에 전념하면서 같이 일하는 다른 직원들의 이름조차 파악하지 못할 때 저우융은 경력이 많은 직원들의 기본적인 상황까지 꿰뚫고 있었다. 결국 입사한 지 일 년도 채 안 되어 그는 회사의 부주임직을 맡게 되었다.

❖

이 사례를 보면 현명하게 일하는 것이 일에 무작정 매달리는 것보다 중요하다는 것을 알 수 있다. 성과를 높이고 싶다면 머리를 쓰자. 특수한 전문 기술이 없고 능력이 부족해도 저우융처럼 적극적인 업무 태도로 임하면 승진의 길은 열린다.

어떤 업무든 절대 변하지 않는 것은 없다. 다양한 상황과 문제 앞에서는 적시적기의 대책이 필요하다. 과학적인 규칙에 따라 일을 처리하고 지혜로 충동을 이겨내야 현명하게 대처할 수 있다. 이것이 성공의 첩경임을 깨닫지 못하면 모든 일이 괜한 헛수고로 끝날 수도 있다.

중국의 유명 드라마 〈사조영웅전射雕英雄傳〉을 보면 다음과 같은 이야기가 나온다. 어느 날, 황롱黃蓉은 실수로 참조개에게 발을 물렸다. 그녀는 안간힘을 다해 조개를 열어 보려고 했지만 속수무책이었다. 한참을 씨름하던 그녀가 모래 한 줌을 쥐어 들고 조개껍데기에 뿌리자 조개가 금세 입을 벌렸다. 도대체 어떻게 된 것일까? 참조개가 가장 무서워하는 것이 바로 고운 모래였던 것이다.

현명하게 일을 한다는 것은 명확한 판단과 문제 해결, 창의성을 발휘할 수 있는 능력을 말한다. 현명하게 일하는 사람은 대부분 민첩하고 지혜로우며 융통성 있고 영리할 뿐 아니라 임기응변에 능하다. 현명하게 일을 한다는 것은 사안의 핵심을 파악하고 그에 적합한 최적의 방법을 찾아내는 것이다. 이는 불필요한 업무량을 줄이고 업무의 효율성을 극대화한다. 오늘날의 지식경제 사회는 현명하게 일하는 사람이 인정받는 시대이다. 단순한 배짱만으로는 부족하다.

어느 날, 한 청년이 벌목공이 되고자 벌목 공장을 찾아가 일자리를 구했다. 사장은 청년의 건장한 체격을 보고 이 일에 적합하겠다 싶어 그 자리에서 그를 고용했다.

이튿날, 청년은 이른 아침부터 일을 시작해서 그날 총 20그루의 나무를 베었다. 사장은 매우 흡족해하며 그를 칭찬했다.

"훌륭하군! 오늘 자네가 가장 많은 나무를 베었다네."

셋째 날, 청년은 더 일찍 일어나서 총 17그루의 나무를 베었고 사장은 여전히 그를 칭찬했다.

"17그루를 베었군. 오늘도 자네가 1등이야."

넷째 날, 청년은 전날보다 더 일찍 일어나서 일을 시작했지만 15그루의 나무밖에 베지 못하였다. 이를 본 사장은 말했다.

"오늘은 15그루군. 그래도 자네가 오늘도 가장 많이 베었어."

청년은 문득 의문이 들었다.

'나는 늘 전날보다 일찍 일어나는데, 왜 벌목량은 오히려 줄어드는 걸까?'

그러던 중 사장이 청년에게 물었다.

"자네 혹시 도끼를 간 적이 있는가?"

청년은 비로소 깨달았다. 도끼가 쓰면 쓸수록 무뎌져서 벌목량이 날로 줄어들었던 것이다.

❖

이야기 속의 청년은 건장한 체격으로 벌목에 적합한 인물이었다. 하지만 벌목의 효율을 높이려면 머리를 써야지 단순히 힘에만 의지해서는 안 된다. 직접 벌목 공장을 찾아가 일자리를 구했다는 것은 청년의 용기를 입증하지만, 그는 한 가지 사실을 간과했다. 아무리 힘이 센 사람이라 해도 날이 무딘 도끼를 가지고는 벌목을 할 수 없다는 것이다. 여기에서 도끼와 지혜는 서로 일맥상통한다.

지혜롭게 일하는 것은 성공의 필수 조건이다. 다른 조건이 갖추어진 상황에서 방향성 없는 맹목적인 일 처리를 반복하다 보면 당신은 그저 수동적인 역할만 하게 될 것이다. 그렇다면 어떻게 지혜롭게 일하는 능력을 키울 것인가? 먼저 다음과 같이 사고 방식을 바꾸어야 한다.

첫째, 자신의 직업을 사랑하라. 꿈을 이루기 위해서는 보다 전문적인 태도로 자신의 일을 마주하며 업무를 부담이 아닌 즐거움으로 생각해야 한다. 일을 사랑하는 마음으로 끊임없는 고민과 연구를 하다 보면 문제를 해결할 수 있는 묘안이 어느새 떠오를 것이다.

둘째, 자료 수집을 하라. 일과 관련된 정보와 자료를 사전에 수집하면 필요할 때 적재적소에 활용할 수 있어 일의 효율을 높이는 데 도움이 된다.

셋째, 역발상하라. 문제에 부딪혔을 때 해결 방법이 쉽게 떠오르지 않으면 역발상을 시도해 보라. 이를 통해 시야를 넓히고 문제 해결의 방법을 탐색하여 문제의 핵심을 찾아내면 뜻밖의 효과를 얻게 될 것이다.

넷째, 역지사지易地思之의 태도로 문제를 보라. 문제 해결 방안을 모색할 때, 타인의 입장에서 문제를 바라보자. 그러면 문제 해결에 도움이 될 뿐 아니라 다른 사람의 신임까지 얻게 될 것이다.

다섯째, 결론을 지어라. 지혜롭게 일을 하기 위해서는 문제에 대한 끊임없는 귀납과 결론 도출이 필요하다. 사물 간의 규칙을 파악하고 그것을 십분 활용한다면 업무 효율 상승에 큰 도움이 될 것이다.

—

용기

진흙탕에 빠져 있어도 하늘의 별을 바라볼 수 있다

☑ 1. 용기-좌절 앞에서 솟아나는 담대함

☑ 2. 용기-난제 앞에서 솟아나는 강인함

☑ 3. 용기-곤경 앞에서 솟아나는 대담함

☑ 4. 용기 있는 자-확고한 신념으로 무장하다

☑ 5. 용기 있는 자-과감히 자신의 소신을 지키다

1

용기―
좌절 앞에서 솟아나는 담대함

인생을 살다 보면 현실에 좌절하거나 뜻하지 않은 어려움을 겪기도 한다. 그때마다 곤경의 순간들은 조용히 당신에게 속삭인다. 주저 말고 걸으라고. 어느 날, 당신이 길을 걷다가 강을 만났다고 생각해 보자. 이때 강 건너에서 성공이 당신을 향해 손짓하고 있다면 어떻게 할 것인가? 두려움 없는 용기, 이것이 바로 무사히 강을 건널 수 있는 열쇠다.

❖

쌍란桑蘭은 과거 중국의 유명 체조스타로 '안마왕'이라 불렸다. 그러던 그녀가 뉴욕에서 열린 제4회 친선경기 연습 중 기구에서 떨어지면서 하반신 마비가 되었고 그녀의 체조 인생은 그렇게 끝이 났다. 그런데 놀랍게도 쌍란은 사고 후 오히려 체조시절보다 더 유명한 스타로 등극했다. 도대체 어떤 일이 있었던 것일까? 그것은 그녀의 정신력·의지력·미소가 만들어낸 결과였다.

전문 의료진들은 부상이 심각했던 쌍란을 치료하기 위해 그녀에게 가장 적합한 치료 방법을 설계했다. 병상에서 깨어난 쌍란은 자신의 처지를 알고도 좌절하지 않고 대중들의 관심과 동정어린 눈빛에 줄곧 미소로 대답했다. 17세 어린 소녀의 불굴의 의지와 용기가 전 세계를 감동시킨 것이다. 장장 10개월의 기나긴 치료는 쌍란의 적극적인 협조하에 무사히 끝났고 그녀는 크게 호전되었다. 그 후 쌍란은 조국으로 돌아와 중국 재활연구센터에서 치료를 받기 시작했다. 재활 치료는 기존의 입원 치료보다 시간도 오래 걸렸을 뿐 아니라 날마다 자신과의 싸움에 부딪혀야 했다. 그 과정은 실로 고통스러웠지만 쌍란은 포기하지 않고 끈질기게 연습을 거듭하였고, 결국 혼자서 옷을 입고 벗는 것부터 식사 · 영어 공부 · 컴퓨터 작업까지 그녀 스스로 할 수 있는 일이 하나둘 늘어났다. 재활센터의 치료가 끝난 후 쌍란은 칭화대학淸華大學의 부속고등학교에 입학하여 문화적 소양을 쌓았다. 또한 공익사업에 참여하기 시작하면서 스스로의 존재 가치를 높였다. 때로는 뭇사람들의 손가락질을 받기도 했지만 그녀는 이에 굴하지 않고 더욱 용기를 발휘했다.

쌍란은 이제 '두려움을 모르는 사람'의 대명사가 되었다. '안마왕'이 기구에서 떨어지던 그 순간, 모든 사람들은 그녀의 인생이 그렇게 끝날 줄 알았다. 그러나 쓰디쓴 좌절 앞에서 그녀는 눈물이나 불평이 아닌 무한 긍정의 태도를 보이며 자립심을 키우고 열심히 공부했다. 또한 정신지체 아동을 위한 기금을 마련하려고 장애인 사업에 적극적으로 동참하기도 했다. 담대함으로 좌절을 상대하는 쌍란의 스토리는 우리에게 큰 귀감이 되고 있다.

맹자孟子는 『맹자』 「고자하告子下」편에서 다음과 같이 말했다. "하늘이 장차 그 사람에게 큰 사명을 맡기려 할 때는天將降大任於斯人也 반드시 먼저 그의 마음을 괴롭게 하고必先苦其心志 뼈마디가 꺾어지는 고난을 당하게 하며勞其筋骨 몸을 굶주리게 하고餓其體膚 생활을 빈곤에 빠뜨린다空乏其身." 곤경은 살면서 피할 수 없는 과정이자 성공을 향한 길에서 반드시 넘어야 할 산이다. 곤경을 두려워하지 않고 용기를 내어 전진하면 당신의 내실은 더욱 탄탄히 다져지고 머지않아 찬란한 희망을 보게 될 것이다.

❖

　월마 루돌프Wilma Rudolph를 아는가? 그녀는 올림픽 역사상 가장 위대한 여자 단거리 선수이다. 월마의 이름은 널리 알려져 있지만 그녀를 자세히 아는 사람은 그리 많지 않다. 온몸에서 용기를 뿜어내는 월마 루돌프, 그녀의 인생 스토리를 들어 보자.

　어릴 적 월마는 소아마비를 앓으며 제대로 성장하지 못했다. 11세가 되기 전까지만 해도 혼자서 제대로 설 수도, 걸을 수도 없었던 월마는 한쪽 다리에 보조기를 대고 다른 사람의 도움을 받아 겨우 걸었다. 어떤 친구들은 이런 그녀를 보며 조롱했지만 월마는 흔들리지 않았다. 11세가 되던 해, 그녀는 보조기를 벗어던지고 맨발로 농구를 시도했고 수없이 넘어지고 일어서기를 반복하다가 마침내 혼자서 우뚝 일어섰다. 12세의 윌마는 보조기 없이도 걸을 수 있을 만큼 크게 회복했다.

그녀는 두 다리가 자유로워지면서 자신이 운동에 소질이 있다는 것을 알게 되었고, 4년 간의 피나는 노력 끝에 1956년 멜버른 올림픽 단거리 달리기 대표팀에 합류했다. 달리기를 할 때 윌마의 자세는 누구보다 가볍고 아름다웠으며 내딛는 발걸음 또한 매우 규칙적이었다. 이에 이탈리아 사람들은 그녀를 '검은 가젤'이라 칭했다. 윌마는 첫 출전한 올림픽에서 동메달을 땄고, 1960년 로마 올림픽 육상경기에서는 3개의 금메달을 거머쥐었다.

❖

윌마는 비록 몸이 불편했지만 남들의 비웃음 속에서도 포기하지 않았다. 피나는 노력 끝에 혼자서 걸을 수 있게 되었고, 운동에 천부적 소질이 있다는 것을 알게 된 후에는 더 큰 용기를 발휘했다. 이는 그녀 자신뿐 아니라 국가에도 크나큰 영예를 안겨 주었다. 윌마는 소아마비라는 피할 수 없는 운명을 갖고 태어났으며, 재기하는 과정에서도 훈련에 거듭 실패했다. 하지만 그녀는 끝까지 자신을 포기하지 않았다. 첩첩산중처럼 그녀 앞을 가로막은 시련 앞에서 두려움을 모르는 담대함, 긍정적인 마인드로 마침내 새로운 윌마 루돌프를 탄생시켰다.

'시련이란 무엇인가?'

이 질문에 실패는 말한다. 시련이란 성공으로 가는 길에서 영원히 넘지 못할 산이다. 이 산을 겨우 하나 넘는다 해도 더 많은 산이 기다리고 있기 때문이다.

나약함이 말한다. 시련이란 성공으로 가는 길에서 만나는 가시밭길과 같다. 그 길을 걸으면 뾰족한 가시나무에 찔려 온몸이 피범벅이 될 것이기 때문이다.

실망감이 말한다. 시련이란 강한 펀치를 맞은 후에 느끼는 현기증과 같다. 시련을 만나면 우리는 자신감을 상실하고 어디로 가야 할지 방향을 잃기 때문이다.

사람들은 시련에 부딪히면 앞이 보이지 않는 막막함 속에 이리저리 헤매다 방향을 잃곤 한다. 이때 답은 단순하다. 다른 사람들의 가타부타 참견에 얽매이지 말고 자신이 선택한 길을 뚜벅뚜벅 걸으면 된다. 당신이 걷는 길에 숱한 좌절의 순간이 나타난다 해도 위축되지 말고 담대하게 맞서라. 곤경이 있기에 성장할 수 있음을 기억하자.

2

용기–
난제 앞에서 솟아나는 강인함

우리는 살면서 학업 문제·업무 문제·생활 문제 등 숱한 난관에 봉착한다. 그때마다 소위 '능력자'들은 두려움 없는 불굴의 용기를 발휘하여 적극적으로 돌파구를 찾고 문제를 빠르게 해결한다. 삶은 연마되지 않은 돌과 같고, 시련은 조각칼과 같다. 눈앞에 놓인 난관을 현명하게 극복한다면 우리는 시련이라는 조각칼로 삶이라는 돌 위에 오롯이 나만의 그림을 새길 수 있다. 그렇게 새기고 또 새기다 보면 평범한 돌이 알고 보니 흙 묻은 다이아몬드였다는 것을 알게 될 것이다.

❖

1924년 미국의 가구상인 니콜스Nichols의 집에 큰 화재가 발생했다. 그는 화재로 모든 가구를 잃었고 남은 것이라곤 새까맣게 타버린 소나무 더미뿐이었다. 니콜스는 이루 말할 수 없는 허망함에 휩싸여 넋 놓고 주위를 둘러보았다. 그때 문득 까맣게 탄 소나무가 그의 눈에 들어왔다. 비록 검게 타버렸지만 독특한 스타일과 아름다운 나무 무늬가 돋보였다. 불현듯 아이디어가 떠오른 그는 땅에 떨어져 있는 유리 조각을 냉큼 집어 들고 탄 부분을 긁어냈다. 그러고는 사포를 꺼내 소나무를 부드럽게 문지르고 바니시까지 칠했다. 그러자 따뜻한 광택과 소나무 특유의 아름다운 질감이 더욱 두드러졌다. 니콜스는 이 목재를 가구 제작에 접목해서 나무 무늬를 가진 가구를 생산해 냈고, 반응은 폭발적이었다. 이 나무 무늬 가구는 뉴욕미술관에 소장되어 후세 사람들에게도 널리 알려졌다.

집에 화재가 발생했을 때 니콜스는 깊은 절망에 빠졌다. 그동안 투자했던 모든 것이 순식간에 잿더미가 되어 버린 상황에서 어떻게 하면 손실을 최소화할 수 있을까? 이 막막한 문제 앞에서 니콜스는 긍정적인 마인드와 예리한 관찰력으로 불에 탄 소나무의 매력을 발견했다. 또한 이에 착안하여 나무 무늬 가구를 제작해 큰 성공을 거두었다. 만약 니콜스가 비관적이고 부정적인 태도로 일관했다면 그의 눈에는 그저 불행만이 보였을 것이고, 그 어떤 기회도, 성공도 잡지 못했을 것이다. 두려움 없는 용기로 시련에 대응하고 적극적으로 해결책을 찾는다면 어느새 기회가 나타나 당신을 성공으로 안내할 것이다. 중국에 이런 속담이 있다. '세월은 물결 따라 흐르고時間順流而下 인생은 물을 거슬러 노를 젓는 것과 같다生活逆水行舟.' 우리네 인생은 숱한 난관들로 가득하다. 하지만 이를 억지로 회피하거나 불평만 하지 말고 담담하고 낙관적인 태도로 부딪쳐 보자. 곤경 앞에서는 불굴의 정신력이 무엇보다 필요하다.

곤경은 위험한 것이 아니다. 진짜 위험한 것은 용기 있게 곤경에 맞서지 못하는 것이다. 곤경 앞에서 맥을 못 추는 사람은 사실 곤경 자체 때문이 아니라 두려움, 비관적인 마음, 어려움을 극복하고자 하는 용기와 자신감의 부재 때문에 무너진다.

소설 『로빈슨 크루소』에서 로빈슨은 무인도에 고립되어 절망에 빠진다. 하지만 그는 곧 이를 극복하고자 갖은 생존 방법을 시도하면서 자연과 끊임없는 사투를 벌인다. 18년 뒤, 마침내 로빈슨은 구조되어 무사히 자신의 조국으로 돌아간다. 또한 소설 『노인과 바다』에서 늙은 어부 산티아고는 무시무시한 상어를 만났지만 늙은 몸을 이끌고도 상어에게 끝까지 저항하여 승리를 거둔다. 로빈슨과 산티아고는 소설 속 허구의 인물이지만 그들의 강인한 정신력만큼은 사람들에게 경종을 울리고 있다.

용기는 난관 앞에서 솟아나는 강인함이다. 난관이 넘을 수 없는 산처럼 내 앞을 가로막고 있다 해도 강인한 용기와 노력으로 맞선다면 무사히 극복할 수 있다. 난관은 마치 다듬어지지 않은 거친 옥석과 같다. 옥석의 빛을 보고 싶은가? 마음 한편에 있는 용기와 의지를 꺼내어 난관의 옥석을 닦고 또 닦아 보자.

❖

어느 아름다운 러시아 여인이 있었다. 그녀의 외모는 무척 출중해서 늘 많은 이들의 이목을 집중시키곤 했다. 그런 그녀는 자그마치 30

년 동안 남편과 떨어져 시베리아의 어느 작은 마을에서 홀로 살고 있었다. 그러던 어느 날, 그녀는 남편이 있는 상트페테르부르크에서 미용실을 개업하기로 결심하고 전 재산을 들고 열차에 올라탔다. 상트페테르부르크 역에 도착한 그녀는 남편을 볼 생각에 들떠 발걸음을 재촉했다. 그런데 이게 웬일인가, 갑자기 지갑이 보이지 않았다. 그녀의 전 재산이 순식간에 사라진 것이다. 그녀는 예상치 못한 날벼락에 순간 넋을 잃었다. 눈물이 왈칵 쏟아져 나오려 했지만 문득 정신을 차려야겠다는 생각이 들었다.

'이미 엎질러진 물이야. 내가 운다고 해결될 일은 없어. 울면 내 예쁜 얼굴만 망가질 거야. 돈이야 죽어서 가져갈 것도 아닌데 다시 벌면 되지 뭐.'

이렇게 마음을 다잡은 그녀는 얼굴에 옅은 미소까지 띠며 역을 나섰다. 그러고는 많은 인파 속에서 기다리고 있는 남편을 향해 차분하게 걸어갔다.

그녀는 재회한 후 역에서 겪은 일을 털어놓았지만 남편은 아무런 말도 하지 않았다. 얼마 지나지 않아 그들은 돈을 빌려 계획했던 대로 미용실을 개업했고 여인의 미모 덕분에 미용실은 금세 유명세를 탔다. 사람들은 그녀의 빼어난 미모를 보며 미용 실력 또한 훌륭할 것이라 여겼기 때문이다. 결국 미용실은 날마다 문전성시를 이루었고 부부는 큰돈을 벌게 되었다.

❖

사람들은 숱한 곤경과 절망 앞에서 낙담하고 자신감을 잃곤 한다. 하지만 두려움 없는 강인한 정신력으로 바라본다면 절망 가운데서 희미하게 빛나는 기회를 찾을 수 있다. 곤경은 당신을 훈련시키는 또 다른 기회이기에 눈앞의 난제를 용기 있게 해결하면 당신은 어느새 크게 성장해 있을 것이다.

역사적으로도 성공한 사람들은 곤경 앞에서 다음과 같은 일곱 가지 태도를 보였다.

첫째, 용감하게 맞서기. 인생은 자신의 손에 달려 있기에 숱한 난관에 용감하게 대처하면 새로운 제2의 인생이 펼쳐진다.

둘째, 적극적으로 해결하기. 난관은 절대 답이 없는 문제가 아니다. 문제의 원인을 능동적으로 파악하고 극복한다면 그것은 더 이상 문제가 되지 않는다.

셋째, 담담하게 대처하기. 난관을 두려워하지 말고 그 역시 인생의 일부라는 생각으로 담담하게 받아들이자. 역경을 딛고 일어서고 나면 놀랄 만큼 성장한 당신을 보게 될 것이다.

넷째, 긍정적으로 생각하기. 불공평한 대우나 까다로운 임무, 불편한 고객을 만났을 때 긍정적으로 대한다면 당신의 삶은 더욱 활기차질 것이다.

다섯째, 변화를 받아들이기. 난관을 희망이 오기 전에 보내는 신호라고 여긴다면 예상 밖의 좋은 결과를 얻게 된다.

여섯째, 거침없이 전진하기. 부단한 학습과 노력, 고생을 기꺼이 감수하면 그 속에서 승리의 열매가 맺어지고 밝은 미래가 열린다.

일곱째, 끝까지 버티기. 어느 누구도 시련을 피할 수 없기에 용감하게 부딪치는 것만이 자신의 인생에 대한 책임이다.

3

용기—
곤경 앞에서 솟아나는 대담함

인생을 살다 보면 뜻대로 되지 않는 일들이 너무도 많다. 하지만 그 모든 곤경과 난관들은 성공의 빛을 보기 전에 겪어야 하는 필연적인 과정이다. 위기를 기회로 생각하고 곤경에 당당히 맞선다면, 우리는 보다 성숙한 인생과 자아를 만들어낼 수 있다.

마냥 평탄하지 않은 인생길에서 곤경의 순간들을 어떻게 마주할 것인가, 이것은 우리 인생의 중요한 도전 과제이다. 곤경을 하늘의 원대한 계획이라고 생각한다면 우리는 '곤경'에 빠질 일이 없다. 시련 앞에서 당신의 여정을 섣불리 끝내지 말고 다음과 같이 생각해 보자.

'이것은 하늘이 보여주는 인생의 또 다른 풍경이다. 하루 종일 평온하고 고요하기만 하다면 얼마나 무료하겠는가!'

용감하게 풍랑에 맞선 당신, 머지않아 미소를 띠며 저 피안彼岸으로 배를 옮길 수 있을 것이다.

❖

중국에 직원이 몇백 명이나 되는 한 무역회사가 있었다. 모든 직원들이 힘을 합쳐 노력한 끝에 회사는 좋은 실적을 창출하며 성공 가도를 달렸다. 하지만 폭풍처럼 갑자기 들이닥친 금융위기로 회사는 순식간에 혼란에 빠지게 되었다.

불안한 분위기 속에 임원들은 한숨만 내쉬었고 직원들 역시 사기가 떨어져 언제 잘릴지 모르는 불안감에 너도나도 퇴사 준비를 하고 있었다. 좌불안석의 상황에서 근심에 빠진 사장의 머릿속에 문득 한 가지 생각이 스쳐 지나갔다.

'그래, 나는 이 회사의 책임자야! 쉽게 포기할 수 없어!'

사장은 먼저 임원 회의를 소집했다. 회의에서 그는 참담한 현실이나 회사의 상황에 대해서는 언급하지 않고 임원들에게 이야기 하나를 들려주기 시작했다.

"나이 많은 한 선장이 있었습니다. 늙고 쇠약해진 그는 젊은 선원 중에서 새로운 선장을 한 명 뽑았습니다. 젊은 새 선장은 크게 한 건을 성공해서 목돈을 벌겠다는 야심을 품고 있었지요. 그러던 어느 날, 젊은 선장이 출항을 나가려고 하자 늙은 선장은 그를 불러 세웠습니다. 그리고 주머니에서 펜과 종이를 꺼내더니, 무엇인가를 적어 그에게 건네며 말했습니다.

'바다에서 거센 폭풍우를 만나는 것은 극히 정상적인 일이라네. 위급한 상황이 오면 자네가 가장 위험해 보이는 뱃머리 꼭대기에 서서 모두가 들을 수 있도록 이 쪽지를 큰소리로 읽게나.'

젊은 선장은 쪽지 안에 사람을 구할 수 있는 뭔가 특별한 비결이 있는 줄 알고 쪽지를 바로 펼치려 했으나 늙은 선장은 그를 말렸습니다.

'지금은 열지 말게!'

젊은 선장은 무척 궁금했지만 그의 말을 듣기로 하고 항해를 떠났습니다. 얼마 후, 늙은 선장의 말대로 풍랑이 일기 시작했습니다. 하늘이 온통 잿빛으로 변하면서 거센 폭풍우가 배를 향해 휘몰아치자 모든 선원들은 비상사태에 돌입하였습니다. 그간의 경험을 통해 선원들은 이런 풍랑을 만났을 때 섣불리 도망가서는 안 된다는 것을 익히 알고 있었습니다. 하지만 이제 곧 죽을 목숨이라는 절망에 빠져 한 선원이 울먹이며 말했습니다.

'선장님, 저는 지금 죽고 싶지 않아요. 아직 결혼도 하지 않았다구요.'

순식간에 모든 선원들은 한 치 앞도 알 수 없는 혼란에 빠졌고, 그들은 온통 '탈출' 생각뿐이었습니다.

이때 젊은 선장의 머릿속에 늙은 선장이 건네준 쪽지가 불현듯 떠올랐습니다. 그는 생명의 위험을 무릅쓰고 거센 풍랑에 맞서 배에서 가장 위험한 뱃머리 끝을 향해 달려갔습니다. 뱃머리 위에 선 젊은 선장은 침착함을 유지하며 큰소리로 쪽지를 읽었습니다.

'여러분! 당황하지 마십시오! 항구가 바로 앞에 있습니다!'

젊은 선장이 이 말을 끊임없이 외치자 허둥지둥했던 선원들도 점차 안정을 찾기 시작했습니다."

사장은 잠시 이야기를 멈추었다. 회의장은 술렁이기 시작했고, 심지어 어떤 사람은 볼멘소리로 중얼거렸다.

"지금 때가 어느 땐데 한가로이 옛날이야기나 하고 있는 거지? 그

배가 어떻게 됐는지는 뻔한 것 아니겠어. 분명 풍랑에 다 뒤집어졌겠지….”

사장은 사람들의 수군거림에도 아랑곳하지 않고 유유히 차를 한 모금 마신 후 말을 이었다.

“그렇게 안정을 되찾은 사람들은 각자 자신의 위치로 돌아가 젊은 선장의 지휘를 따랐습니다. 이제 더 이상 그 누구도 탈출을 꿈꾸지 않았습니다. 이 풍랑에서 벗어나기 위해 모두가 한마음으로 힘을 합쳐 버렸고, 한 시간 남짓한 분투 끝에 풍랑은 결국 잠잠해졌습니다. 이 풍랑은 무척이나 거세서 다른 대부분의 선박은 참사를 피하지 못했습니다. 폭풍우가 사라지고 나서 바다 위에는 전복된 선박의 잔해들이 처참하게 떠다녔지요. 오직 젊은 선장이 이끄는 선박만이 살아남은 것입니다. 항구에 도착하자 젊은 선장은 늙은 선장을 찾아가 바다에서 있었던 일을 전하며 말했습니다.

‘선장님, 감사합니다. 선장님의 쪽지 덕분에 저희가 살아남았습니다. 그런데 그 말이 어떻게 이렇게 엄청난 힘을 발휘할 수 있었던 걸까요?’

늙은 선장은 웃으며 말했습니다.

‘사실 폭풍우는 그리 두려운 것이 아니라네. 풍랑이 닥쳤을 때 모두가 힘을 합쳐 침착하게 노를 젓고 돛의 방향을 제때에 바로 잡기만 하면 거센 풍랑도 이겨낼 수 있지.’”

사장의 이야기가 끝나자 회의실은 물을 끼얹은 듯 조용했다. 사장은 임원 한 명 한 명을 바라보며 말을 이었다.

"지금 우리 회사는 폭풍우를 만난 배와 같습니다. 모두들 혼란에 빠져 허둥지둥하고 있지요. 우리의 정신력이 무너지면 회사는 풍랑에 휩쓸려 전복되고 말 것입니다. 조금만 가면 희망의 빛이 기다리고 있다는 것을 믿으십시오. 모두가 손을 잡고 마음을 모아야 이 위기를 극복할 수 있습니다."

사장의 말이 끝나자마자 회의실은 뜨거운 박수소리로 가득 찼다. 그날 이후 직원들의 불평과 원망의 소리가 점점 잦아들었다. 각 부서의 임원들은 형세의 변화에 따라 상황에 맞는 전략 방향과 목표를 제시하면서 리더십을 최대한 발휘하였고, 직원들 역시 맡은 일에 최선을 다하기 시작했다. 모두의 노력으로 마침내 회사는 금융위기의 한파를 무사히 이겨냈다.

❖

사장의 이야기에서 전복된 선박들은 폭풍우 자체 때문이 아니라 폭풍우가 가져온 공포와 혼란 때문에 참변을 당했다. 고난 앞에서 두려워해야 하는 것은 고난 자체가 아니라 이로 인해 자신감이 상실되고 투지가 결여되는 것이다. 고난·역경·위험에 두려워 말라. 진정 무서운 것은 고난으로 인해 자신감·정신력·희망이 사라지는 것임을 명심하자.

사람은 누구나 저마다의 일을 하고, 누군가를 만나고 헤어지며, 때로는 곤경에 부딪히며 살아간다. 이런 우리 모두가 소중한 기회를 갖고 태어났다는 것을 아는가? 지저귀는 새의 노랫소리를 듣고, 고달픈 인생사의 참된 의미를 깨달으며, 서로 간에 깊은 사랑과 동정을 나눌 수 있는 기회 말이다. 곤경을 극복함으로써 얻는 수확은 내가 무너지면서 치르는 대가보다 훨씬 더 크고 존귀하다.

어느 10세 소년이 있었다. 어머니는 병으로 세상을 떠났고 버스 운전기사인 아버지는 일 때문에 집을 자주 비웠기에 소년은 늘 지독한 외로움 속에서 살았다. 어머니가 돌아가신 후부터 소년은 혼자서 빨래를 하고 밥을 지어 먹으며 자립심을 키웠다. 하지만 그가 17세가 되던 해에 아버지마저 돌아가시면서 소년은 더 이상 의지할 곳이 없어졌다.

악몽 같은 삶은 여기서 끝이 아니었다. 생계를 유지하기 위해 공사장에서 일을 시작한 그는, 어느 날 사고로 왼쪽 다리를 잃었다. 하지만 끊임없는 불행과 사고는 오히려 소년을 강하게 단련시켰다. 그는 불편한 다리 때문에 겪는 갖가지 고충들을 이겨내며 목발 짚는 연습을 강행하였고, 넘어져도 다른 사람에게 쉽게 손을 내밀지 않았다.

훗날 소년은 그의 모든 재산을 털어 양식장을 열었다. 그러나 불행하게도 대홍수가 일어나면서 그의 마지막 희망마저 빼앗아 갔다. 소년은 더 이상 분을 참지 못하고 신전으로 달려가 신을 향해 소리쳤다.

"신이시여, 어찌 그리도 불공평하십니까!"

이에 신은 평온하게 반문했다.

"음, 무엇이 불공평하다는 말이냐?"

울분에 찬 소년은 그동안 자신이 겪어 왔던 숱한 고난들을 하나하나 토해 냈고, 신은 소년의 사연을 듣고 나서 다시 물었다.

"그랬구나. 너의 인생은 참으로 비통하구나. 그런데 그렇게 힘든 삶을 왜 계속 살려고 하느냐?"

신의 조롱 섞인 말투에 소년은 더욱 분노했다.

"저는 절대 죽지 않을 것입니다. 이렇게 고생했는데 이제 무서울 것도 없다구요! 언젠가는 꼭 제힘으로 행복한 인생을 만들어내고 말 거예요! 두고 보세요!"

신은 다른 쪽으로 몸을 돌리며 부드럽게 말했다.

"보아라. 저 사람의 인생을 보니 너보다 훨씬 더 순탄한 삶을 살았구나. 하지만 결국은 너처럼 홍수로 모든 재산을 잃었지. 저 사람과 너의 차이점이 무엇인지 아느냐? 저 사람은 절망 앞에서 자살을 선택했지만 너는 끝까지 살아남았다는 거야."

엄마 뱃속에서 갓 나온 아이는 울음으로 생명의 탄생을 알린다. 아마도 이 때부터 우리네 인생이 눈물과 고됨으로 뒤범벅되리란 것을 알고 있었는지도 모른다. 하지만 이런 고난이 있기에 생명의 존귀함이 더욱 빛을 발하는 것이며, 마지막 순간에는 웃으며 세상을 떠날 수 있는 것이다. 우리의 운명에도 이야기 속 소년처럼 숱한 고통과 역경이 존재한다. 하지만 최종 결과는 사람에 따라 다르다. 용감하게 부딪친 사람은 결국엔 희망의 빛을 누리고, 두려움에 주저앉은 사람은 아무것도 이루지 못한다. 물론 사람마다 역경을 감당하는 '능력치'는 다르지만, 눈앞에 놓인 곤경을 하나씩 넘을 때마다 우리의 '경험치'는 더욱 높아진다. 그러므로 자신의 인생을 특별하게 가꾸고 싶다면 인내심을 갖고 역경을 이겨내는 훈련을 해야 한다. 인생의 참된 의미를 깨달은 사람들은 쉽고 편한 길보다 어렵고 도전적이며 뜻깊은 인생길을 걷고자 한다. 그들은 고난의 강을 무사히 건너야만 인생의 참맛과 진정한 희로애락을 느낄 수 있다는 것을 알기 때문이다.

몇 년 전, 40대인 조이Joey는 회사에서 해고를 당해 직장을 잃었다. 여섯 가족의 생계를 책임지고 있는 그는 온갖 아르바이트를 전전하며 끼니를 거르기 일쑤였다. 조이는 고임금의 일자리를 찾기 위해 아르바이트를 하는 와중에도 열심히 구직 활동을 했지만, 구직난이 심각한 현실 속에서 나이 많은 조이에게 돌아오는 것은 냉담한 반응뿐이었다. 그러나 조이는 쉽게 포기하지 않았다. 집 근처에 있는 한 건축회사를 눈여겨보고 있었던 그는, 어느 날 회사의 사장 앞으로 직접 구직서를 보냈다. 그는 구직서에 자신의 경력 사항은 일절 언급하지 않고 그저 한 가지 요구를 했다.

'제발 저에게 일자리를 주십시오.'

구직서를 보낸 후 며칠 뒤 조이는 회사로부터 답장을 받았다.

'우리 회사는 현재 공석이 없습니다.'

하지만 조이는 이에 굴하지 않고 사장에게 두 번째 구직서를 썼다. 이번에는 첫 번째 보냈던 편지에 한 단어만 덧붙였다.

'제발, 제발 저에게 일자리를 주십시오.'

그 후로도 조이는 회사에 끊임없이 같은 형식의 구직서를 보냈다. 자신의 구체적인 스펙은 언급하지 않고 편지를 보낼 때마다 말머리에 '제발'이라는 단어를 하나씩 늘렸다. 그렇게 3년이라는 시간이 흘렀고, 조이가 3년 동안 보낸 구직서는 총 500통에 달했다. 500개의 '제발' 뒤에 붙은 글귀는 변함없었다.

'저에게 일자리를 주십시오.'

500번째의 구직서를 받은 사장은 그에게 직접 답장을 썼다.

'지금 당장 면접을 보러 오시오.'

그의 지칠 줄 모르는 인내심을 높이 산 사장은 그에게 회사 우편물을 처리하는 업무를 맡겼다. 조이의 성공 스토리가 입소문을 타면서 현지 TV 방송국의 한 기자가 회사를 찾아왔다. 기자가 조이에게 물었다.

"왜 편지를 쓸 때마다 '제발'이라는 단어만 하나씩 덧붙이신 거죠?"

조이는 침착하게 말했다.

"별 뜻은 없었습니다. 그저 그 편지들은 갖다 붙인 것이 아니라 제가 하나하나 직접 썼다는 것을 보여주고 싶었어요."

기자가 이번에는 사장에게 물었다.

"사장님께서 결국 조이를 채용하신 이유는 무엇입니까?"

사장은 유머러스하게 말했다.

"편지에 500개의 '제발'이 쓰여 있는데 누가 안 흔들리겠습니까? 허허허."

가장에게 실업은 분명 큰 불행이지만, 더 불행한 것은 실업 후에도 오랫동안 원하는 일을 찾지 못하는 것이다. 실업이라는 역경 앞에서 조이는 실망도, 낙담도 하지 않고 열심히 구직활동을 했으며, 결국 자신이 원하는 이상적인 회사를 찾아 문을 두드렸다. 하지만 공석이 없다는 회사의 답변에 조이는 오랜 기다림을 시작했고, 그렇게 3년이란 시간이 흘렀다. 3년 동안 그는 자신의 선택을 의심하지 않고 끊임없이 구직서를 보내며 회사에 대한 존경과 충성심을 어필했다. 500번째 편지가 도착했을 때 사장은 조이의 식을 줄 모르는 끈기와 용기에 크게 감동했다.

중국 속담 중에 '갖은 고생을 견뎌 내야만 비로소 큰 사람이 된다喫得苦中苦, 方爲人上人'라는 말이 있다. 여기서 '큰 사람人上人'이란 인생을 살면서 큰 비전과 안목을 가지고 과감하게 행동하는 사람을 말한다. 온실 속의 화초는 그저 천장만 바라볼 수 있고 따뜻한 온도만 견딜 수 있다. 이 얼마나 무료한 삶인가!

　인생의 여정에는 고난이 필요하다. 고난은 우리를 성장시키는 자양분이기 때문이다. 고난 앞에서 담력과 용기로 무장한 사람만이 난관을 무사히 극복하고 자신의 꿈을 이룰 수 있다는 것을 명심하자.

4
용기 있는 자—
확고한 신념으로 무장하다

아득하고 깊은 골짜기에서 하늘을 올려다보니 잿빛의 먹구름이 찬란한 태양을 가리고 있다. 드넓은 하늘은 순식간에 검은 기운으로 가득 찼다. 이때 황금색 빛줄기 한 자락이 먹구름 사이를 비집고 나와 영롱한 빛을 사방에 비추었다. 먹구름을 뚫고 나온 빛줄기를 보고 있자니 마음 한구석에서 뜨거운 희망과 용기가 솟아올랐다.

유종원柳宗元이 당나라의 유명한 문학가로 성장할 수 있었던 것은 그의 강인한 용기와 신념 덕분이다.

❖

관료의 집안에서 태어난 유종원은 어릴 적부터 비범한 모습을 보였고 훗날 큰 인물이 되고자 스스로 노력했다. 어른이 된 유종원은 조정에서 관리직을 맡아 왕숙문王叔文 세력의 정치개혁을 적극적으로 도왔다. 하지만 당의 영정永貞 원년(805년) 8월, 태자 이순李純이 즉위하면서 개혁을 강력하게 배척하였고, 이에 개혁파는 모두 물러나고 유종원은 영주永州로 좌천되었다.

당대의 영주 지역은 정치적·문화적으로도 매우 낙후한 변방으로 사방에 말라리아와 독사가 널려 있었다. 여름에는 폭염이 극심하고 겨울에는 습랭하여 기후에 적응하지 못한 그의 몸은 점차 쇠약해져 갔다. 좌천된 후에도 정적政敵이라는 비난을 받으며 친했던 사람들조차 모두 그의 곁을 떠났다. 반년 후, 어머니마저 병으로 세상을 떠나고 첩첩산중의 역경 속에 유종원은 비분을 삼키며 하루하루를 보냈다.

그러던 어느 날, 그는 자신의 상처 입은 마음을 치유하기 위해 영주의 아름다운 산수자연에 눈을 돌렸다. 유종원은 그 속에서 극한의 추위가 엄습한 대자연의 가치를 깨달았고 자신의 억눌린 감정을 토로하는 방법을 터득했다. 자신의 감정을 자연 속에 맡기고 자아와 자연을 하나로 융합하는 것이다. 이렇게 그는 자연을 통해 정신적 위로를 받고 신념을 확고히 하는 법을 배우면서, 그 유명한 자연 유람기 『영주팔기永州八記』를 창작했다.

인생을 살면서 확고한 신념을 갖는 것은 매우 중요하다. 강한 신념을 가진 사람은 매사에 능동적으로 임하면서 삶의 기적을 만들고, 역경을 무사히 극복하여 성공의 월계관을 쓰게 된다. 제아무리 큰 고난과 역경일지라도 신념이 강한 사람을 무너뜨릴 수는 없다. 신념은 우리의 마음 깊은 곳에서 엄청난 힘을 발휘한다. 강한 신념은 고난과 역경의 강을 무사히 건너게 해주는 다리와 같다.

❖

한 청년이 수년 간의 노력 끝에 큰돈을 벌었다. 그는 그동안 마음속에 품어 왔던 유럽 여행이란 꿈을 이루기 위해 여행길에 나섰다.

호텔에서 묵은 첫째 날 아침, 누군가 문을 두드리는 소리에 청년은 잠에서 깼다. 문을 열자 호텔 직원이 친절하게 인사를 건넸다.

"Good morning, sir."

영어를 이해하지 못한 그는 속으로 생각했다.

'혹시 지금 내 이름을 물어보는 건가?'

그는 큰소리로 대답했다.

"내 이름은 천아투陳阿土예요."

다음날 아침, 직원이 또 문을 두드렸고 같은 인사를 건넸다.

"Good morning, sir."

청년은 조금 기분이 언짢아졌다.

'왜 자꾸 내 이름을 물어보는 거지? 일부러 나를 곤란하게 만들려고 하는 거 아냐?'

청년은 다시 큰소리로 답했다.

"내 이름은 천아투예요!"

셋째 날 아침, 직원은 또 문을 두드리며 인사했다.

"Good morning, sir."

이에 잔뜩 화가 난 청년은 씩씩거리며 말했다.

"잘 들어요! 내 이름은 천, 아, 투예요!"

그날 저녁, 그는 이 호텔을 소개해 준 여행사를 찾아가 항의했고 그때서야 비로소 직원이 자신에게 아침 인사를 건넨 것이라는 사실을 알게 되었다. 얼굴을 들 수 없을 만큼 부끄러운 마음에 그는 영어 공부를 시작하기로 결심했다. 청년은 곧장 서점으로 달려가 영어책 한 권을 샀고, 그가 첫 번째 배운 말은 다름 아닌 'Good morning, sir.'였다.

넷째 날 아침, 청년은 일찍이 일어나 전날 공부했던 문장을 몇 번이고 연습하며 호텔 직원이 오기를 기다렸다. 이날도 어김없이 문을 두드리는 소리가 들리자 청년은 한걸음에 달려가 문을 활짝 열고 직원에게 외쳤다.

"Good morning, sir!"

호텔 직원은 청년의 인사를 듣더니 자신 있게 답했다.

"내 이름은 천아투예요!"

이 이야기에서 천아투는 돈은 많이 벌었지만 영어를 하지 못해 호텔에서 웃지 못할 해프닝을 겪었다. 청년은 호텔 직원의 아침 인사를 듣고 이름을 물어보는 것으로 착각했고 단순한 호의를 오해했다. 그는 부끄러운 마음에 영어 공부를 시작하면서 가까스로 문장 하나를 외웠다. 하지만 이게 웬일인가. 청년이 건넨 인사에 호텔 직원은 "내 이름은 천아투예요!"라고 답한 것이다.

어째서 이런 일이 일어난 것일까? 인생이란 서로가 영향을 주고받으며 살아가는 것이기 때문이다. 성공은 강한 신념이 뒷받침되어야 한다. 자신의 신념을 잘 지키는 사람만이 성공할 수 있고, 타인으로부터 쉽게 영향을 받는 사람은 중도에 포기해 버린다.

용기 있는 사람은 자신에 대한 강한 신념을 갖고 있다. 신념은 옳고 그름의 기준이 없기에 자신에게 가장 적합한 것이야말로 최고의 신념이다.

❖

1984년 30세의 말론 루나 브램Malone Luna Bram은 죽음과 사투를 벌이며 힘겹게 하루하루를 보내고 있었다. 유방암과 자궁경부암을 앓았던 그녀는 11주의 시간 동안 유방절제와 자궁적출 수술을 받았고 항암치료로 인한 엄청난 고통을 겪었다. 야속하게도 암은 그녀의 건강뿐 아니라 아름다운 외모, 돈, 심지어 남편까지 앗아갔다. 병에 걸린 아내 옆에서 극심한 스트레스에 시달렸던 남편이 결국 스스로 목숨을 끊은 것이다. 이제 그녀의 곁에 남은 것은 어린 두 아들뿐이었다. 설상가상으로 그녀는 시한부 선고까지 받았다. 앞으로 그녀에게 남은 인생은 단 2년, 운이 좋아도 5년까지만 살 수 있다는 것이다. 5월의 어느 아침, 유난히도 더운 날이었다. 말론은 차가운 욕실 바닥에 얼굴을 대고 누워 깊은 생각에 잠겼다.

'내가 육체적 고통에 시달리고 있지만 이렇게 누워서 자기 연민에만

빠져 있을 수는 없지. 나에겐 돌봐야 할 아이들이 있잖아. 나도 일을
해야겠어!'

하지만 말론은 직장 경험이 없는 데다가 학력도 높지 않아서 일자리
를 찾기란 쉬운 일이 아니었다. 게다가 그 당시 말론은 오로지 '생존'
에만 급급했을 뿐, 부와 성공은 그녀의 인생과는 무관한 남의 이야기
처럼 들렸다.

그럼 어디서부터 시작해야 할 것인가? 친구의 제안에 따라 말론은
판매직 업무를 찾기로 했다. 판매직 업무 중에서 그녀는 남성 고객이
많은 자동차 판매직을 선택했다. 자동차 판매직은 열심히만 하면 높은
월급을 받을 수 있었기 때문이다.

말론은 틈나는 대로 자동차 판매점에 가서 세일즈맨의 영업 방식을
관찰했다. 그 결과, 대부분의 자동차 세일즈맨이 남성 고객만을 쳐다
보며 이야기하고 그 옆에 있는 여성은 신경 쓰지 않는다는 것을 파악
했다. 말론은 가정에서 여성이 핵심적인 의사결정을 한다는 점에 착안
하여, 자동차 판매 시장에서도 여성 판매원에 대한 잠재적 수요가 있
을 것이라고 확신했다. 그래서 그녀는 찰랑이는 황금빛 가발을 쓰고
자동차 판매점에 찾아가 일자리를 구했다.

말론은 자동차 판매점 곳곳을 돌았지만 그저 차갑고 무례한 반응뿐
이었다. 하지만 그녀는 이에 포기하지 않고 자신의 신념을 믿었다. 매
일 아침 그녀는 일어나자마자 거울을 보며 말했다.

"오늘은 더 용기를 내야지! 포기란 없다!"

이런 그녀의 용기는 현실의 벽 앞에서 번번이 무너졌다. 17번째 도전에서 말론은 자신의 계획을 수정했다. 그녀는 판매점 매니저를 찾아가 여성 자동차 고객에 대한 자신의 생각을 어필했고, 결국 말론은 그 자리에서 고용되었다. 말론의 자동차 판매원으로서의 삶은 이렇게 시작되었다. 온통 남성 직원들뿐인 업무환경에서 말론은 그야말로 완벽한 초보였다. 하지만 일 년 만에 그녀는 '올해의 판매왕'이라는 영예를 얻었다. 말론의 병세는 점차 나아졌으며 그녀의 몸은 더욱 건강해졌다. 그 후로도 말론은 끊임없이 노력했고 업무 실적은 날로 높아졌다.

경영진의 자리에 앉게 된 말론은 자신만의 자동차 판매점을 세우기로 결심했다. 그리하여 1989년 '트루 크라이슬러'라는 자동차 판매점이 탄생했다. 말론의 근면 성실함은 그녀에게 큰 보답을 했다. 그녀의 암은 기적적으로 치유되었으며, 그녀의 자동차 판매점은 연 매출 4억 5천만 달러라는 쾌거를 달성했다.

절망 속에서 피어난 신념은 말론의 결심을 이끌어내고 희망의 불씨에 불을 지펴 미래를 비추는 등불이 되었다. 그녀의 스토리는 우리에게 다음과 같은 인생 진리를 알려 준다. 신념이 있으면 성공의 문이 열리고 새로운 미래가 펼쳐진다.

사람들은 살면서 갖은 곤경과 난관에 부딪힌다. 이를 어떻게 대처하느냐는 개인의 용기와 역량에 달려 있다. 확고한 신념으로 용기 있게 나아가면 큰 성과를 이룰 수 있지만, 두려움에 잔뜩 움츠리거나 그날그날 되는 대로 살아 간다면 그 어떤 것도 달성하지 못할 것이다.

5

용기 있는 자―
과감히 자신의 소신을 지키다

사람으로 태어난 우리는 모두 저마다의 생각을 갖고 있다.

철학자 소크라테스는 사과 하나를 들고 제자들을 바라보며 말했다.

"여러분, 공기에서 어떤 냄새가 느껴지나요?"

제자들은 하나둘 손을 들었고, 소크라테스가 그중 한 명을 지목했다.

"사과향이요!"

소크라테스는 사과를 손에 든 채로 제자들 앞을 천천히 걸으며 다시 물었다.

"여러분, 다시 차분히 냄새를 맡아 보세요. 그리고 공기에서 사과 향기를 느낄 수 있는 사람은 손을 들어 보세요."

이번에는 제자 절반이 손을 들었다.

소크라테스가 같은 질문을 반복하자, 결국 한 명을 제외한 모든 제자가 손을 들었다. 소크라테스는 손을 들지 않은 제자에게 다가가서 물었다.

"그럼 자네는 아무 냄새도 맡지 못했다는 것인가?"

이에 그 제자는 단호하게 말했다.

"네, 저는 정말 아무 냄새도 못 맡았어요."

그러자 소크라테스는 나머지 제자들을 향해 말했다.

"이 말이 맞습니다. 이것은 가짜 사과거든요."

이 제자가 바로 그 유명한 철학자 플라톤이다.

소크라테스의 반복되는 질문에 모두가 손을 들었지만 플라톤은 소신을 지키며 자신의 생각을 굽히지 않았다. 이는 그의 자신감과 진실에 대한 확고한 신념을 보여준다. 용기 있게 자신의 견해를 지켰기 때문에 플라톤은 훗날 세계적인 철학자가 될 수 있었던 것이다.

미국의 사회 심리학자 해럴드 시겔Harold Siegel은 '개종의 심리적 효과'라는 재미있는 연구 결과를 발표했다. 만약 당신이 어떤 관점을 매우 중요하게 여기는 상황에서 그것을 '반대하는 사람'과 이야기를 한다고 가정해 보자. 당신이 '반대하는 사람'을 설득하여 그가 마음을 바꾼다면, 처음부터 당신의 의견에 동의했던 사람보다 당신으로 인해 교화된 '반대하는 사람'을 더욱 호의적으로 보게 된다. 다시 말해 사람들은 대부분 본래 자신과 동일한 관점을 갖고 있던 사람보다 자신의 영향을 받아 관점을 바꾸는 사람을 더 좋게 평가한다는 것이다. 심리학적으로 보면 사람은 서로 간의 논쟁 끝에 상대방이 관점을 바꾸었을 때, 높은 자기 성취감을 느끼고 스스로 능력 있는 사람이라 여긴다. 이러한 심리학적 반응을 '개종효과'라고 한다.

　다른 사람과의 관계가 틀어질까 두려워 자신의 소신을 덮어 버리고 상대방의 의견에 따른 적이 있는가? 상사의 신임을 받기 위해 차마 솔직한 의견을 말하지 못하고 그저 고개만 끄덕인 적이 있는가? 이러한 행동은 오히려 사회생활에서 큰 점수를 받지 못한다. 옳고 그름을 따지지 않는 '예스맨'이 사람들에게 저평가받는 이유는 상대방에게 도전 후의 성취감을 안겨 주지 못하기 때문이다. 오히려 소신 있게 자신의 생각을 주장하는 사람이 결국 사람들의 존중과 사랑을 받는다.

　춘추시대 월나라에 빼어난 미녀 서시西施가 살았다. 어느 날, 서시는 길을 걷다 가슴을 문지르며 눈살을 찌푸렸는데, 이 모습을 본 마을의 추녀 동시東施가 자신도 예뻐 보이고 싶은 마음에 그런 모습을 흉내내고 다녔다. 얼굴도 못생긴데다가 곱사등이였던 그녀가 이맛살을 찌푸리고 가슴을 문지르자, 그녀의 모습은 더욱 추해졌고 사람들의 웃음거리가 되었다.

　'동시가 서시의 눈썹 찌푸림을 본받는다'라는 뜻의 '동시효빈東施效嚬'은 무턱대고 다른 사람을 따라했다가는 결국 비웃음거리밖에 되지 않는다는 교훈을 준다. 개성이 각광받는 시대에 진정한 자신을 어필하고 싶다면 마음의 주인이 되어 스스로의 소신을 지켜야 한다.

　진실한 사람이 되고 싶으면 먼저 맹종하지 않는 법을 익혀야 한다. 지혜롭지 못한 사람은 무작정 남을 따라하지만, 지혜로운 사람은 마음이 쉬이 흔들리지 않는다. 그들은 마치 뿌리 깊은 나무처럼 스스로 옳다고 여기는 삶의 이치와 소신을 굳게 지킨다. 주견 없이 맹종하는 사람은 오히려 어설픈 실수만 반복할 뿐이다.

　1920년대 스포츠가 부흥하면서 독일의 작은 지방도시 헤르초게나우라흐에는 운동화 공장이 3개나 연이어 생겨났다. 그중 하나는 어느 20대 청년이 아버지와 함께 길거리에서 신발 수선을 하다가 사업 기회를 발견하고 세운 것이다.

　어느 날, 청년은 뉘른베르크에 가서 신발을 팔기 위해 다른 두 신발 공장의 사장과 함께 버스를 탔다. 중간 정류장에서 버스가 정차하자 한 상인이 모자가 가득 담긴 보따리를 메고 올라탔다. 그는 버스에 타자마자 가방에서 모자 몇 개를 꺼내더니 승객들에게 장사를 하기 시작했다.

　청년과 공장 사장들은 그들 역시 물건을 팔러 가는 길이었기 때문에 모자에는 전혀 관심이 없었다. 두 사장은 상인을 외면하며 창가로 눈을 돌렸지만, 청년은 오히려 그를 유심히 쳐다보았다. 그러자 상인이 다가와서 청년에게 말을 건넸다.

"모자 사실래요? 제가 버스에서 내리면 기회는 물 건너갑니다."

청년은 진지하게 대답했다.

"선생님의 말을 들으니 정말 좋은 모자임엔 틀림없네요. 하지만 선생님의 이미지 때문에 구매 욕구가 사라지는군요."

상인은 발끈하며 되물었다.

"내 이미지요? 내 행색이 초라하다는 말씀이세요?"

"아닙니다. 선생님이 쓰신 모자도, 옷도 훌륭합니다. 하지만 단지 신발에 묻은 먼지와 얼룩이 상품 이미지에 간접적으로 영향을 미친다는 거죠."

상인은 당황하며 황급히 신발의 먼지를 털어냈지만 얼룩이 쉽게 지워지지 않았다. 이에 그는 어쩔 수 없다는 듯 말했다.

"물건 팔러 여기저기 동분서주하는데 신발이 깨끗할 리가 없지 않습니까?"

"물론이지요. 하지만 언제 어디서든 문지르기만 하면 얼룩이 쉽게 지워지는 운동화를 신는다면 그런 문제는 생기지 않겠죠."

청년은 이렇게 말하며 발을 슬며시 내밀었다. 그러고는 자신의 운동화를 젖은 수건으로 한 번 닦아내자 마치 새 신발처럼 깨끗해졌다.

이를 본 상인의 눈이 반짝였다.

'이야, 장화보다 편하고 구두처럼 깨끗하게 닦이는 운동화라…. 이 것을 신으면 내 이미지도 훨씬 좋아지겠는걸!'

다급해진 상인은 청년에게 물었다.

"그 운동화 어디서 샀소? 나도 한 켤레 사고 싶소만."

청년은 옆에 있던 큰 가방을 활짝 열면서 말했다.

"여기 많이 있습니다. 원하시면 지금 드리죠."

결국 모자를 팔던 상인은 청년에게 운동화 한 켤레를 샀다.

몇 년 후, 청년의 신발 공장은 대규모 신발 회사로 번창했지만 다른 공장들은 제자리걸음만 하다가 사업을 중단하게 되었다. 같은 시기에 공장을 차렸던 청년이 이렇게 큰 성공을 거두자, 다른 공장의 사장들 이 의아하게 물었다.

"자네는 어떻게 이 모든 것을 이룬 것인가?"

청년이 대답했다.

"여러분은 오직 신발을 사려는 사람만을 고객으로 생각하지만 저는 모든 사람을 고객으로 여기기 때문입니다. 심지어 저에게 모자를 팔려 고 했던 그 상인까지 말이죠."

훗날 그의 회사는 세계적인 스포츠용품 브랜드 '아디다스Adidas'를 만들어냈고 그 청년이 바로 아돌프 다슬러Adolf Dassler다. 아돌프는 신발 공장 사장들과 같은 버스를 탔지만 모자 상인에게 신발을 판 사 람은 아돌프뿐이었다. 아돌프는 상인의 낡고 얼룩진 신발을 보며 그가 얼마나 고군분투하고 있는지를 느꼈다. 이에 아돌프는 자신의 신발이

최고라는 신념으로 상인에게 추천하여 이미지 향상에 도움을 주고자
했다. 이로써 그 역시 또 하나의 시장을 개척한 것이다.

    아돌프 다슬러의 스토리는 우리에게 다음과 같은 교훈을 준다. 상대방에게
자신의 관점을 이해시키려면 자신의 의견 또는 상품을 소신 있게 소개할 수
있어야 한다. 과감히 말하지 못하고, 행동하지 못하고, 소신을 지키지 못한
다면 눈앞에 있는 기회도 떠나고 만다.

—

제3장

시도

시도하지 않으면 나의 가능성을 절대 알 수 없다

☑ 1. 첫 번째로 게를 먹는 사람이 되자

☑ 2. 과감한 시도-불가능을 가능케 하다

☑ 3. 성공-실패를 두려워하지 않는 자에게 주어지는 것

☑ 4. 시도해서 실패하는 것이 아무것도 하지 않는 것보다 낫다

☑ 5. 없는 길을 개척하는 것이 성공의 시작이다

1

첫 번째로
게를 먹는 사람이 되자

모든 과학의 문을 여는 열쇠는 물음표다. 삶의 지혜를 얻기 위해서는 일을 시작할 때 먼저 물어야 한다. 'Why?'

혁신을 위해서는 과감한 시도가 필요하다. 그 어떤 결론이나 정론도 다시 한번 살펴보고 그 속에서 의문점을 찾아 현실에 도입하면 아무도 발견하지 못했던 새로운 것을 찾을 수 있다. 이로써 자신만의 참신한 관점, 느낌, 아이디어가 탄생한다. 우리가 알고 있는 수많은 업적의 출발점은 '시도'였다. 오래전 사람들은 딱딱한 껍데기를 가진 '게'를 보고 감히 먹어 볼 생각조차 하지 않았다. 어느 날, 누군가 용감하게 나서서 게 먹는 것을 시도했고 천하일미를 맛보게 되었다. 과감히 나서서 첫 번째로 게를 먹는 용기, 이것이야말로 승리의 문을 여는 열쇠다.

❖

자신의 생이 얼마 남지 않았다는 것을 느낀 늙은 스승이 작별인사를 나누고자 제자들을 불러모았다. 제자들은 자질이 뛰어난 순서대로 스승 앞에 차례대로 섰다. 가장 우수한 학생이 맨 앞줄에 섰으며 가장 우둔한 학생이 끝줄에 섰다.

스승의 호흡이 점차 약해지자, 첫 번째 학생이 허리를 굽혀 낮은 목소리로 물었다.

"스승님, 떠나시기 전에 인생의 진정한 의미가 무엇인지 짤막하게 말씀해 주십시오."

스승은 마지막 기운을 내어 숨가쁜 목소리로 말했다.

"인생은 강과 같다."

스승의 말을 다른 제자들에게도 전하기 위해 첫 번째 제자는 두 번째 제자에게 속삭였다.

"스승님께서 인생은 강과 같다고 하셨네. 이 말을 다음 사람에게도 전달해 주게."

두 번째 제자는 세 번째 제자에게 이를 전했다.

"스승님께서 인생은 강과 같다고 하셨네. 전달!"

이렇게 제자들은 차례대로 스승의 명언을 전달했고, 마침내 가장 우둔한 제자의 귀까지 들어왔다. 하지만 그는 이해가 되지 않는다는 듯 반문했다.

"스승님은 왜 인생이 강과 같다고 하신 겁니까? 그게 무슨 뜻이죠?"

그의 질문은 다시 앞쪽으로 전달되었다.

"저 바보가 스승님이 왜 인생을 강과 같다고 하셨는지 궁금하다고 하네!"

마지막으로 그 말을 전달받은 가장 뛰어난 학생이 말했다.

"참으로 유치한 질문이군! 나는 이런 시답지 않은 질문으로 스승님을 귀찮게 하고 싶지 않네. 그 이치는 아주 간단하다고. 깊은 강물처럼 인생의 의미는 한없이 깊고, 때로 굽이쳐 흐르는 강물처럼 수많은 역경을 담고 있네. 맑고 탁해지기를 반복하는 강물처럼 인생의 부침은 끊임없이 되풀이되지. 자, 이 말을 그 바보에게 전달하게. 이것이 바로 정답이라고 말이야."

나머지 제자들은 이 말을 차례대로 전달하였고 결국 가장 우둔한 제자에게로 전해졌다. 하지만 그는 고개를 저으며 재차 반문했다.

"나는 그 머리 좋은 녀석의 생각을 물은 것이 아니네. 나는 스승님께서 이 문제를 어떻게 생각하고 계신지 궁금하다네. '인생은 강과 같다'는 말이 도대체 무슨 뜻인지 알고 싶다는 말일세."

결국 그의 질문이 다시 앞쪽 제자들에게 전달되었고, 가장 우수한 제자는 귀찮다는 듯이 다시 허리를 숙여 스승에게 물었다.

"스승님, 죄송합니다만 스승님의 가장 어리석은 제자가 묻네요. 인생이 강과 같다고 하신 것은 무슨 뜻입니까?"

스승은 마지막 남은 힘을 내어 고개를 들고 말했다.

"알았네. 인생은 강과 같지 않네."

스승은 말이 끝나자마자 눈을 감고 영원히 세상을 떠났다.

이 이야기에서 하고자 하는 말은 무엇일까? 그 우둔한 제자가 질문을 하지 않았다면 '인생은 강과 같다'라는 말은 심오한 인생 명언으로 남아 제자들에게 회자되었겠지만, 스승의 참뜻이 무엇이었는지는 누구도 알 수 없었을 것이다.

다른 각도에서 이 이야기를 보면, 스승이 죽기 전 제자들에게 남기고 싶었던 의미는 '진리와 허언 사이에는 큰 차이가 없다'라는 것이다. 다른 사람의 '명언'을 마주할 때는 무턱대고 받아들이는 것이 아니라 머릿속으로 '왜'라는 물음표를 끊임없이 만들어야 한다.

과감히 시도하는 것은 누구에게나 있는 권리이자 인류 발전의 자양분이다. 첫걸음을 내딛지 않았다면 다윈의 진화론도, 코페르니쿠스의 지동설도 세상의 빛을 보지 못했을 것이다. 요즘 젊은 사람들은 시도에 머뭇거리고 발견에 둔감한 성향을 보인다. 책의 내용을 진리라 믿고, 유명인사가 하는 말은 다 옳다고 여긴다. 이런 수동적인 성향의 사람이 창조적인 일을 해낼 리 만무하다.

철학적인 관점에서 볼 때, 모든 일에는 반드시 따라야 할 규칙이란 것이 없다. 우리의 삶에서 혁신은 매우 중요하다. 구습을 탈피한 혁신은 성공으로 가는 지름길이기 때문이다. 사람들은 습관적으로 기존의 사고 방식대로 문제를 처리하며 새로운 시도를 하거나 의문을 품지 않는다. 이는 결국 우리를 인생의 막다른 골목으로 이끌 뿐이다. 자주 실패에 부딪히는가? 그렇다면 그동안 자신이 '시도'라는 성공의 원칙을 잘 따라왔는지 되돌아보자.

고정관념에서 탈피하려면 의심하고 또 의심하라. 구태의연한 기존의 관념을 깨뜨리고 새로운 것을 과감히 시도하여 '첫 번째로 게를 먹는 사람'이 되자.

1900년 미국 경제가 호황을 누리면서 석유 수요가 크게 증가하자 석유 개발의 필요성이 높아졌다. 텍사스에 살던 해밀Hamill 형제는 석유 채굴회사에 고용되어 미국 최초의 채굴자가 되었다. 그때만 해도 석유 채굴을 위한 작업 도구나 설비의 수준이 높지 않았고, 언제 붕괴될지 모르는 모래더미, 폭발의 위험을 안고 있는 지하 가스 등 채굴 환경 또한 매우 열악했다. 매년 약 6천 명의 사람들이 석유 폭발로 목숨을 잃는 상황에서 자칫 잘못하면 죽음이라는 혹독한 대가를 치러야 했다.

특히 지하의 상황을 전혀 파악할 수 없는 것이 시추 작업의 큰 장애물이었다. 온갖 고생을 하며 지하 몇 킬로미터를 뚫는다 해도 석유가 있다는 보장이 없었다. 앞이 보이지 않는 막막함 속에서 그들이 할 수 있는 것은 그저 쉬지 않고 땅속의 석유를 탐사하는 것뿐이었다. 이 과정에서 그들은 큰 기술적 난제를 해결하였고, 이 방법은 오늘날 석유 채굴 현장에서도 널리 이용되고 있다.

그들의 노력은 결국 큰 결실을 맺었다. 1901년 1월 10일, 해밀 형제가 현재의 가치로 약 110억 달러 규모에 달하는 석유 매장지를 발견한 것이다. 이 유전이 채굴되면서 해밀 형제를 고용한 투자자는 엄청난 돈을 벌게 되었다.

110억 달러의 석유, 이 얼마나 방대한 숫자인가. 모두가 석유 채굴의 가능성에 대해 의구심을 품고 있을 때 해밀 형제는 포기하지 않고 밤낮으로 석유 탐사를 했고 결국 엄청난 부를 창출했다. 선구자가 된다는 것, 이것은 실로 어렵고도 위대한 일이다. 용기 있는 사람은 첫걸음을 내디디며 결심한다. 기나긴 여정 속에 숱한 곤경과 역경이 도사리고 있어도 뒤돌아보지 않고 앞만 보고 갈 것이라고….

일확천금을 꿈꾸는 한 청년이 있었다. 그는 어느 변방 지역의 땅속에 석유가 많이 매장되어 있다는 소문을 듣고 돈을 빌려 그곳을 찾아갔다. 그러고는 그 마을의 땅을 잔뜩 사들인 후 본격적으로 석유 채굴에 나섰다. 안타깝게도 많은 돈과 에너지를 쏟아부었지만 석유를 조금밖에 채굴하지 못했다. 석유를 팔고 남은 돈은 투자금에 훨씬 못 미쳤고, 그는 큰 빚더미에 앉고 말았다. 청년은 손실을 만회하고자 재배업을 하기로 마음먹고 그 땅에 경제작물을 심었다. 그런데 알고 보니 그 땅은 재배에 부적합한 척박한 토질을 갖고 있었다. 청년은 이에 포기하지 않고 다시 심기일전했다.

'재배업이 맞지 않는다면 어차피 근처에 관목도 많으니 축산업을 해봐야겠다!'

이렇게 소와 양을 방목하기 시작한 지 얼마 되지 않아 그는 소와 양은 관목의 잎을 먹지 않는다는 것을 알게 되었다. 절망에 빠진 청년은 마을을 떠나 빚에 쫓기며 근근이 살았다.

그 후 어느 날, 한 투자자가 마을을 찾아와 청년이 팔았던 땅을 사들였다. 그 역시 이 땅에서 석유를 채굴하려는 꿈을 품고 있었다. 하지만 그 투자자의 상황은 청년보다 더욱 심각했다. 석유가 단 한 방울도 나오지 않은 것이다. 투자자는 마음이 조급해졌다.

'여기서 다른 묘안을 생각해 내지 않으면 난 무일푼의 거지 신세가 되고 말 거야!'

눈앞의 절망을 바라보며 투자자는 잠조차 이룰 수 없었지만 그는 한 가지 신념을 잃지 않았다.

'하늘이 무너져도 솟아날 구멍이 있다고 하지 않는가. 이곳에 기회가 없는 것이 아니라 내가 아직 못 찾은 것뿐이야!'

그는 사업 아이템을 찾기 위해 밤낮을 가리지 않고 마을 곳곳을 돌아다니던 중 관목 풀숲에서 방울뱀이 발견됐다는 이야기를 들었다. 이렇게 그는 방울뱀 사업을 하기로 결심했다. 방울뱀에 대한 자료를 분석하고 상세한 시장조사를 한 결과, 방울뱀은 몸 전체가 버릴 것 없는 '보물'이라는 것을 알게 되었다.

이에 투자자는 황급히 자금을 조달해서 본격적으로 방울뱀 사업에 착수했다. 그는 방울뱀 생산 기지를 만들고 10여 명의 직원을 고용해서 방울뱀 양식을 시작했다. 사업 범위가 점차 확장되면서 방울뱀 고기를 통조림으로 만들어 세계 각지에 팔았고, 방울뱀의 독액을 추출하여 제약회사에 넘겼다. 또한 방울뱀의 가죽을 가죽용품 회사에 고가에 팔기도 했다. 그로부터 10년 후, 투자자는 억만장자가 되었다.

그는 이에 그치지 않고 관광업까지 손을 뻗쳤다. 여행객들은 방울뱀 양식 기지에서 뱀고기도 맛보고 야생을 체험할 수 있었다. 오늘날 이곳을 찾는 관광객 수가 매년 10만 명에 달하는 가운데 투자자는 돈방석에 앉아 행복한 비명을 지르고 있다.

과감한 시도, 이것이야말로 성공의 열쇠다. 이야기 속의 두 사람은 극명한 대조를 보이고 있다. 실패를 맛본 후 그대로 주저앉아 버린 청년은 빚쟁이 신세를 면치 못했지만, 투자자는 실패를 딛고 일어나 사업의 기회를 포착했다. 결국 투자자는 빚 청산은 물론 억만장자의 꿈을 이루었다. 곤경은 마치 높다란 벽처럼 우리의 앞길을 가로막곤 한다. 실패하는 사람은 벽의 높이만을 보고 지레 겁먹지만 성공하는 사람은 벽 뒤에 숨어 있는 기회를 보고 그것을 잡기 위해 노력한다.

순간의 마음가짐이 성공 여부를 결정한다. 과감히 시도하여 '첫 번째로 게를 먹는 사람'이 될 준비가 되어 있는가? 그렇다면 당신은 곧 성공의 빛을 보게 될 것이다.

2

과감한 시도—
불가능을 가능케 하다

'갈 길은 아득히 멀기만 하니, 위아래로 모든 방법을 찾아보겠노라路漫漫其修遠兮, 吾將上下而求索.'(굴원屈原의 「이소離騷」 중에서)

과감한 시도는 성공의 반이기에 시도하지 않는 사람은 큰 성공을 이룰 수 없다. 셰익스피어도 말했다. "가망 없던 일도 과감히 시도하면 성공할 수 있다." 그렇다. 인류의 과감한 시도가 없었다면 아마도 우리는 지금도 나무 위나 캄캄한 어둠 속에서 살고 있을 것이다. 또한 인류가 세상의 주인이 되기는커녕 몇천 년 전에 이미 멸종되었을지도 모른다. 선조들의 과감한 시도가 있었기에 지금의 우리가 있는 것이다.

시도는 창조와 성공의 전제 조건이다. 유명 작가 안톤 체호프는 다음과 같이 말했다. "길은 사람이 걸어서 만들어진다. 더 많은 길을 만들고자 한다면 아무도 가보지 않은 길을 걸어라." 아무도 가본 적이 없는 길에 과감히 발을 내딛는 것, 이것이 바로 성공의 시작이다. 아무런 희망이 보이지 않는 길이라 해도 과감히 시도하면 희망의 빛이 보인다.

1814년 영국인 조지 스티븐슨은 세계 최초의 증기기관차를 만들었다. 갓 탄생한 증기기관차는 디자인도 촌스럽고 차체가 무척 커서 속도가 매우 느렸다. 성능을 테스트하기 위해 증기기관차와 마차를 함께 달리게 한 결과, 증기기관차가 마차에 뒤처졌을 뿐 아니라 요란한 굉음에 많은 이들이 눈살을 찌푸렸다. 조지는 이런 굴욕에도 흔들리지 않고 증기기관차를 거듭 개량해 지금의 기차를 만들어냈다. 현재의 마차는 과거와 변함없는 속도로 움직이지만 오늘날의 기차는 최초의 증기기관차와는 비교가 안 되는 속도로 철도 레일 위를 힘차게 달리고 있다.

만약 조지가 첫 번째 실패에 그대로 주저앉았다면 빠르게 질주하는 오늘날의 기차는 존재하지 않을 것이다. 실패를 두려워하지 않는 그의 과감한 시도가 기차를 탄생시킨 것이다.

실패는 시도의 부재로 인해 초래된다. 성공하는 사람들은 시도와 실패를 불가분의 관계라고 여기며 이를 성공의 필수 요소로 생각한다. 반면 실패하는 사람들은 시도와 실패를 별개의 것이라고 보고 실패란 영원히 자신을 가로막는 큰 장벽이라고 생각한다.

나비 한 마리가 뜻하지 않게 집으로 날아 들어왔다. 나비는 다시 밖으로 나가려다가 길을 잃고 천장 모퉁이에서 이리저리 부딪치며 헤맸다. 결국 체력이 모두 고갈된 나비는 이제 출구를 찾는 것조차 포기했다. 나비가 힘을 내어 조금만 낮게 날았다면 활짝 열린 아래쪽 창을 통해 자유롭게 날아갈 수 있었을 것이다. 나비가 집 밖으로 나가지 못한 이유는 무엇일까? 실패가 두려워 다른 출구를 찾을 시도를 하지 않았기 때문이다.

새로운 시도는 새로운 결과를 낳고 우리의 삶에 다채로운 색을 입힌다. 과감히 시도할 용기조차 내지 않는다면 우리의 인생은 그저 무색무취의 수돗물에 불과할 것인데, 거기에서 어찌 인생의 참맛을 느낄 수 있겠는가?

❖

리신李欣이라는 한 중국 여성이 있었다. 향후 요식업의 전망이 밝다고 여긴 그녀는 상세한 시장조사를 거쳐 도심에 고급 호텔을 짓기로 결심했다. 인테리어 공사가 3분의 2 정도 마무리되었을 때 호텔은 기본적인 운영 조건을 갖추게 되었다. 하지만 일부 시설이 아직 완공되지 않았고 관련 부서의 검수도 받지 못한 상태라 영업허가증이 아직 발급되지 않았다.

그럼에도 불구하고 리신은 조기 개업이라는 과감한 결단을 내렸다. 화창한 어느 날, 호텔은 성대한 개업식을 열었고 화기애애한 분위기 조성을 위해 댄스단원도 초청했다. 하지만 결국 관할 당국에 발각되어 영업정지와 함께 10만 위안의 벌금이라는 처벌을 받게 되었다. 이에 리신은 순순히 벌금을 납부하고 호텔 문을 닫았다.

주변 친구들은 호텔 개업을 포기하고 하루빨리 철수하라고 그녀를 만류했다. 돈을 벌기도 전에 벌금이라니, 막 첫발을 내디딘 그녀에게 이것은 엄청난 타격이었기 때문이다. 그럼에도 불구하고 리신은 손실을 만회하고자 영업정지 6개월 만에 재개업을 단행했다. 이때에도 정식 허가증이 발급되지 않은 상태였기 때문에 재개업 며칠 만에 또 한 차례의 영업정지와 벌금 납부 처분이 내려졌다.

그리고 6개월 뒤, 리신은 모두의 예상을 뒤엎고 세 번째 위법 개업을 시도했다. 이에 관할 부처는 재차 처벌 조치를 내렸고 수차례 위법 개업을 단행한 그녀의 괴짜 행각은 매스컴을 통해 널리 알려졌다.

호텔 인테리어가 완공되자 드디어 영업허가증이 발급되었다. 이제 합법적으로 영업을 할 수 있게 된 것이다. 그런데 이게 웬일인가. 호텔은 오픈하자마자 손님들로 문전성시를 이루었다. 매스컴을 통해 리신의 호텔을 알게 된 사람들은 도대체 어떤 호텔이기에 그런 위법행위까지 단행했는지 호기심이 생겨 직접 이곳을 찾은 것이다.

리신의 친구들은 비로소 그 내막을 알게 되었다. 세 차례의 위법 개업은 리신이 의도적으로 계획한 것이었다. 그녀는 이를 통해 광고비용과 시간을 절감하고 엄청난 홍보 효과를 보는 데 성공했다.

성공을 위해서는 고정관념을 탈피하고 참신한 지혜를 발휘해야 한다. 과감히 시도하고 창의적인 아이디어로 스스로를 부각시키는 것, 이것이 바로 리신의 성공비결이다.

과감한 시도는 우리의 삶에 찬란한 색깔을 입힌다. 모든 사물에 다양한 각도로 접근하고 다양한 시도를 하면 당신의 인생은 더욱 다채로워진다. 때로는 감미롭고 때로는 쓰디쓴 경험들이 당신의 삶을 결코 평범하게 내버려두지 않을 것이기 때문이다.

가끔은 과감한 시도를 해도 원하는 결과를 얻지 못할 수도 있다. 하지만 시도를 반복하다 보면 우리의 심신은 더욱 강해져서 용기 있고 긍정적인 사람으로 거듭나게 된다. 어쩌면 우리는 영원히 제2의 마윈이 되지 못할 수도 있다. 하지만 그게 무슨 상관인가? 마윈이 되고자 시도하고 노력하는 과정에서 당신의 내면은 더욱 단단해질 것이다. 당신을 비웃고 조롱하는 사람들에게 휘말리지 말고 용감하게 시도하라. 머지않아 그들보다 훨씬 강한 사람이 될 테니 말이다.

중국의 위민훙俞敏洪(중국 최대 교육기업 신둥팡新東方 설립)을 아는가? 사진을 보면 못 알아보는 사람이 많겠지만 그의 전설적인 업적은 널리 알려져 있다. 대학 3수, 베이징대학교北京大學 사직, 신둥팡 설립 등의 성장 과정을 거쳐 그는 이제 중국 교육계에서 '신적인 인물'로 우뚝 섰다. 그는 성공의 비결을 묻는 질문에 다음과 같이 대답했다.

"무언가가 뒤에서 나를 계속 밀었습니다. 뛰고 싶지 않아도 뛰어야 했습니다."

위민훙은 창업에 성공하기 위해서는 과감한 생각과 시도를 해야 한다고 말하며 다음과 같이 덧붙였다.

"모든 재무 모델이나 재무 설계를 다 알아야 사업을 할 수 있는 건 아닙니다. 과감히 시도하고 도전하는 과정에서 능력도 함께 성장하는 법이지요."

그와 마윈에 대한 질문에서 그는 이렇게 대답했다.

"저와 주변의 친구들은 언제나 시도를 멈추지 않았어요. 특히 마윈과 저는 서로 공통점이 많지요. 학교는 다르지만 둘 다 3수를 해서 영문과에 들어갔어요. 저는 베이징대학에, 마윈은 항저우사범대학杭州師範大學에 입학했지요. 창업은 하루아침에 성공할 수도 없고 하루아침에 성공할 필요도 없어요.

마윈이 세운 알리바바는 그의 여섯 번째 회사였죠. 성공은 달팽이처럼 느린 걸음으로 모색하는 과정이라는 것을 명심하세요."

만약 자신의 능력 밖의 일에 부딪힌다면 어떻게 할 것인가? 대부분의 사람들은 포기를 선택할 것이다. 성공의 희망이 보이지 않는 상황에서 시간과 에너지를 소비하느니 차라리 다른 대안을 찾는 것이 낫다고 생각하기 때문이다. 반면 일부 사람들은 도전을 선택할 것이다. 그들은 거듭된 시행착오와 수정을 거쳐 성공을 다듬어 나간다. 시도조차 하지 않았는데 그 일을 할 수 없다고 어찌 단언하는가?

기회를 만나면 주저하지 말고 과감하게 도전하라. 비록 그것이 당신의 능력을 훨씬 뛰어넘는 '넘사벽'일지라도 절대 섣불리 포기하지 말자.

3

성공–
실패를 두려워하지 않는 자에게 주어지는 것

'실패'라는 단어를 들으면 많은 사람들은 그저 남의 이야기라고 여기며 자신은 실패 없이 단번에 성공할 수 있을 것이라 생각한다. 하지만 수많은 인물의 인생 스토리는 '실패는 성공의 전제 조건'이라는 명제를 입증하고 있다. 실패를 겪지 않고 실패에 부딪혀 보지 않으면 성공이란 없다. 실패란 결코 두려운 것이 아니라 자아성장을 할 수 있는 절호의 기회다. 배움을 게을리하지 않고 열심히 경험을 쌓으면 손꼽아 고대하던 성공이 어느새 눈앞에 와 있을 것이다.

미국에 노먼 위르트Norman Wirt라는 수집가가 있었다. 다른 수집가들이 목돈을 들여 값비싼 명작을 사들일 때 그는 오히려 볼품없는 졸작들을 수집했다. 노먼은 주로 유명 화가가 실수한 작품이나 무명 화가의 작품을 모았다. 수집활동을 시작한 지 얼마 되지 않아 그의 작품은 200여 개에 달했다. 1974년 노먼은 신문 광고에 '제1회 졸작 전시회'의 개최를 알렸다. 그는 전시회를 통해 젊은이들에게 작품을 비교, 감별하는 법을 배우고 걸작과 명작의 진정한 가치를 체감하는 기회를 주고자 했다. 광고가 나가자 노먼의 졸작 전시회는 순식간에 뜨거운 화제가 되었다. 전시회가 개최되던 날, 사람들은 호기심에 너도나도 몰려들었고, 심지어 먼 지역에서 건너온 사람도 있었다. 결과는 그야말로 대성공이었다.

노먼은 아무도 거들떠보지 않는 졸작을 모아 파격적인 '졸작 전시회'를 개최했고 뜨거운 반응을 얻었다. 만약 노먼이 졸작을 수집하지 않았거나 전시회를 열지 않았다면 결과는 어땠을까? 사람들은 걸작과 명작의 진정한 가치를 배우지 못했을 것이며, 노먼 또한 큰 명성을 얻지 못했을 것이다. 이 이야기는 우리에게 '실패를 과감히 받아들이는 것은 성공의 기회'라는 것을 알려준다. 에디슨은 이렇게 말했다. "나에게 실패는 성공과 같은 큰 가치를 갖고 있다. 나는 모든 잘못된 방법을 알고 나서야 한 가지 정확한 방법을 알게 되었다." 실패 속에서 교훈을 찾자. 실패는 그저 고통만 안겨 주지 않는다.

중국의 디코스Dicos · 德克士는 맥도널드, KFC와 함께 중국 내 서양식 패스트푸드 업계의 3대 기업으로 자리잡은 유명 브랜드다. 하지만 디코스가 성공하기까지 디코스의 창립자 란짠藍贊이 걸어온 길은 결코 순탄치 않았다.

타이완臺灣의 어느 가난한 가정에서 태어난 란짠은 어릴 적부터 엄마를 따라 돈을 구걸하러 다녔고, 어른이 된 후에는 가스 배달원을 했다. 그는 더 많은 돈을 벌기 위해 늦은 시간까지 일을 하면서도 회사 식당에서 파는 밥조차 맘 편히 사 먹지 못했다. 어느 날, 당직 근무를 하던 란짠은 극심한 배고픔을 못 견디고 몰래 나가 허기를 달랬다. 란짠이 자리를 비운 사실을 알게 된 사장은 그를 보자마자 다짜고짜 뺨을 후려쳤고 그의 입가는 피범벅이 되었다.

우연한 기회에 란짠은 중국 구이저우貴州 카이리凱里시에서 사업 아이템을 찾게 되었다. 그는 1천 위안을 주고 '패왕'이라 불리는 겨울 철새인 개똥지빠귀 한 마리를 샀다. 그러고는 그것을 타이완으로 가져와 40만 위안에 되팔았다. 훗날 그는 몇만 위안에 상당하는 개똥지빠귀를 사서 타이완으로 돌아왔지만 단 한 마리도 팔지 못했다.

개똥지빠귀 사업이 여의치 않자 란짠은 타이완에서 제작한 의류를 구이저우에서 팔기 시작했다. 그는 여기저기서 돈을 긁어모아 구이양貴陽에 옷가게를 차렸지만, 가격이 너무 비싸 손님들의 발걸음이 뜸했고 결국 문을 닫게 되었다. 가족들은 란짠에게 타이완으로 돌아와 다시 시작할 것을 권유했지만, 그의 고집을 꺾을 수 없었다. 란짠이 집을 떠나기 전 가족들에게 사업이 성공하지 않는 한 절대 타이완에 다시 돌아오지 않겠다고 맹세했기 때문이다.

어느 날, 구이양 시내를 배회하는 란짠에게 한 친구가 말했다.

"구이양 광화루光華路에 문 닫은 3층짜리 가전제품 상가 건물이 있어. 평방미터당 6천 위안 정도 하지. 그런데 길 건너 바로 맞은편에 있는 백화점은 평방미터당 1만 위안이 넘는다네. 같은 지역인데 가격 차이가 이렇게 큰 걸 보면, 그 폐상점 건물을 사서 그냥 내버려둔다고 해도 일 년쯤 지나면 부동산 가격이 적어도 두 배는 될 게 분명해."

친구의 말을 들은 란짠은 마음이 동했지만 몇 차례나 사업에 실패했던 그에게 무슨 돈이 있었겠는가? 그는 고심 끝에 가족들의 반대를 무릅쓰고 조상에게 물려받은 유산을 팔아 건물 살 돈을 마련했다. 란짠은 이렇게 좋은 입지를 두고 건물을 무작정 내버려둘 수 없겠다 싶어 1층 상가는 다른 사람에게 임대하고, 2층부터 4층에는 서양식 패스트푸드 레스토랑을 열기로 결심했다. 또한 매운 음식을 좋아하는 구이저우 사람들의 입맛에 맞게 매운맛이 가미된 서양식 패스트푸드를 고안해 냈다.

반년 후, 새롭게 단장한 디코스가 광화루에 등장했다. 다채로운 컬러, 세련된 인테리어는 많은 이들의 눈길을 사로잡기에 충분했다. 개업 첫째 날, 당시 최고의 인기가수 황안黃安을 초청하면서 수많은 인파가 몰렸고 당일 매출액이 10만 위안을 넘었다. 그 후로도 디코스는 여전히 문전성시를 이루며 한 달 매출액이 무려 300만 위안에 달했다. '물 들어올 때 노를 저어라'라고 했던가, 그는 구이양, 쭌이遵義, 류판수이六盤水 등 중국 각지에 10여 개의 디코스를 증설했다. 2년 후, 그는 수억 위안의 자산가가 되었고 그야말로 대성공을 거두었다.

란짠은 과거를 회상하며 다음과 같이 말했다.

"실패의 다음 역은 성공입니다. 수없는 실패에도 저는 끝까지 버텼기 때문에 결국 저에게 맞는 사업, 디코스가 만들어진 것이죠."

란짠의 창업 여정은 그야말로 실패·절망·회생의 연속이었다. 개똥지빠귀 사업은 처음에는 성공한 듯했지만 그 후로는 고전을 면치 못했고, 야심차게 시작한 옷가게도 폐점되었다. 결국 그는 유산을 팔아 건물을 샀고, 직접 경영을 시도하면서 수억 위안의 자산가로 거듭났다. 란짠의 성공 뒤에는 수많은 도전과 경험이 쌓여 있다. 성공을 위해서는 도전이 필요하며 실패야말로 도전의 중요한 일환이다. 실패를 겪어야 그 속에서 교훈을 얻고 성공의 소중함을 알게 되는 것이다. 당신이 과감히 시도할 준비만 되어 있다면 성공은 결코 요원하지 않다.

요코하마 타이어는 일본의 유명 타이어 기업이다. 접지력과 속도의 성능 향상에 주력하는 요코하마 타이어는 국제모터스포츠에서 경주용 타이어로 지정되었다. 2001년 이후 유가가 급등하면서 고성능 타이어에 대한 수요가 급감하였고 기름 절약과 저탄소가 화두로 떠올랐다. 이런 상황에서 타이어 기업들은 너도나도 친환경 상품 개발에 나섰다.

요코하마회사의 엔지니어 마츠이 쿠라松井倉 또한 타이어 구름 저항(타이어가 구르면서 마찰열 발생으로 인해 손실되는 에너지)을 감소시키는 신소재 개발을 위해 갖은 실험을 시도했지만 원하는 결과를 얻지 못했다.

2005년 어느 주말, 마츠이 쿠라는 기분 전환을 위해 아내와 함께 교외에 있는 오렌지 농장에 갔다. 그런데 농장에서 오렌지를 먹던 중 과즙이 튀어 눈을 제대로 뜰 수 없었다. 이때 문득 그의 머릿속에 번뜩이는 아이디어가 떠올랐다.

'오렌지 껍질의 기름을 타이어에 접목시키면 어떻게 될까?'

마츠이 쿠라는 땅에 떨어져 있던 오렌지 껍질을 잔뜩 주워 연구실로 향했다. 동료들은 그의 생각이 터무니없다고 여겼지만, 그는 개의치 않고 연구에 전념했다. 타이어는 제조 · 사용 · 폐기의 3단계를 거치는데, 사용 단계에서 가장 많은 이산화탄소를 배출한다. 마츠이 쿠라는 구름 저항을 대폭 줄일 수 있는 타이어를 만들기 위해 기존의 화학 원료를 오렌지 껍질에서 추출한 기름으로 대체하여 천연고무와 합성했다. 약 반년 간의 노력 끝에 그는 최적의 배합 방법을 연구해 냈고, 이로써 오렌지 오일 타이어가 탄생했다.

회사 측은 마츠이 쿠라가 설계한 타이어를 긍정적으로 평가하고 세계 최대의 오렌지 생산국인 브라질에 오렌지 오일 제련소를 만들었다. 2007년 오렌지 오일 타이어가 요코하마회사의 타이어 직영점에 정식 출시되면서 뜨거운 반응을 보였다. 현재 오렌지 오일 타이어는 일본, 미국, 필리핀 및 중국 등 세계 각지의 공장에서 대규모로 생산되고 있으며, 글로벌 타이어 브랜드의 판매량을 크게 앞서고 있다.

　오렌지 오일 타이어의 탄생은 마츠이 쿠라의 대담한 시도가 낳은 결과물이다. 그의 과감한 도전의식은 성공을 갈망하는 이들에게 경종을 울리고 있다.

4

시도해서 실패하는 것이
아무것도 하지 않는 것보다 낫다

우리는 살다 보면 남에게 속아서 큰 손해를 입기도 한다. 하지만 '아픈 만큼 성숙해진다'라는 말이 있듯이 그런 일을 통해 교훈을 얻으면 다음부터는 쉽게 넘어지지 않는다. 과감히 도전했다가 씁쓸한 실패를 맛본다 해도 아무것도 하지 않는 것보다 백배 낫다.

디키스Dickies의 집에서 멀지 않은 곳에 공원이 하나 있었다. 평소에 그는 자주 공원에 가서 산책을 하거나 승마를 즐기곤 했다. 그러던 어느 날, 그가 여느 때처럼 한가로이 여유를 즐기고 있을 무렵 공원에 큰 화재가 발생했다. 어느 방문객이 야외에서 불을 지펴 바비큐를 하던 중에 실수로 불씨가 번진 것이다. 공원은 순식간에 화염에 휩싸였다. 디키스는 그가 아끼던 떡갈나무 묘목이 새까맣게 타버리는 광경을 보고 참담함을 금치 못했다.

그날 이후 디키스는 공원 한구석에 다음과 같은 공고문을 붙여놓았다. '공원에서 불을 피우는 사람은 엄중한 처벌 또는 구속 조치할 것임!' 하지만 게시판이 너무 멀리 떨어져 있어서 사람들의 눈에 쉽게 띄지 않았다.

묘목을 보호해야겠다는 사명감에 사로잡힌 디키스는 말을 타고 공원에 갔다. 처음에 사람들은 그를 이상하게 바라보았다. 그도 그럴 것이 디키스는 숲에서 불을 피우는 사람을 발견하기만 하면 말을 탄 채로 달려가 공원에서 불을 피우면 구속된다고 엄포를 놓았기 때문이다. 또한 매우 권위적인 말투로 불을 끄라고 명령하거나, 이를 거부하는 사람에게는 당장 경찰을 불러 감옥에 넣겠다고 협박까지 했다. 디키스는 있는 그대로의 감정을 표현할 뿐 다른 사람의 시선 따윈 아랑곳하지 않았다. 그 결과 사람들은 그 앞에서는 순종적으로 따르는 척하다가 그가 떠나면 다시 불을 피우곤 했다.

그렇게 패기 넘쳤던 디키스도 나이가 들면서 세상을 바라보는 눈이 바뀌기 시작했다. 그는 불을 피우는 사람에게 더 이상 명령조로 이야기하지 않고 오히려 친근하게 다가가 말을 건넸다.

"재밌게 놀고 계신가요? 오늘 저녁 메뉴는 무엇인가요? 저도 바비큐를 아주 좋아합니다만, 공원에서 불을 피우는 것은 매우 위험합니다. 물론 조심하시겠지만 다른 사람들은 여러분처럼 조심성이 많지 않아요. 여러분께서 불을 지피면 다른 사람들도 덩달아 불을 피울 것이고, 실수로 끄지 않은 불씨는 마른잎으로 번져 결국 공원은 잿더미가될 거예요. 그렇게 큰 화재가 발생하면 방화범으로 구속되는 것은 시간문제지요. 하지만 저는 여러분의 이 즐거운 분위기를 깨고 싶지는 않네요. 불길 옆에 있는 마른잎을 저 멀리 치우시고 떠나실 때 물기 있는 흙으로 불씨를 잘 덮어 주시겠어요? 그리고 불을 더 피우고 싶다면 저쪽에 있는 모래밭은 어떠세요? 저 모래밭에서는 화재의 위험이 전혀 없거든요. 아무튼 제 얘기 들어주셔서 감사합니다. 즐겁게 놀다 가세요."

이 같은 디키스의 다정한 권유에 사람들은 흔쾌히 협조했다.

화염에 휩싸인 나무를 보고 디키스의 마음 또한 타들어 갔다. 그는 또 다른 화재를 예방하고자 공고문을 붙이고 순찰을 강화하면서 공원에서 불 피우는 행위를 엄금했다. 하지만 사람들은 디키스가 보는 앞에서는 수긍하는 척하다가 그가 떠나면 다시 불을 지폈다. 훗날 디키스가 방법을 바꿔 역지사지의 태도로 대하자, 사람들은 그의 권고를 흔쾌히 따르기 시작했고 과거와는 전혀 다른 결과를 얻었다.

모든 성공에는 끊임없는 시도가 수반되어야 한다. 처음에 실패했을지라도 우리는 그것을 통해 해야 할 것과 하지 말아야 할 것을 배우게 된다. 결국 아무것도 경험하지 못한 사람보다 훨씬 더 강하고 단단해질 것이다. 실패는 피할 수 없는 존재이므로 장기적인 성공을 누리기 위해서는 순간의 실패에 연연해서는 안 된다. 아픈 만큼 성숙한다는 명제를 기억하라.

미국의 사업가 폴 도일Paul Doyle은 위기에 처한 회사를 인수하여 구조조정을 함으로써 자신의 회사를 회생시키고 큰돈을 벌었다.

❖

1948년 21세 청년 폴 도일이 조국 헝가리를 떠나 미국에 왔다. 무일푼이었던 그가 가진 유일한 재산은 건강한 신체뿐이었다. 그는 순조롭게 일자리를 찾아 생계를 유지했지만, 마음속에는 큰 야망이 꿈틀대고 있었다. 폴은 좀 더 깊이 미국을 이해하고 자신의 능력을 높이기 위해 닥치는 대로 일을 배웠다. 일 년 반 동안 무려 15번의 이직 끝에 그는 생활 잡화를 만드는 공장에 취직하여 열심히 일했다. 공장 사장은 늘 모든 일에 성실히 임하는 폴을 흡족하게 바라보았다.

그러던 어느 날, 사장이 폴을 불렀다.

"나는 아직도 해야 할 일이 참 많네. 이 공장의 경영을 자네에게 맡기고 싶은데, 할 수 있겠는가?"

감격에 찬 폴은 자신 있게 말했다.

"저를 믿어 주셔서 감사합니다. 제대로 해보겠습니다!"

이렇게 폴은 공장 관리자가 되면서 30달러였던 주급이 195달러로 껑충 뛰었다. 그 당시에 이 정도의 보수는 꽤 높은 편이었지만, 그는 평범한 월급쟁이로 남고 싶지 않았다. 일을 하면서도 기업가가 되겠다는 그의 꿈은 흔들리지 않았다. 폴은 기업가가 되기 위해서는 공장 관리는 물론 시장의 흐름과 고객의 심리, 수요를 이해할 수 있어야 한다고 생각했다. 반년 후, 그는 기업의 핵심인 판매 업무에 서툰 사람은 진정한 기업가로 성장할 수 없다고 판단하여 과감히 사표를 던지고 판매원으로 전향했다.

폴의 예상대로 판매 업무를 통해 그의 시야는 크게 넓어졌다. 그는 다양한 고객을 접하면서 판매 경험을 쌓고 사회성을 길렀으며, 고객의 심리를 통찰하고 분석하는 법을 익혔다. 또한 현지의 지역성을 더 깊이 이해하게 되면서 보이지 않는 자산을 축적해 나갔다. 그 결과 폴은 불과 2년 만에 자신만의 노하우로 방대한 판매 네트워크를 구축했고 현지에서 가장 잘 나가는 판매원으로 자리잡았다.

이때 폴은 아무도 예상치 못한 파격적인 결정을 하게 된다. 파산 지경에 이른 공예품 제조 공장을 높은 값에 인수하고 70퍼센트의 지분을 보유하기로 한 것이다. 이렇게 폴은 부실기업의 주주가 되어 대대적인 개혁을 감행했다. 폴은 먼저 생산과 판매 분야부터 손을 썼다. 그는 생산성 향상과 단가 절감을 위해 과감한 구조조정을 실시했고, 기존의 판매 매뉴얼을 새로운 판매제도로 탈바꿈했다. 또한 제품의 가격을 높여 합리적인 이윤을 유지했고, 판매 서비스 품질을 개선하여 공장의 신뢰도를 높였다.

❖

폴은 왜 도산 직전의 기업을 인수한 것일까? 그는 이 질문에 다음과 같이 대답했다.

"누군가 이미 경영에 실패한 기업이니 실패의 원인을 찾는 것은 쉽습니다.

패인敗因을 찾아 수정하고 그것을 기회로 삼으면 다시 일어설 수 있지요. 이 렇게 하면 혼자서 처음부터 시작하는 것보다 훨씬 수월하답니다."

실수는 모두가 살면서 겪는 성장통이다. 우리는 때로 실수나 잘못을 통해 소중한 교훈을 얻곤 한다. 유명 과학자 에디슨은 전구를 발명함으로써 세상 에 명성을 떨쳤지만, 사람들은 그가 전구를 발명하기까지 수없이 많은 실험 과 실패를 거듭했다는 것에는 크게 관심을 두지 않는다. 수천 번 반복됐던 실험은 그의 끈기와 집념, 의지를 여실히 드러내고 있다. 만약 에디슨이 몇 번의 실험만으로 중도에 포기해 버렸다면, 또는 그가 이 실험을 해야겠다는 결심조차 하지 않았다면 오늘날 우리의 삶에 전등이란 없을 것이다. 설사 훗 날 다른 누군가가 전등을 발명했다 해도 에디슨보다 훨씬 뒤처졌을 것이다.

실패를 정확히 직시하기 위해서는 매사에 성실한 태도로 임해야 한다. 성 실함이란 적극적이고 능동적이며 과학적인 태도를 말하며, 책임감과 자아발 전을 지향하는 우수한 품격을 가리킨다. 이러한 성향을 지니면 어떠한 일을 연구하고 탐색하며 개선하는 데 큰 도움이 되며, 보다 진취적인 마인드로 끊 임없이 발전하고 창조하는 습관을 기를 수 있다. 성실한 사람은 적절한 타이 밍에 과거를 돌이켜보고 반성하며 문제점을 찾아 지속적인 개선을 추구한다.

실패를 직시하는 것은 실패에 대한 이성적인 사고 과정이다. 그것은 우리 에게 '해서는 안 될 것'을 알려 준다. 실패에서 교훈을 찾으면 문제의 발생 원 인을 이성적으로 분석하고, 그 속에서 보편적인 규칙과 특징을 발견하여 객 관적 사물에 대한 이해를 높일 수 있다.

실패는 좌절에 빠진 사람에게는 또 다른 실패를 피하도록 남겨진 이정표

역할을, 다른 사람에게는 반면교사의 역할을 한다. 이런 의미에서 볼 때 실패는 소중한 자산이라 할 수 있다. 실패를 통해 교훈을 얻고 경계심을 늦추지 않는다면 당신은 더욱 발전하고 도약할 수 있을 것이다.

5

없는 길을 개척하는 것이
성공의 시작이다

누군가가 사람을 네 부류로 나누었다. 첫째, 기회를 창조하는 사람, 둘째, 기회를 잡는 사람, 셋째, 기회를 기다리는 사람, 넷째, 기회를 떠나보내는 사람. 우리가 어떤 선택을 하느냐에 따라 결과는 확연히 달라진다. 최후의 실패에 얽매이지 말자. 중요한 것은 그 과정에서 과감히 시도했던 도전과 배움이다. 중국의 유명한 여성 진행자 양란楊瀾은 다음과 같은 인생철학을 갖고 있다.

"도전하다 실패할지언정 웅크린 채로 성공을 기대하지 않겠다."

어느 회사에서 한 청년을 새로 고용했다. 업무상 그는 건물 3층에 자주 들르곤 했는데, 그곳에는 굳게 잠긴 방 하나가 있었다. 다른 직원 말로는, 사장이 절대 못 들어가게 하기 때문에 지금까지 그 방의 문을 연 사람은 단 한 명도 없다고 한다. 방안에 대체 무엇이 숨겨져 있는 것일까? 청년은 호기심에 잠까지 설쳤다. 이튿날, 청년은 업무를 보다가 또 그 방을 지나치게 되었다. 한참을 망설이던 그는 슬그머니 다가가 문을 밀었다. 그런데 예상외로 문은 잠겨 있지 않았다. 안으로 들어가 방안을 둘러보니, 한가운데에 책상 하나만 덩그러니 놓여 있었고 그 위에 쪽지 하나가 눈에 띄었다. 쪽지에는 다음과 같이 쓰여 있었다.

'축하합니다. 당신은 최초로 용감하게 이 방에 들어온 사람입니다!'

그 일이 있은 후 얼마 지나지 않아 청년은 회사의 임원으로 고속 승진했다.

청년이 임원으로 승진하게 된 결정적인 요인은 그가 사장이 내린 금기를 깨고 비밀의 방문을 열었기 때문이다. 사장은 기존의 고정관념을 탈피하고 미지의 분야에 과감히 도전하는 것이야말로 임원이 갖추어야 할 자질이라고 여겼기 때문이다. 청년은 이 관문을 통과함으로써 그의 탐구정신과 도전정신을 충분히 입증했다.

이 이야기가 전하는 이치는 매우 단순하다. 이는 과감히 도전하느냐, 하지 못하느냐에 관한 이야기로, 대담하게 시도하고 도전한다면 기회를 얻을 것이고 그렇지 못하면 기회를 놓치게 된다는 것을 말해 주고 있다. 시도는 발명과 창조, 나아가 성공의 전제 조건이다. 다른 사람이 탐색하지 않는 분야를 용감하게 시도한다면 성공의 월계관을 쓴 선구자가 될 수 있다. 과감한 첫 시도를 하다 보면 수많은 눈물과 땀을 흘리게 되지만, 이로 인해 훗날의 기쁨과 감동은 배가 될 것이다.

대부분의 가난한 사람들은 자신에게 성공의 기회를 주지 않은 하늘을 원망하며 억울한 운명을 탓하곤 한다. 사실 기회는 그들 옆에 있었는데 말이다. 그들은 그저 고생하는 것이 두려워 스스로 포기한 것뿐이다. 한번 지나간 기회를 다시 잡기란 어려운 일이다.

어느 가난한 아시아인이 있었다. 그는 언젠가 오스트레일리아에 가서 큰돈을 벌겠다는 꿈을 품고 먹는 것도 아껴 가며 돈을 모았다. 몇 년 후, 그는 배표를 살 돈을 모아 가족들과 함께 오스트레일리아로 향하는 배에 올라탔다. 그는 장장 10여 일의 긴 여정 속에서 돈을 아끼기 위해 배를 타기 전 아내에게 말린 음식을 미리 준비할 것을 당부했다.

그런데 아이들은 배 안에 있는 고급 식당의 근사한 음식들을 보고 군침을 흘리면서, 다른 사람이 먹다 남긴 것이라도 좋으니 한 번만 먹어 보고 싶다고 졸라댔다. 하지만 아이들이 다른 사람에게 무시당하는 꼴을 보고 싶지 않았던 부모는 좁은 선실에 틀어박혀 아이들 또한 밖으로 못 나가게 했다. 그들의 주린 배를 달랠 수 있었던 것은 오직 말린 음식뿐이었다. 사실 부모도 아이들과 마찬가지로 식당에서 파는 산해진미를 맛보고 싶었지만 주머니 사정을 생각하면 꿈도 꿀 수 없는 일이었다.

목적지까지 이틀이 남았을 무렵 가져온 음식도 바닥을 보였다. 아이들을 굶길 수는 없겠다 싶어 아버지는 종업원을 찾아가 남은 음식이 있으면 달라고 간곡히 청했다. 이 말을 들은 종업원은 의아하다는 말투로 물었다.

"배고프다면서 왜 식당에 가서 식사를 안 하시는 거죠?"

아버지는 체념한 듯 대답했다.

"저희는 돈이 한 푼도 없어요."

"어머, 모르셨어요? 배에서 제공되는 음식은 다 공짜라구요!"

종업원의 말을 들은 아버지는 어안이 벙벙했다. 처음부터 물어보았다면 여정 내내 말린 음식만 먹을 필요가 없었을 텐데 말이다.

❖

부모는 왜 선상의 식사에 대해서 미리 물어보지 않았던 것일까? 바로 용기가 없었기 때문이다. 그들은 가난한 사람은 돈이 없기 때문에 고급 식당에 가서 맛있는 음식을 먹을 수 없다고 단정지었다. 그 결과, 온 가족이 10여 일동안 근사한 음식을 마음껏 먹을 수 있는 기회는 물거품이 되고 말았다.

몇 번을 시도했다 해도 100퍼센트 성공한다는 보장은 없다. 하지만 용감하게 시도조차 하지 않는다면 성공의 기회는 영원히 찾아오지 않는다. 열심히 도전하고 노력하면 설사 성공하지 못했다 해도 돈으로 바꿀 수 없는 소중한 경험을 쌓을 수 있다. 또한 끊임없는 도전 속에서 정신력은 더욱 단단해지고 강해진다. 과감히 시도해 본다면 그것이 어떤 의미인지 체감할 수 있을 것이다.

과감한 시도는 성공의 문을 여는 열쇠이며, 행운은 숱한 시도 가운데 모습을 드러낸다. 성공하는 사람은 기회가 왔을 때 두 팔 벌려 맞이하고 용감하게 시도하며 전심전력을 다해 몰입한다. 아무도 걷지 않는 미지의 길이라 해도 대담하게 첫발을 내디뎌 보자. 그 길이 어느덧 환하게 밝혀질 것이다.

톰 뎀프시Tom Dempsey는 태어날 때부터 왼쪽 다리의 길이가 다른 사람의 반 정도밖에 되지 않았고 오른쪽 팔도 기형이었다. 하지만 그의 부모는 아들이 장애인이라는 이유로 남과 다르게 키우지 않았다. 덕분에 그는 또래 친구들이 할 수 있는 일이면 다 해내곤 했다. 다른 보이스카우트 단원들이 16킬로미터를 행군할 때 그도 똑같은 거리를 완주했으니 말이다.

톰은 미식축구를 배우기 시작하면서 자신이 다른 아이들보다 공을 더 멀리 던진다는 것을 깨달았다. 그는 특수 제작된 신발을 신고 열심히 노력했고, 결국 미식축구팀 입단 테스트에 합격했다. 하지만 감독은 톰에게 다른 길을 찾아보라고 권유했다. 프로 선수로 활동하기에는 신체 조건이 부적합하다는 이유였다. 톰은 이에 굴하지 않고 뉴올리언스 세인츠New Orleans Saints팀에 입단을 신청하며 감독에게 한 번만 기회를 달라고 간곡히 부탁했다. 감독은 그의 실력에 의구심이 들었지만, 불리한 신체 조건에도 불구하고 자신감 넘치는 그를 거절할 수 없었다. 그러나 단 2주 만에 톰을 바라보는 감독의 눈빛이 달라졌다. 톰이 친선경기에서 55야드의 득점을 한 것이다. 결국 그는 정식으로 프로팀에 합류했고, 그해 시즌 총 99득점을 기록했다.

그 후 톰은 한 경기에서 인생 최고의 날을 맞이한다. 6만 6천여 명의 관중으로 꽉 찬 경기장에서 미식축구 시합이 펼쳐지고 있었다. 경기 종료까지 불과 몇십 초를 남겨두고 있는 상황에서 톰은 28야드 지점에 있었다. 이때 같은 팀 선수가 공을 45야드 지점까지 던지자, 감독이 톰을 향해 외쳤다.

"톰! 달려!"

톰은 전력을 다해 달려가 공을 잡았다. 모두가 숨을 죽이고 지켜보는 가운데, 톰이 던진 공은 빠르게 날아가 불과 몇 인치 차이로 골문을 통과했다. 곧이어 심판이 두 손을 들어 3점 득점을 알렸고, 이로써 뉴올리언스 세인츠팀은 19대 17로 승리를 거두었다.

관중석의 팬들은 톰이 성공시킨 마지막 골에 열광했다. 이것이 정녕 장애를 지닌 선수가 이루어낸 쾌거란 말인가?

살면서 부딪치는 대부분의 일은 우리가 충분히 감당할 수 있는 것들이다. 그저 자신이 할 수 있다는 것을 모를 뿐이다. 과감히 시도하고 끈기 있게 노력하면 단순히 일을 완수하는 것을 뛰어넘어 훌륭한 실적까지 낼 수 있다. 아무도 걷지 않았던 길을 간다면 머지않아 눈부신 성공을 보게 된다는 것을 기억하자.

제4장

—

인내심

성공이 더디 오는 것이 아니라, 내가 너무 일찍 포기한 것이다

☑ 1. 꿈-끊임없는 노력으로 완성된다

☑ 2. 희망의 끈을 놓지 말자

☑ 3. 목표를 직시하고 방심하지 않으면 성공에 가까워진다

☑ 4. 불굴의 의지를 끝까지 지켜내자

☑ 5. 사소한 일도 끊임없이 반복하면 위대한 결과를 낳는다

1

꿈-
끊임없는 노력으로 완성된다

우리의 인생은 쉬지 않고 이어지는 여행길과 같다. 때로 운명이 가는 길에 영향을 주기도 하지만, 결국 길을 선택하는 주체는 당신이다. 비록 운명이 종이로 만든 건반을 쥐어 준다 해도 마음속의 꿈을 잃지 않으면 우리는 아름다운 인생의 선율을 만들어낼 수 있다. '준마는 늙어 마구간에 있어도 그 뜻은 천리를 달린다老驥伏櫪, 志在千里'라는 말이 있다. 끈기를 가지고 끝까지 노력하면 꿈은 이루어진다. 하지만 꿈은 하루아침에 이루어지는 것이 아니라 일련의 과정이 필요하다.

멍챠오보孟喬波와 플라톤을 아는가? 차茶를 파는 상인과 위대한 철학자인 두 사람은 서로 연관성이 없는 듯하지만 그들은 우리에게 공통된 명제를 던져 주고 있다. 바로 '모든 꿈의 실현에는 끈기가 수반된다'라는 것이다.

❖

1987년 당시 멍챠오보는 14세였다. 그녀는 후난성湖南省 이양益陽의 시골 마을에서 한 잔에 1마오毛(약 0.1위안)짜리 차를 팔았다. 멍챠오보는 남들보다 큰 찻잔에 차를 담아 팔았기 때문에 늘 많은 사람들이 몰렸고, 그녀는 하루하루를 바쁘게 보냈다. 3년 후, 멍챠오보는 노점을 이양의 시내로 옮기면서 현지 특산물인 레이차擂茶(쌀·땅콩·깨 등을 찻 잎과 혼합하여 미음처럼 마시는 차)를 팔기 시작했다. 레이차는 만드는 법이 까다롭고 가격도 높은 편이라 큰 이익을 낼 수 있었다. 20세가 되던 해, 그녀는 성도省都인 창사長沙로 옮겨가 작은 가게를 열었다. 가게를 방문하는 모든 손님들은 누구나 따뜻하고 향긋한 차를 맛볼 수 있었 다. 손님들은 보통 시음을 하고 나서 찻잎 한두 봉지씩은 꼭 사 가곤 했다.

24세가 된 멍챠오보는 창사, 시안西安, 선전深圳, 상하이 등 중국 각 지역에 37개의 차 판매점을 보유하며 명성을 떨쳤다. 차의 명소 푸젠 성福建省 안시安溪나 저장성浙江省 항저우에서 차를 파는 사람들은 그 녀의 이름을 들으면 엄지손가락을 치켜세우곤 했다. 30세가 되던 해, 멍챠오보는 차 판매점을 홍콩과 싱가포르까지 확장했다.

꿈과 이상을 품고 진취적으로 추진하는 사람은 자신의 존재 이유를 정확히 알고 꿈을 절대 포기하지 않는다. 꿈이 있기 때문에 앞으로 헤쳐 나갈 에너 지가 생기는 것이다. 우리는 모두 꿈을 향해 부단히 노력해야 한다. 설사 이 루지 못했다 하더라도 꿈을 좇는 과정에서 우리는 한층 더 성숙하고 강하게 단련될 것이다.

❖

이제 막 입학한 신입생들에게 선생님이 말했다.

"오늘부터 아주 쉬운 동작 하나를 해보기로 해요. 팔을 앞으로 쭉 내밀어서 흔들고 다시 뒤로 쭉 뻗어서 흔들기를 매일 300번씩 반복하는 겁니다."

한 달 후 이 동작을 매일 반복한 학생들은 90퍼센트를 차지했고, 두 달 후에는 약 80퍼센트의 학생만이 남았다. 그렇게 일 년이 지난 후, 선생님이 물었다.

"아직도 이 동작을 300번씩 하고 있는 학생은 손을 들어 보세요."

반에서 오직 한 명의 학생만이 손을 들었다. 그가 바로 세계적인 위대한 철학자 플라톤이다.

❖

사실 성공과 꿈을 실현하는 데 특별한 비결은 없다. 그저 끈기 있는 노력만이 필요할 뿐이다. 모든 위대한 꿈은 끈기로 실현되고 포기로 무너진다.

세상에서 가장 쉬운 일은 끝까지 포기하지 않는 것이지만, 이것은 또한 세상에서 가장 어려운 일이기도 하다. 이를 쉽다고 표현한 이유는 의지만 있으면 누구나 할 수 있는 것이기 때문이며, 어렵다고 말한 이유는 실제로 끝까지 포기하지 않은 사람은 소수에 불과하기 때문이다. 마음속에 어떤 꿈을 품고 있든지 끈기 있게 노력한다면 언젠가는 결국 실현될 것이다.

　1832년 링컨은 졸지에 실업자가 되었다. 하지만 그는 마음의 상처를 딛고 일어나 정치가의 꿈을 품고 주의원에 도전하기로 결심했다. 그러나 안타깝게도 그는 이렇다 할 경제력도, 명성도 없었기에 선거에서 고배를 마셨다. 일 년 동안 두 차례나 실패를 겪은 그에게 세상은 무심하기만 했다.

　링컨은 다음 선거에서 유리한 지위를 얻기 위해 회사까지 차렸지만 일 년이 채 안 되어 파산하고 말았다. 그는 그 후 일 년 남짓한 시간 동안 회사가 파산하면서 떠안게 된 빚을 갚기 위해 동분서주하며 갖은 고생을 했다. 훗날 링컨은 주의원 선거에 다시 도전장을 내밀었고 결국 당선되었다.

　1835년 링컨은 약혼식을 올렸다. 약혼녀는 그에게 사업상 훌륭한 조언자이자 정신적 지주였다. 하지만 불행하게도 그녀는 결혼을 눈앞에 두고 병으로 세상을 떠났다. 사랑하는 연인을 잃은 링컨은 큰 정신적 충격을 받고 수개월 동안 병상에 머물렀으며, 1836년에는 신경쇠약증이라는 진단을 받았다.

　2년 후 링컨은 몸이 회복되면서 주의회 의장에 재출마했지만 낙선되었고, 1843년 미의회 선거에서도 실패했다. 회사 파산, 약혼녀의 죽음, 연이은 낙선… 하지만 링컨을 가로막는 첩첩산중의 시련도 그의 강한 의지를 꺾을 수 없었다. 1846년 그는 국회의원 선거에 출마하여 마침내 당선의 영예를 안았다. 2년의 임기가 끝난 후 그는 연임을 기대하며 재출마했지만, 결국 실패하고 말았다.

경선에 참여하며 많은 돈을 빚졌던 링컨은 주공무원직을 신청했다. 그러나 주정부는 그의 신청을 받아들이지 않았다. '링컨은 주공무원의 자질인 뛰어난 재능과 비범한 지성을 갖추고 있지 않다'는 것이 그 이유였다. 링컨은 다시 심기일전하여 1854년 상원의원 선거에 출마했지만 떨어졌다. 또한 2년 후의 부통령 선거에서도, 그 후로 또 2년 후의 상원의원 선거에서도 연이어 낙선했다…. 링컨의 정치 생애에서 성공은 그가 시도한 11번의 도전 중 단 두 번뿐이었다.

그러나 링컨은 자신의 꿈을 끝까지 포기하지 않았고, 1860년 마침내 미국 대통령에 당선되었다.

중국 속담에 '하고자 하는 마음만 있으면 세상에 어려운 일이란 없다世上無難事, 只怕有心人'라는 말이 있다. 여기서 '하고자 하는 마음'이란 불굴의 의지를 의미한다. 이 의지만 있다면 쉽게 포기하지 않고 아무리 어려운 일도 해낼 수 있다. 반면 이 의지가 없다면, 역경 앞에서 지레 겁먹고 쉬운 일도 버거워하며 결국 아무것도 이루어낼 수 없다.

세상에서 가장 어렵고 힘든 일이 약 10퍼센트라면 할 수 있는 일은 무려 90퍼센트다. 큰일을 이루려면 끈기, 불굴의 의지, 인내심으로 무장해야 한다. 꿈은 어느 날 갑자기 하늘에서 이루어 주는 것이 아니라 하루하루 나의 땀과 노력으로 만들어 가는 것이다. 요행을 바라지 않고 노력하는 사람, 쉽게 포기하지 않는 사람, 끝까지 인내하는 사람만이 꿈을 이룰 수 있다.

2

희망의
끈을 놓지 말자

    희망을 품고 있는 사람은 무슨 일이든 성사시킬 수 있다. 어떤 어려움이나 곤경에 부딪혀도 끝까지 희망을 잃지 않는다면 성공에 더욱 가까워질 것이다. 희망을 포기하는 순간, 우리는 나락으로 떨어지고 쓰디쓴 실패의 고배를 마시게 된다.

    미국의 어느 병동에 상태가 위중한 환자가 있었다. 가족들은 그를 치료하기 위해 갖은 방법을 동원했지만 큰 효과를 보지 못하고 참담한 나날을 보냈다. 그러나 의사는 오히려 아직 희망이 있다면서 환자에게 평소처럼 물었다.

    "환자분, 오늘은 무엇을 드시고 싶으세요?"

    환자는 고개만 가로저을 뿐, 아무 말도 하지 않았다. 의사는 심리요법으로 환자를 치료하고 싶은 마음에 다시 물었다.

    "그럼 환자분은 요즘 무엇을 좋아하세요?"

    환자는 다시 고개를 가로저었다. 의사는 포기하지 않고 재차 물었다.

    "설마 일하는 것도 싫고, 축구하는 것도 싫고, 술 마시는 것도 싫어

하시는 건 아니죠?"

환자는 힘겹게 입을 열더니 쇠약한 목소리로 대답했다.

"다 싫다구요."

의사가 작심한 듯 다음 질문을 하려 하자, 환자의 아들이 그를 만류했다.

"의사 선생님, 저희 아버지는 몸이 건강했을 때도 별다른 취미가 없으셨어요. 그러니 지금은 말할 필요도 없지요."

이 말을 들은 의사는 갑자기 씁쓸한 표정을 짓더니 한숨을 쉬며 병실을 나섰다. 환자의 아들이 다급히 의사에게 달려가 물었다.

"의사 선생님, 저희 아버지 상태가 그렇게 심각한가요?"

의사는 말했다.

"저는 그동안 많은 환자들의 병을 치료해 봤지만 이 환자분은… 희망이 없어요. 이분은 그 어떤 욕망도 없거든요. 게다가 삶에 대한 미련도, 신념도 없다는 것은 치료의 가장 큰 장애물이에요. 환자의 회복 여부는 100퍼센트 의술에만 달려 있는 게 아니에요. 환자의 마음가짐 또한 매우 중요해요."

❖

뛰어난 의술은 의사가 환자를 치료할 때 필수적인 요소지만, 환자의 살고자 하는 욕망 또한 빼놓을 수 없는 중요한 요소다. 일부 난치병 환자들이 아품을 딛고 일어나 회복하는 것은, 삶에 대한 애착과 미래를 향한 갈망이 있기 때문이다. 이런 마음가짐이 있기에 의사의 치료에 적극적으로 협조하고 긍정적으로 임하면서 빠르게 회복하는 것이다.

포르투갈의 시인 페르난두 페소아Fernando Pessoa는 다음과 같이 말했다. "당신의 불행한 나날은 당신의 것이 아니다." 우리에게 삶이란 지극히 개인적인 사유물이다. 당신은 즐겁고 행복한 삶을 선택할 수도 있고 괴롭고 고통스러운 삶을 선택할 수도 있다. 어떤 삶을 선택하든 모두 당신에게 달려 있으며, 어느 누구도 당신을 가로막지 않는다.

가난한 집안에서 태어난 한 청년이 있었다. 그는 고등학교를 졸업하자마자 도시로 가서 일을 시작했다. 학력도 낮고 특별한 기술도 없던 그가 할 수 있는 일이라곤 학력을 따지지 않는 육체노동밖에 없었다. 막노동 · 그릇 닦기 · 청소 · 짐꾼 등 단기 아르바이트만 전전하던 그에게 안정적인 직업과 삶은 꿈꾸는 것조차 사치스러운 일이었다.

그러던 어느 날, 그는 택배회사에 입사하면서 본격적인 택배원 인생을 시작하게 된다. 뜨거운 여름날, 다른 사람들은 시원한 에어컨 바람을 맞으며 더위를 피하고 있을 때 그는 타는 듯한 더위를 견디며 짐을 날랐다. 추운 겨울에는 모두가 보일러로 달아오른 따뜻한 방에서 겨울이 온 것조차 잊고 있을 때, 그는 살을 에는 듯한 혹한 속을 뛰어다녔다. 잔뜩 날이 선 까다로운 고객을 만날 때면 그는 몇 번이고 허리를 숙여 사과했고, 실수로 택배를 훼손했을 때는 그동안 어렵게 모아둔 돈으로 보상해야 했다. 게다가 처음에 이 일을 시작할 때만 해도 그의 관할 지역은 가장 외진 변두리 지역이어서 출퇴근 시간만 몇 시간이 걸렸다. 이렇게 숱한 고생을 하면서도 그는 이 일을 그만둘 수 없었다. 이 직업만이 그가 도시에 남아 있을 수 있는 유일한 기회이자 존재 이유였기 때문이다. 번화한 도시생활에 익숙해지다 보니, 그 역시 이곳에서 삶의 터전을 마련하고 싶다는 열망이 간절해졌다.

2년 후, 사장은 회사를 다른 사람에게 넘길 생각을 하고 있었다. 이를 알게 된 청년은 고심 끝에 사장에게 자신이 회사를 인수하겠다고 제안했다. 늘 근면성실하게 일해 온 그의 성품을 알았기에 사장은 낮은 가격으로 그에게 회사를 양도했다. 경영을 해본 적이 없는 그는 이 회사를 어떻게 운영해야 할지 앞이 깜깜했다. 그래서 그는 택배 업무를 하면서 틈틈이 비즈니스 경영 서적을 읽었고 기업 경영에 관한 감을 익혔다. 이로써 그의 회사는 정상적인 궤도에 올랐다.

하지만 동종 업계의 악의적인 경쟁으로 그의 회사는 큰 손실을 면치 못했고 파산 지경까지 이르렀다. 그는 이 난관을 극복하고자 신규 고객 확보에 주력했고, 배달 효율성과 서비스 품질을 높여 고객에게 더욱 편리한 서비스를 제공했다. 양질의 서비스 덕분에 회사는 점차 일어섰으며 업계에서도 안정적인 지위를 굳혀 나갔다. 몇 년 간의 노력 끝에 소규모 택배회사에서 시작한 그의 회사는 현지에서 손꼽히는 대형 택배회사로 발전했다.

❖

젊은 택배원은 자신이 맡은 업무를 수행하고자 열심히 고군분투한 끝에 사장의 신임을 받았다. 그 결과 그는 낮은 비용으로 택배회사를 인수했지만 새로운 난제에 부딪혔다. 그는 지금까지 경영을 맡아본 적도, 리더를 해본 적도 없었던 것이다. 이 문제를 해결하기 위해 그는 틈나는 대로 공부했고, 결국 많은 이들의 인정을 받았다. 그러나 회사가 정상궤도에 들어서자마자 그는 업계의 악의적인 경쟁이라는 위기에 봉착하였고, 그는 이를 벗어나고자 적극적으로 고객을 유치하고 서비스 품질을 높여 시장 경쟁에서 당당히 우위를 차지했다.

희망, 이것은 성과를 창조하는 위대한 원동력이다. 어떤 상황에서도 쉽게 포기하지 말자. 인생이라는 항로에서 난기류를 만났을 때 희망의 끈을 놓지 않으면 새로운 길이 보인다. 모든 성공의 가능성을 열고 이를 악물고 견뎌내면 머지않아 다시 비상할 수 있다.

희망은 성공의 나무를 자라게 하는 자양분이다. 셴싱하이冼星海(중국의 작곡가이자 혁명가. 중국 음악의 아버지라고 불림)는 허리조차 제대로 펼 수 없는 좁은 집에서 빼어난 작품을 창작했고, KFC의 창립자는 1,009번의 거절을 당한 끝에 사업 파트너를 찾아 KFC를 전 세계에 알렸다. 또한 미국의 육상스타 요란다 게일 디버스Yolanda Gail Devers는 갑상선 종양을 이겨내고 바르셀로

나 올림픽 여자 100미터 경기에서 기적적으로 금메달을 따냈다. 이 모든 성공은 희망을 저버리지 않고 자신을 포기하지 않은 강한 의지가 있었기에 가능했다.

미국 34대 대통령 드와이트 아이젠하워는 뛰어난 골프 실력을 가진 골프 마니아였다. 그는 시간이 날 때마다 골프를 치러 필드에 나갔고 늘 홀인원의 꿈을 품고 있었다.

1948년 아이젠하워는 조지아의 오거스타 내셔널 골프클럽Augusta National Golf Club에 가입했다. 하지만 그 골프 코스에서 홀인원을 시도하기란 쉬운 일이 아니었다. 17번 홀의 왼쪽 중앙에는 20미터 높이의 100년 넘은 미송 한 그루가 자리잡고 있었는데, 아이젠하워의 티샷이 언제나 이 나무에 걸렸던 것이다. 어느 날 아이젠하워는 여느 때처럼 클럽을 찾았고, 그의 친구이자 클럽 회장이었던 클리퍼드 로버츠와 함께 골프를 즐겼다. 17번 홀에 가까워지자 그는 티박스 위에 서서 이번만은 미송을 피해 보리라고 다짐했다. 그는 심호흡을 내쉬고 온 정신을 집중한 뒤 세차게 골프채를 휘둘렀다. 하지만 안타깝게도 그의 티샷은 또 나무에 걸리고 말았다. 잔뜩 화가 난 아이젠하워는 골프채를 땅에 던지며 소리쳤다.

"로버츠! 저 나무를 당장 베어 버리게!"

로버츠는 껄껄 웃으며 말했다.

"내 생각엔 나무는 그냥 두는 게 좋을 것 같네. 대신 이제부터 자네의 애칭 '아이크'를 써서 저 나무를 '아이크 트리'라고 불러야겠어. 하하하."

아이젠하워도 그를 따라 웃으며 다짐했다.

'나무와의 싸움은 아직 끝나지 않았어. 내 기필코 저 나무를 뛰어넘고 말 테다!'

1956년 어느 날, 아이젠하워의 티샷이 또 나무에 걸리자 로버츠가 진지하게 말했다.

"클럽 미팅에서 이 나무를 공식적으로 '아이크 트리'라 명명하기로 했네."

친구와 주고받던 농담이 현실이 되자, 아이젠하워는 그 애증의 미송을 한참이나 바라보았다. 훗날 아이젠하워는 틈나는 대로 오거스타 내셔널 클럽을 찾아 '아이크 트리'와 싸웠고, 홀인원의 목표를 향해 한발 한발 다가갔다…. 이렇게 골프는 그에게 스트레스를 해소하는 훌륭한 탈출구이자 삶의 커다란 낙으로 자리잡았다. 1968년 아이젠하워는 마침내 홀인원에 성공하는 쾌거를 이룬다. 당시 그의 나이 77세였다.

아이젠하워가 77세라는 고령의 나이에도 '아이크 트리'를 이길 수 있었던

것은 그의 마음속에 희망이 가득했기 때문이다. 이 나무를 넘어서겠다는 목표가 오늘날 우리가 알고 있는 아이젠하워를 만들었다. 만약 그가 단 한 번의 실패만으로 낙심하여 포기했다면 훗날 그는 결코 홀인원을 성공시키지 못했을 것이다. 희망, 이것은 바로 우리 인생의 이정표다. 희망의 끈을 놓지 않는다면 아무리 힘든 고난과 역경도 무난히 극복할 수 있다.

3
목표를 직시하고 방심하지 않으면
성공에 가까워진다

'물방울이 바위에 구멍을 뚫는다水滴石穿'라는 말이 있다. 어떻게 작은 물
방울이 단단한 바위를 뚫을 수 있는 것일까? 믿기지 않지만 이는 실제로 존
재하는 자연 현상이다. 작은 물방울이 바위를 관통할 수 있는 것은 오랫동안
한 가지 목표를 향해 집념과 끈기로 파고들었기 때문이다.

  미국 최고의 동기부여 강연자인 레스 브라운Les Brown은 태어나자
마자 부모에게 버려졌다. 초등학교 시절 그는 '학습 능력이 떨어지는
저능아' 판정을 받았고, 친구들의 조롱 속에서 그의 자신감은 날마다
바닥을 쳤다. 고등학교에 입학한 후, 어느 날 선생님이 그에게 말했다.
  "다른 사람의 말이 너의 현실이 될 필요는 없단다."
  이 말은 레스의 운명을 완전히 바꾸는 계기가 되었으며, 선생님 또
한 그의 삶의 은인이 되었다. 이때부터 레스는 강연자가 되기로 결심
했다. 그와 같은 상황에 처한 사람들을 응원하고 소심한 영혼들에게
용기를 불어넣으며 평범한 생명에게 긍정의 힘을 실어 주고 싶었기 때
문이다. 하지만 그때만 해도 내세울 경력도 없고 카리스마도 부족했

던 그가 강연의 기회를 찾기란 쉬운 일이 아니었다. 그래도 레스는 이에 굴하지 않고 닥치는 대로 전화를 걸어 강연 자리를 수소문했다. 때로는 하루에 100여 통이 넘는 전화를 걸기도 했으며, 어느새 그의 왼쪽 귀에는 굳은살까지 생겼다. 하늘은 스스로 돕는 자를 돕는다고 했던가, 레스의 피나는 노력은 점차 사람들의 인정을 받기 시작했다.

오늘날 레스는 미국에서 가장 인기 있는 동기부여 강연자로 자리잡았고 시간당 최고 2만 달러의 강의료를 받고 있다. 그는 이제 꽃·박수갈채·돈·명예 이 모든 것을 가진 성공한 인물임에 틀림없다.

레스 브라운의 인생 스토리를 보면 그의 험난한 우여곡절이 여실히 드러난다. 손의 굳은살은 농민의 피와 땀의 흔적이며 발의 굳은살은 긴 여행의 기록이다. 그렇다면 레스의 귀에 있는 굳은살은 무엇을 의미할까? 그것은 바로 강연을 위한 그의 필사적인 집념의 흔적이다. 레스는 강연 자리를 찾기 위해 끊임없이 전화를 돌리면서 '물방울로 바위에 구멍을 뚫겠다'는 의지 하나로 목표를 달성했다. 목표에 골인할 수 있는 유일한 방법은 그것을 직시하고 긴장을 풀지 않는 것이다. 모든 성공은 각고의 노력을 통해 이루어진다. 온갖 질투와 시기가 당신을 가로막아도 자신의 에너지를 온전히 쏟아 돌진해야 한다. 귀의 굳은살은 끈기 있게 목표를 지킨 결과임을 기억하자.

'천리 길도 한 걸음부터'라는 말이 있다. 우리는 먼저 명확한 최종 목표를 설정하고 그 목표를 이루기 위한 세부적인 하위 목표를 세워야 한다. 최종 목표의 방향을 따라 하위 목표를 하나씩 달성해 나간다면, 어느새 결승점에 도착해 있는 당신을 발견할 수 있을 것이다.

❖

　데이비드 버피David Burpee는 미국의 훌륭한 식물학자다. 그가 이룬 수많은 업적들은 목표를 향한 끈질긴 집념에서 나온 것이다. 어느 날, 산책을 하던 데이비드는 길가에 들쭉날쭉 핀 야생화를 눈여겨보며 생각했다.

　'이 들꽃들은 얼핏 보면 생김새도 평범하고 별다른 특징도 없지만, 분명 뭔가 특별한 것이 있을 거야.'

　먼저 데이비드는 아무도 관심을 두지 않는 금잔화를 첫 번째 관찰 대상으로 삼았다. 금잔화는 보통 불쾌한 냄새를 풍긴다는 점에 착안하여 그는 악취가 나지 않는 금잔화를 재배하기로 결심했다. 그간의 경험으로 미루어 보아 이 목표를 이루기 위해서는 금잔화의 변종, 악취 없는 금잔화를 찾는 것이 급선무였다. 데이비드는 금잔화 종자를 모으기 위해 세계 각지를 수소문했고, 그 결과 총 600여 종의 종자를 수집했다. 그는 수집한 모든 씨앗을 자신의 화원에 심었고 꽃이 피어나자마자 하나씩 냄새를 맡아보았다. 하지만 안타깝게도 모든 꽃에서 악취가 났다. 결과는 실망스러웠지만, 데이비드는 씨앗 찾는 일을 멈추지 않았다. 훗날 그는 향기로운 금잔화를 찾는 데 성공했지만, 그 금잔화는 생김새가 볼품없고 나약했다.

이에 만족할 수 없었던 데이비드는 더욱 다양한 품종을 심기로 결심하고 1천 평이 넘는 넓은 땅에 금잔화를 심었다. 그는 개화기가 가까워 오자, 인맥을 총동원하여 악취 없고 꽃잎도 튼튼한 금잔화 찾기에 나섰다. 수많은 사람들이 넓은 땅에 다 같이 엎드려서 흐드러진 금잔화 하나하나의 냄새를 맡는 모습은 무척이나 우스꽝스러웠다. 하지만 이들의 도움으로 마침내 아름다우면서도 악취가 나지 않는 금잔화를 발견하는 데 성공했다. 이로써 데이비드는 순식간에 식물학계에서 큰 명성을 떨쳤다.

향기로운 금잔화를 찾기 위해 데이비드는 끊임없이 시도했다. 첫 번째 시도에서 원하는 금잔화를 찾지 못했지만 그에게 포기란 없었다. 두 번째 시도에서는 재배 면적을 대폭 확대하고 지인을 총동원하여 이상적인 금잔화 찾기에 나섰다. 목표를 향한 불굴의 집념으로 마침내 데이비드는 아름다우면서도 악취가 없는 금잔화를 발견하면서 식물학계에서 위상을 높였다.

하나의 목표를 달성하기 위해 끝까지 버티는 사람은 과연 몇 명이나 될까? 목표를 정하고 나서도 끈기 있게 노력하지 않는 사람들에게는 저마다의 '사연'이 있다. 누구는 결심이 약하기도 하고, 누구는 목표가 있어도 그것을 없어도 되는 것이라고 하찮게 여기기도 한다. 반면 목표를 이룰 때까지 노력하는 사람들에게는 한 가지 공통점이 있다. 목표 달성을 자신의 삶에서 없어서는 안 될 중요한 과제로 여기며 매순간 숨쉴 때마다 목표를 잊지 않는다는 것이다.

4
불굴의 의지를
끝까지 지켜내자

오늘날 사회 곳곳에서는 창업 열풍이 불고 있다. 창업 초보들은 조금이나마 시행착오를 피하기 위해 마윈이나 리우촨즈柳傳志(레전드홀딩스 회장)와 같은 유명 인사들의 성공 비법을 배우고자 한다. 그들이 걸어온 창업 여정을 보면 한 가지 공통점이 있다. 그것은 바로 강한 의지와 야심, 끝까지 노력하는 집념이다. 마음속에 야심을 품고 있다면 그것을 이룰 때까지 관철시켜야 한다. 앞이 보이지 않는다고 중간에 주저앉지 말고, 자신의 비전을 마음속에 새기며 끝까지 싸우는 것이 무엇보다 중요하다. 명확한 방향성 없이 목표를 손바닥 뒤집듯이 바꾼다면 당신은 흘러가는 세월 속에서 뼈저린 후회만 하게 될 것이다.

전국시대에 악양자樂羊子라는 젊은 청년이 있었다. 그는 스승 밑에서 배움을 얻기 위해 집을 나섰다가 불과 일 년 만에 집으로 돌아왔다. 아내가 이를 이상히 여겨 물었다.

"집을 떠난 지 일 년밖에 되지 않았는데, 너무 빨리 온 것 아니에요? 그 짧은 시간에 뭘 배웠어요?"

악양자는 그리웠던 아내를 바라보며 겸연쩍게 대답했다.

"당신이 너무 보고 싶어서 잠깐 돌아왔다오. 이틀만 있다 다시 가리다."

아내는 그의 말을 듣자마자 가위를 가지고 와서 베틀 앞에 섰다. 그러고는 베틀에 걸린 비단을 가리키며 말했다.

"이 아름다운 비단은 제가 명주실로 한 올 한 올 짠 것이지요. 이 비단을 짜기 위해 제가 얼마나 심혈을 기울였는지 몰라요. 만일 제가 비단을 끝까지 짜지 않고 지금 잘라 버린다면, 그동안의 고생은 전부 헛일이 되겠죠? 당신이 학문을 배우는 것도 마찬가지예요. 끝까지 배우지 않고 돌아온다면 그동안 들인 시간과 노력은 전부 허사가 되는 거 아닌가요? 중도에 그만두어서는 안 돼요. 다시 돌아가세요!"

이에 깨달음을 얻은 악양자는 그 길로 스승에게 돌아가서 7년 동안 열심히 공부했고, 훗날 유명한 대장군이 되었다.

학문을 연마하기 위해 출가한 악양자는 아내가 그리워 학업을 포기하고 집으로 돌아왔다. 늘 그리웠던 남편이지만 아내는 그의 섣부른 행동에 실망을 금치 못했다. 그녀는 힘들게 짠 비단을 가위로 자를 각오를 하면서까지 악양자에게 깨달음을 주고자 했다. 중도에 학업을 포기하고 집으로 돌아온 것은 잘라 버린 비단과 같다. 일을 잘 성사시키고 싶다면 오랜 인고의 시간을 견디며 노력해야 한다. 짧지만 깊은 교훈을 주는 악양자의 이야기는 이미 널리 알려진 이야기지만, 사람들은 사회생활을 시작하고 창업의 바다에 뛰어들면서 이 이야기의 교훈을 까맣게 잊곤 한다. 하고자 하는 의지가 있다 해도 인내와 끈기가 부족하여 중도에 포기해 버린다면 성공은 당신에게서 점점 멀어질 것이다.

다이아몬드는 수억 년의 기다림과 연마를 통해 영롱하고 찬란한 아름다움을 뿜어내고 장미는 평생의 인고 과정을 거쳐 화려하고 우아한 향기를 풍긴다. 모든 산은 꼭대기가 있고 모든 길은 종착점이 있으며 모든 강은 강가가 있듯이, 숱한 어려움을 이겨내고 묵묵히 걸어나가면 언젠가는 당신의 꿈이 실현될 것이다.

카일 메이나드Kyle Maynard는 미국 조지아주에서 태어났다. 그가 엄마의 뱃속에서 세상으로 나온 순간, 간호사는 경악을 금치 못했다. 팔꿈치에서 끝나는 팔과 무릎에서 끝나는 다리, 그는 '선천성 사지절단증'이라는 희귀병을 안고 태어난 것이다.

5세가 되던 해, 카일은 초등학교에 입학했다. 친구들은 그를 이상한 눈으로 바라보면서 그에게 가까이 가려 하지 않았다. 엄마는 카일에게 용기를 북돋아주기 위해 스티븐 호킹이나 헬렌 켈러같이 장애를 딛고 일어선 위인들의 이야기를 자주 들려주었다. 카일 역시 스스로 동기부여를 하기 위해 '나를 잊는 것이 기쁨이다'라는 헬렌 켈러의 명언을 써서 침대 머리맡에 붙여놓았다. 그리고 아침저녁으로 거울을 보며 이 말을 10번씩 외쳤다. 가족들의 사랑과 스스로의 노력을 통해 카일의 얼굴에 가득했던 우울한 기운은 점차 사라졌고, 그는 자신의 현실을 담담하게 받아들이기 시작했다.

10세가 된 카일은 자신의 운명에 대한 진지한 고민에 빠졌다. 평생 동안 휠체어에 갇혀 살 수는 없다는 생각에 그는 걷기 연습을 시작했다. 초반에는 의자를 잡고 일어서기를 시도했다가 극심한 통증에 쓰러져서 하루 종일 회복하지 못하기도 하고, 과한 연습 때문에 다리를 감싼 붕대가 온통 붉은 피로 물들기도 했지만, 그는 이에 굴하지 않고 일어서고 넘어지기를 수없이 반복했다. 7개월 간의 끈질긴 노력 끝에 카일은 마침내 혼자서 일어섰고, 일 년 후에는 직접 차를 운전해서 병원에 가기도 했다. 이뿐 아니라 자신도 정상인과 같다는 것을 증명하기 위해 호주산 캥거루를 두 마리나 키웠고, 전국 각지를 돌아다니며 강연을 했다.

그러면서도 자신의 삶이 여전히 단조롭다고 느낀 그는 휘트니스 클럽을 찾아가 사장에게 물었다.

"저도 회원이 될 수 있나요?"

그를 보고 눈이 휘둥그레진 사장은 엄지손가락을 치켜세우며 말했다.

"물론이죠!"

그렇게 그는 클럽을 다니면서 거친 스포츠로 알려진 레슬링에 도전하기로 결심했다. 카일은 남들의 따가운 시선을 받으며 레그 프레스, 스쿼트, 런지 등과 같은 혹독한 체력 훈련도 마다하지 않았다.

2008년 9월, 카일은 조지아주에서 레슬링 대회가 열린다는 소식을 듣자마자 참가 신청을 했다. 시합 당일, 그는 자신의 주특기를 발휘하여 잘린 두 다리로 상대방의 다리를 묶고 어깨와 상반신을 이용해서 빠르게 상대를 넘어뜨렸다…. 결국 그는 금메달의 영예를 안았다. 훗날 주위원장의 추천으로 국가대표팀에 합류하면서 그는 각종 큰 경기에서 맹활약했다. 링 위에서 이룬 카일의 인간승리는 많은 이들의 마음에 경종을 울렸다.

당신의 꿈이 아무리 크다 해도 끝까지 노력하면 분명 이루어진다. 아직 성공하지 않았다면 어떠한 변명도 통하지 않는다. 그저 노력이 부족했을 뿐이다. 선천성 사지절단증이라는 병을 안고 태어난 카일 메이나드는, 남들의 조롱에도 낙담하지 않고 피나는 노력을 통해 레슬링 챔피언십에서 우승한다. 국가대표팀에 합류한 후 그는 강한 집념과 의지로 각종 대회에서 상을 휩쓸었다. 카일처럼 장애를 가진 사람도 자신을 포기하지 않는데, 사지 멀쩡하고 건강한 당신이 왜 자꾸 주저앉는 것인가?

우리는 모두 각자의 목표와 염원을 갖고 길을 걷는 순례자다. 서로 가진 목표가 다르다고 해도 모든 사람이 목표를 이룰 수는 없다. 자신이 선택한

길을 걷기로 결심했다면, 어서 행장을 꾸리고 길을 나서자. 목표를 향해 한 걸음씩 내딛다 보면 어느새 목적지에 도착할 것이다.

어느 승려와 제자가 기나긴 순례를 시작했다. 그들은 석가탄신일까지 성지에 도착해야 했기 때문에, 구걸한 음식으로 허기를 달래 가며 쉬지 않고 밤낮을 걸었다. 승려로서 가장 중요한 것은 믿음과 정성 그리고 거짓을 말하지 않는 것이다. 그런 그들에게 부처님 앞에서 맹세한 결의는 얼마나 중요하겠는가.

석가탄신일이 임박해 오고 있을 무렵, 사막을 건너다가 제자가 지쳐 쓰러졌다. 승려는 부처님과의 약속을 지키기 위해 제자를 부축하기도 하고 등에 업기도 하며 고된 행진을 계속했다. 그런데 걷는 속도가 너무 느려서 하루 만에 걸을 수 있는 거리도 3일이나 걸렸다. 5일째가 되자 제자의 병세가 더욱 심각해졌다. 죽음이 얼마 남지 않았음을 느낀 그는 눈물을 흘리며 스승에게 애원했다.

"스승님, 죄 많은 저는 부처님과의 약속을 지킬 수 없을 것 같습니다. 스승님을 더 힘들게 하고 싶지 않으니 저를 두고 먼저 가세요. 시간이 얼마 남지 않았어요."

스승은 제자를 지긋이 바라보더니 그를 다시 등에 업었다. 그리고 힘겨운 행진을 다시 시작하며 말했다.

"제자여. 성지 순례는 우리의 맹세이고 목표라네. 순례를 시작하면서 성지는 이미 우리 마음속에 생겼고, 부처님은 우리 눈앞에 계시지. 부처님은 정성을 다한 사람을 비난하지 않는다네. 우리 같이 걸을 수 있을 만큼 걸어 보세."

유명 작가 말콤 글래드웰은 말했다. "보통 사람의 범주를 뛰어넘는 특별한 사람, 즉 천재란 타고난 재능과 상관없이 한 분야에서 오랜 시간을 투자해 노력한 사람이다." 그는 1만 시간의 연습량을 거치면 누구나 한 분야에서 마스터가 될 수 있다고 단언했다.

5
사소한 일도 끊임없이 반복하면
위대한 결과를 낳는다

하이얼Haier · 海爾(중국 대표 가전기업)그룹의 회장 장루이민張瑞敏은 말했다. "간단한 일을 잘 해내는 것 자체가 간단하지 않으며, 평범한 일을 잘 해내는 것 자체가 평범하지 않다." 『도덕경道德經』에는 '천하의 어려운 일은 쉬운 일에서 비롯되고天下難事, 必作於易, 천하의 큰일은 작은 일에서 비롯된다天下大事, 必作於細'라는 말도 있다. 이는 작고 사소한 일이라도 포기하지 않고 꾸준히 추진한다면 큰일을 이룰 수 있다는 뜻이다. 하지만 실제로 사람들은 크고 중요한 일에 집중하고 사소한 일은 하기 싫어하거나 경시하곤 한다. 중국의 왕중츄汪中求는 『디테일의 힘』에서 다음과 같이 언급했다. '사실 우리는 살면서 큰일을 해야 하는 경우가 그리 많지 않다. 대부분의 사람들은 단순하고 사소한 일을 하며 살아간다. 그것이 바로 우리의 인생이다. 하지만 이것이야말로 큰일을 이루기 전 반드시 거쳐야 할 통과의례다.' 작고 사소한 일도 성실히 임하는 것이 큰일을 할 수 있는 능력을 기르는 것임을 명심하자.

일본의 한 회사가 도크dock를 임대하기 위해 직원인 야마다山田를 항구로 파견해 정보를 구해 오라고 했다. 그런데 항구가 너무 멀리 떨어져 있어서 야마다가 항구에 도착했을 때는 이미 모든 직원이 퇴근한 후였다. 주변을 둘러보자, 멀지 않은 곳에서 직원 몇 명이 담배를 피우며 이야기를 나누고 있었다. 야마다는 얼른 다가가 미소를 보이며 물었다.

"제가 여기에서 도크를 임대할까 하는데, 담당자가 누구죠?"

하지만 직원들은 마치 그를 없는 사람 취급하며 서로 나누던 이야기를 이어 나갔다. 야마다가 그들의 무례함에도 불구하고 재차 묻자, 어느 한 사람이 차갑게 말을 던졌다.

"남는 도크가 없어요."

야마다는 이때다 싶어 다시 물었다.

"그럼 언제 빌릴 수 있죠? 임대료는 얼마나 되나요?"

직원은 눈치 없는 야마다가 못마땅한지 날이 선 눈빛으로 한 번 흘겨보고는 다시 동료들과 잡담을 나누었다. 야마다는 이에 굴하지 않고 다른 핑곗거리를 찾았다.

"저기, 담배 한 대만 빌릴 수 있을까요?"

그들 중 한 사람이 예의상 담배 한 개비를 건넸고, 야마다는 고맙다고 말하며 손으로 그의 어깨를 가볍게 쳤다. 그리고 야마다는 이에 그치지 않고 다른 직원에게 물었다.

"죄송하지만, 불 좀 빌려주세요."

직원이 불을 붙여주자 야마다는 자연스럽게 대화를 시작했다.

"우리 딸아이가 늘 저한테 담배 좀 끊으라고 하는데 그게 잘 안 되네요. 학교 선생님에게 들은 말을 그대로 저한테 한다니까요. 흡연은 폐암을 일으킨다나 뭐라나."

야마다의 말에 직원들도 가족들 생각이 났는지 고개를 끄덕이며 그와 함께 이야기를 나누었다. 잠시 뒤 한 직원이 야마다에게 말했다.

"여기에서 도크를 빌리려면 먼저 항구에 가서 배를 빌려야 해요."

이렇게 야마다는 직원에게 유용한 정보를 얻어 무사히 도크를 빌리게 되었다.

대부분의 사람들은 야마다처럼 처음부터 거절을 당하면 이 일은 희망이 없다고 보고 금세 포기하곤 한다. 하지만 야마다는 포기는커녕 재차 시도하면서 결국 자신이 원하는 정보를 얻었다. 정보 하나를 얻는데도 강한 집념이 필요한데, 다른 일은 어떻겠는가? 어떤 일은 하든 곤경에 부딪히기 마련이지만, 간단한 일이라도 끈기 있게 해나가면 일을 잘 성사시킬 수 있다.

모든 위대한 일은 사소한 일들이 쌓여 이루어진다. 수많은 사소한 일들을 잘 처리하면 큰일도 무사히 끝낼 수 있다. 그러므로 작고 사소한 일이라도 섣불리 경시하지 말고 성실히 임해야 한다.

강연을 들으러 온 관중들로 가득 찬 강당에서 모두가 연사의 등장을 손꼽아 기다리고 있었다. 커튼이 서서히 젖혀지자 무대 중앙의 거대한 철 프레임에 걸려 있는 대형 철공이 눈에 들어왔다. 이내 연사가 무대에 모습을 드러냈고 뜨거운 박수소리가 울려 퍼졌다. 빨간색 운동복을 입고 흰색 스니커즈를 신은 연사는 철 프레임 곁으로 다가섰다. 관중들은 무슨 영문인지 모르겠다는 듯 의아한 눈으로 그를 바라보았다. 그 후 두 명의 보조가 커다란 망치를 연사의 앞에 갖다 놓자, 진행자가 관중을 향해 외쳤다.

"자, 이제 신체 건강한 두 분을 선착순으로 무대에 모시겠습니다."

관중들은 하나둘 일어났고, 그중에서 젊은 청년 두 명이 재빠르게 무대 위로 올라갔다. 연사는 미소를 띠며 규칙을 설명했다.

"이 망치로 철공이 흔들릴 때까지 치시면 됩니다. 간단하죠?"

첫 번째 청년이 망치를 들어올린 후 철공을 힘껏 내리쳤다.

'쨍!'

스피커의 영향으로 굉음이 더욱 요란하게 울려 퍼지자, 어떤 이들은 시끄러워 귀를 막기도 했다. 하지만 철공은 꿈쩍도 하지 않았다. 당황한 그는 몇 번이고 망치를 휘둘렀고 관중들은 한목소리로 청년을 응원했다. 얼마 지나지 않아 얼굴이 온통 땀범벅이 된 청년은 가쁜 숨을 헐떡이며 망치를 내려놓았다. 이번에는 체격이 좋은 두 번째 청년이 나섰다. 그 역시 망치를 받아들고 온 힘을 다해 내리쳤지만 철공은 여전히 요지부동이었다. 계속되는 실패에 관중석의 응원 소리는 점점 잦

아들었고 연사의 의중에 대한 궁금증만 커져 갔다.

두 청년이 자리로 돌아오자, 시끌벅적했던 강당은 금세 차분해졌다. 연사는 아무 말 없이 주머니에서 작은 망치를 하나 꺼내더니 철공을 '쨍' 하고 가볍게 쳤다. 그리고 잠시 멈추었다가 다시 두드리기를 반복했다. 그렇게 20여 분이 흐르는 동안 연사가 아무 말도 하지 않자, 관중석은 이내 술렁이기 시작했다. 사람들은 하나둘 불만을 터뜨렸고 심지어 어떤 사람은 욕을 내뱉기도 했다. 그런데도 연사는 이에 굴하지 않고 오히려 리듬감 있게 철공을 두드리기 시작했다. 화가 난 몇몇 관중들이 자리를 박차고 나가자, 관중석 여기저기에 공석이 생겼다. 남은 사람들은 화를 내는 것도 지쳤다는 듯 자포자기의 심정으로 멍하니 앉아 있었다. 침묵이 깔린 강당에 들리는 것은 오직 철공을 두드리는 망치소리뿐이었다.

연사가 철공을 두드린 지 40분 정도 지났을 때였다. 앞에 앉아 있던 한 여성이 갑자기 흥분한 목소리로 외쳤다.

"철공이 움직인다!"

사람들은 모두 철공을 뚫어져라 바라보았다. 미세하긴 하지만 분명 흔들리고 있었다! 연사가 계속해서 두드리자, 철공은 점점 더 세게 흔들리기 시작하더니 철 프레임까지 삐거덕거리며 요란한 소리를 냈다. 관중들은 이 위대한 광경을 보며 뜨거운 박수갈채를 보냈다. 그제야 관중을 향해 몸을 돌린 연사는 망치를 주머니에 넣으며 말했다.

"성공이 올 때까지 참고 기다리지 않는다면 우리는 평생 실패 속에서 살게 될 것입니다."

❖

작은 망치로 철공을 두드리는 것은 어린아이도 할 수 있는 쉬운 일이다. 하지만 철공이 움직일 때까지 망치를 치는 사람은 그리 많지 않을 것이다. 한두 번은 쉽게 할 수 있겠지만, 수백 번, 수천 번의 망치질은 누구나 원하지 않는다. 작은 일도 꾸준히 지속하는 것, 이것이야말로 승자와 패자의 가장 큰 차이다. 사소한 일도 수천 번 반복하는 사람은 언젠가는 성공의 기쁨을 누리게 되지만, 중도에 포기하는 사람은 쓰디쓴 실패를 맛볼 것이다.

세상에 어려운 일이란 없다. 인내하고 꾸준히 반복하는 것이 어려울 뿐이다. 날마다 조금씩 실천하자. 우공이산愚公移山의 정신으로 우직하게 한 우물을 판다면, 어느덧 목표에 성큼 다가가 있을 것이다. 날마다 조금씩 발전하자. 일년 365일 동안 365번의 발전을 한다면, 그 발전들이 모두 모였을 때의 파워를 감히 상상이나 할 수 있겠는가.

끝까지 노력하는 것, 이것은 오래 전부터 성공의 황금법칙으로 알려져 있다. 성공하는 사람이라고 다른 사람보다 더 많은 것을 갖고 있는 것은 아니다. 단지 그들은 탁월한 인내심과 의지력으로 아무리 사소한 일도 끝까지 반복할 뿐이다. 이는 결국 간단한 것을 간단하지 않은 것으로 만들고 성공의 참맛을 보게 해준다.

—

제5장

모험

모험을 두려워하는 것이 가장 큰 위험이다

☑ 1. 모험을 두려워하는 자는 성공할 수 없다

☑ 2. 관습을 깨뜨리는 자에게 기회의 문이 열린다

☑ 3. 과감히 모험하고 실패하자

☑ 4. 모험과 무모함은 다르다

☑ 5. 성공은 '한 방'의 모험이 아니다

1

모험을 두려워하는 자는
성공할 수 없다

큰 성공을 거두고 싶은가? 그렇다면 먼저 소심함과 나약함을 버리고 과감히 모험하라. 누군가 말했다. "인생에서 가장 가치 있는 일은 모험이다. 우리의 삶은 모험과 같아서 기꺼이 모험하는 사람이 멀리 갈 수 있다." 모험은 용기자 패기다. 최종 결과에 상관없이 투쟁과 노력을 멈추지 않는 것, 이것이야말로 실로 존귀한 정신이다.

❖

스티브 잡스는 컴퓨터 역사에 한 획을 그은 디지털 거인이다. 1985년 그는 자신이 세운 애플사社에서 해고당했다가 13년 만에 다시 복귀했다. 그 후 잡스는 애플을 IT업계의 거물로 만들고 오늘날 애니메이션 역사상 가장 성공한 영화사로 기록되고 있는 픽사Pixar를 성공적으로 인수했다.

잡스는 애플사에서 수많은 모험을 시도했다. 첫 번째 모험은 바로 경쟁사였던 마이크로소프트와 손을 잡은 것이다. 애플의 장기적인 발전을 위해서는 버려야 할 것은 버려야 한다고 판단한 잡스는, 애플과 마이크로소프트의 경쟁시대는 이미 막을 내렸으며 이제 서로 협력할 때라고 강조했다. 또한 그는 2010년 아이패드 iPad를 출시하면서 태블릿 PC 시장에 출사표를 내밀었다. 그 당시만 해도 수많은 기업들이 태블릿 PC 시장에 진출했다가 번번이 실패했기에 모두가 잡스의 선택을 만류했다. 「월스트리트저널」은 '애플의 행보는 무모한 도박'이라고 비난하였고, 많은 애널리스트들 역시 "오늘날 소비자들은 태블릿 PC를 받아들일 준비가 되지 않았다. 태블릿 PC는 고객의 기대와 수요를 만족시키지 못할 것이다"라고 꼬집었다. 또한 일각에서는 "태블릿 PC는 열람 기능에만 적합하며 이것은 아마존의 전자책 리더기 킨들의 기술을 따라갈 수 없다"라고 폄하하기도 했다. 그러나 잡스는 숱한 혹평에도 굴하지 않고 시장 개척을 멈추지 않았고, 얼마 지나지 않아 아이패드는 세계적인 히트 상품 반열에 올랐다.

애플의 성장 과정에서 잡스는 수차례의 모험을 시도했다. 위에서 언급한 것은 극히 일부일 뿐이며, 그의 다양한 모험 일화는 인터넷에서 쉽게 찾을 수 있다.

시장 진출도, 성공도 모두 도박과 같다. 과감히 모험하고 희생하는 사람만이 곤경을 벗어나 성공의 기회를 얻고 세상의 인정을 받을 수 있다. 위험과 기회는 마치 양날의 칼처럼 공존한다. 스스로의 힘으로 부와 성공을 얻고 싶다면 과감히 모험하라. 물론 모험을 한다고 해서 100퍼센트 성공이 보장되는 것은 아니지만 모험을 시도조차 하지 않는다면 성공할 가능성은 제로다.

때로 당신은 모험을 하다가 가산을 탕진하거나 곤경에 빠질 수도 있다. 하지만 진정한 강자는 이에 굴하지 않고 질주를 멈추지 않는다. 세계적인 부호들의 성장 스토리를 보면 모험은 성공을 위한 필수 자질이다. 미국의 석유재벌 존 데이비슨 록펠러는 자신감·판단력·패기로 자신만의 석유 제국을 만들었다. 그는 아들에게 이렇게 말했다. "인생이란 끊임없이 저당잡히는 과정이다. 앞날을 위해 청춘이 저당잡히고 행복을 위해 우리의 삶이 저당잡힌다. 인생의 밑바닥까지 갈 용기가 없다면 너는 진 것이나 다름없다."

1859년 미국 석유회사 앤드류 클라크Andrew Clarke사의 공개입찰에 록펠러와 그의 사업 파트너도 동참했다. 최저 500달러에서 시작된 경매가가 5만 달러까지 오르자, 입찰자들은 물밀듯이 빠져나갔다. 하지만 록펠러는 회사를 사야겠다는 결심 하나만으로 72,500달러에 회사를 낙찰했다.

그 당시만 해도 석유 채굴업과 판매업은 리스크가 큰 사업으로 알려져 있었기에 사람들은 록펠러를 무모하다고 여겼다. 그러나 얼마 지나지 않아 록펠러는 미국 석유 정제 시장의 90퍼센트를 독점하며 자신의 선택이 옳았음을 몸소 입증했고, 그의 석유사업은 록펠러 제국 건설에 기반이 되었다. 훗날 록펠러는 그날의 경매 현장을 회상할 때마다 흥분을 금치 못했다. 사실 경매 당일 그 역시 살얼음판을 걷는 듯 불안하고 초조했다. 하지만 승리에 대한 확고함이 그의 마음을 다독였고, 그는 속으로 수차례 되뇌었다. '두려워하지 말자. 큰일을 하겠다고 결심한 이상 부딪쳐 보자!'

우리는 그날의 경매 현장에 없었지만 그가 느꼈던 초조함과 불안함은 가히 상상할 수 있다. 한 치 앞도 예상할 수 없는 도박판에 모든 것을 베팅한 듯한 심정이었으리라. 도박장에서 베팅한 후의 결과는 성공 또는 실패 둘 중 하나다. 록펠러의 일화는 모험정신이야말로 한 사람의 성공을 결정짓는다는 것을 보여주고 있다. 그는 경매를 도박과 같다고 말하며, 행운도 따라야 하지만 용기와 모험정신이 무엇보다 중요하다고 강조했다. 때로는 모든 것을 걸겠다는 대담한 배짱이 새로운 인생 2막을 열어 주기도 한다. 크게 베팅하면 많이 얻고, 작게 베팅하면 조금 얻는다. 하지만 베팅할 용기조차 없다면 아무것도 얻지 못한다. 우리의 인생 또한 모험과 같다. 위기에 부딪혔을 때 적극적으로 대처하지 않는다면, 위기는 더욱 기세등등해져 당신을 휘두를 것이다.

록펠러의 아들 존은 주식 상장을 위해 아버지에게 돈을 빌리기로 계획했지만 한편으로는 불안한 마음이 엄습했다. 혹시 모를 실패가 두려웠고 이자 또한 부담스러웠다. 이 사실을 알게 된 록펠러는 아들을 불러 말했다. "아들아, 돈을 빌리는 것은 잘못된 일이 아니란다. 돈을 빌린다고 네가 파산하는 것도 아니지. 내가 아는 사람 중에서 자신이 한 푼 한푼 모아 부자가 된 사람은 없단다. 대부분 빌린 돈으로 큰 사업을 이뤘지. 생각해 보아라. 1달러로 사업을 시작하는 것보다 100달러로 시작하는 것이 훨씬 큰돈을 벌지 않겠니." 그러나 모험에 대한 두려움이 가득했던 존은 대출을 할 때마다 쉽게 결정을 내리지 못했다.

그와 다르게 존의 아버지 록펠러는 엄청난 리스크를 감수하고 거액을 빚지는 일을 서슴지 않았다. 때로는 기업을 담보로 은행 대출을 하는 대담함을 보이기도 했지만, 결국 큰 업적을 이루었다.

록펠러 부자의 이야기는 과감히 모험하는 사람이야말로 성공을 거둘 수 있다는 명제를 입증하고 있다. 용감하게 먼저 나서야만 다른 사람보다 먼저 기회를 발견하고 잡을 수 있는 것이다.

젊은 날의 우리는 세상에 두려울 것이 없었다. 하지만 나이가 들수록 집·직장·가족 등 소소한 일상에 얽매여 '하늘에 올라 달을 따고上九天攬月 바다에 뛰어들어 자라를 잡는下五洋捉鱉' 용기와 패기가 온데간데없이 사라지고 말았다. 우리가 인생을 바꾼 것인가, 인생이 우리를 바꾼 것인가? 우리의 머릿속은 점점 복잡해지고 수많은 걱정과 근심거리로 방황하고 주저한다.

사회라는 바다에 갓 뛰어들면 삶의 무게가 우리를 짓누르기 시작한다. 온 갖 위기와 곤경이 빠져나갈 모든 출구를 막아 버린 듯하다. 이때 자신의 잠 재력을 끌어내서 발휘한다면 겹겹의 벽을 깨고 출구를 찾을 수 있다. 그 후 2, 3년 정도가 지나면 사회생활에 익숙해지고 여유가 생기면서 삶의 무게 또 한 점차 가벼워진다. 그렇게 안락함에 익숙해져 있다가, 어느 날 갑자기 위 기가 찾아오면 우리는 그저 속수무책으로 당하고 만다…. 좀 더 나은 삶을 살고 싶다면 스스로를 좁은 울타리에 가두지 말고 용감하게 도전하자.

성공으로 통하는 길은 향기로운 꽃길이 아닌 가시밭길이기에, 모험을 두려 워하는 것이야말로 가장 큰 위험이다. 모험은 단순한 도박과 달리 방법과 기 술이 필요하다. 이 기술을 잘 파악해야 철저한 대책과 계획으로 중무장하여 위기에 당당히 맞설 수 있다. 어떤 일을 과감히 밀어붙이는 사람을 보면 무 모하게 행동하는 것 같지만, 사실 그들도 충분한 사전 준비를 하고, 결단을 내리기 전에 다양한 각도에서 결과를 예측한다. 실패하면 어떤 결과를 초래 하는가? 가장 큰 손실은 무엇인가? 최악의 상황에 어떻게 대처할 것인가?

여기서 주의해야 할 것은, 철저한 계획을 거쳐 과감히 모험하는 사람은 사 업적 성공을 얻을 수 있지만, 무모한 한탕주의식 '올인'은 자멸의 위험이 있 다는 것이다.

과감히 도전하는 진취성, 낡은 관습을 깨는 대담함은 성공의 중요한 열쇠 다. 록펠러 또한 자녀들에게 이렇게 말했다. "네가 걷고 있는 그 길은 위대한 인생을 향한 길이다. 이를 위해 도전하고 또 도전해라."

2

관습을 깨뜨리는 자에게
기회의 문이 열린다

기존의 관습을 고수하며 선인들의 방식을 그대로 답습하면 '생각 그릇'의 크기는 결코 커지지 않는다. 낡은 틀에서 벗어나야 사고 범위가 확장되고 이를 통해 혁신을 추구하면서 더 많은 기회를 선점할 수 있다.

고대 그리스의 아리스토텔레스는 "물체마다 떨어지는 속도가 다르며 떨어지는 물체의 속도는 질량에 비례한다. 물체의 질량이 무거울수록 떨어지는 속도가 빠르다"라고 말했다. 그 후 1,900여 년 동안 사람들은 이를 진리라 굳게 믿었다. 그러던 어느 날, 갈릴레오 갈릴레이가 아리스토텔레스의 학설에 과감히 의문을 제기했다. 그는 물체가 자유 낙하하는 시간은 물체의 질량에 의존하지 않는다는 법칙을 증명하기 위해 피사의 사탑에서 실험을 하기로 결정했다.

1590년 어느 날, 갈릴레오는 한 손에는 묵직한 철공을, 다른 한 손에는 속이 빈 가벼운 철공을 들고 피사의 사탑 꼭대기에 올라섰다. 사탑 밑은 수많은 구경꾼들로 발 디딜 틈이 없었다. 이때 어떤 사람이 조롱 섞인 말투로 비아냥거렸다. "저 사람, 어디 아픈 거 아니야? 감히 아리스토텔레스의 이론에 반박을 해?" 그의 목소리는 바람을 타고 갈릴레오의 귀까지 들어왔지만, 그는 아무것도 듣지 못한 사람처럼 태연하고 침착했다. 실험이 시작되자 갈릴레오는 두 개의 철공을 높이 들어올리며 사람들을 향해 소리쳤다.

"똑똑히 보시오! 이제 철공을 떨어뜨릴 겁니다!"

갈릴레오가 두 손을 펼치자 철공이 밑으로 낙하했다. 뜻밖에도 두 철공은 거의 동시에 땅에 떨어졌다. 이 광경을 본 사람들은 경악하여 입을 다물지 못했다.

이것이 바로 그 유명한 피사의 사탑 실험이다. 갈릴레오는 낙체법칙의 비밀을 밝혀내면서 아리스토텔레스의 학설에 저돌적으로 도전했다. 다른 사람들도 의문을 가질 수 있었을 텐데, 왜 아무도 나서지 않고 오히려 갈릴레오를 비난했던 것일까? 그들은 권위를 신봉했기 때문에, 혁신적인 사고를 게을리하며 공론화된 학설에 반기를 들지 못했던 것이다. 틀에 박힌 관습을 탈피하기 위해서는 자신만의 노하우와 기술이 필요하다. 낡은 틀에서 벗어나 창의적이고 혁신적인 기술을 써야만 치열한 경쟁에서 최상의 결과를 얻을 수 있다.

1886년 미국 조지아주 애틀랜타에서 급증한 술 소비량을 줄이기 위한 '금주령'이 공포되었을 무렵이었다. 약제사 존 팸버턴John Styth Pemberton이 특수 성분을 배합한 가당 음료를 개발하여 이를 약국에서 판매하기 시작하자, 존의 회계사 프랭크 로빈슨Frank M. Robinson은 이 시럽에 '코카콜라Coca Cola'라는 감각적인 이름을 붙여 주었다. 출시 초기에는 찬물에 섞어서 마시는 무탄산 시럽 형태였던 코카콜라는 연간 판매량이 고작 9병에 불과했다.

그러다 1887년에 있었던 한 사건으로 인해 오늘날 우리가 즐겨 마시는 코카콜라가 만들어졌다. 어떤 사람이 우연히 코카콜라 시럽에 탄산수를 섞어 마셨더니, 달콤하면서도 청량감을 주는 너무도 완벽한 음료수로 재탄생한 것이다. 그 후 코카콜라는 세계적인 탄산음료로 선풍적인 인기를 끌었다.

코카콜라의 탄생에서도 알 수 있듯이 더 나은 성과를 창출하고 싶다면 기존의 관습을 과감히 탈피해야 한다. 대부분의 사람들은 일을 할 때 새로운 방법을 생각하지 않고 습관적으로 그동안 해오던 방식을 그대로 따르곤 한다. '관습'이라는 것은 마치 컴퓨터에 내장된 프로그램처럼 머릿속 깊숙한 곳에서 우리의 행동에 관여하기 때문이다. 하지만 사람들은 왜 기존의 프로그램을 따라야 하는지에 대해서는 별다른 의문을 가지지 않는다. 모두가 그렇게 하고 있으니 나도 그저 따라하는 것이다. 이렇게 기존의 사고 방식을 무작정 고수한다면 결코 이상적인 결과를 얻을 수 없다. '시장경제'라는 커다란 무대에서 자신의 운명을 바꿀 수 있는 방법은 바로 낡은 관습을 과감히 탈피하는 것임을 잊지 말자.

때로 사람들은 자신은 능력이 부족해서 큰일을 할 수 없다고 자책하기도 한다. 하지만 심리학 연구 결과에 따르면, 사람들이 실제로 사용하는 능력은 잠재된 능력의 2~5퍼센트에 불과하다. 다시 말해 우리 모두는 엄청난 잠재력을 갖고 있으며, 기존의 관습을 벗어난 혁신적 사고야말로 잠재력을 발굴할 수 있는 최적의 방법이다.

중국 송宋나라 시절 꼬마 사마광司馬光이 장독대를 깬 이야기를 아는가? 한 아이가 커다란 장독대에 빠져 허우적거리고 있었다. 어른들이 사다리 가져와라, 밧줄 가져와라 요란법석을 떠는 동안 작은 꼬마 사마광이 옆에 있던 돌덩이를 주워들고 그 커다란 장독을 깨트려서 아이를 구했다는 이야기다. 사람들은 어린 사마광의 총명함을 칭찬하지만, 우리가 눈여겨보아야 할 대목은 그가 고정관념을 깼다는 것이다. 만약 사마광 역시 기존의 사고의 틀에 얽매였다면 장독대에 빠진 아이는 결국 익사하고 말았을 것이다. 혼자의 힘으로는 해결하기 어려운 상황이라면 관습을 벗어나는 것이 위기에 대처하는 최선의 방법이다.

진화론의 창시자 다윈 또한 뛰어난 창조 정신의 소유자다. 그 당시 교회가 절대적 지위를 갖고 있었기에 사람들은 창조론을 굳게 믿고 있었다. 하지만 다윈은 이에 과감히 맞서 과학적인 시각을 바탕으로 전혀 다른 관점을 제기했다. 그의 이론은 비록 당시에는 인정받지 못했지만, 훗날 생물학 발전의 근간이 되었고 다윈은 전 세계적으로 명성을 떨쳤다.

　기존의 관습을 깨는 것은 지혜이자 혁신이다. 살면서 부딪치는 크고 작은 일들 앞에서, 케케묵은 습관만을 고수하며 어둠의 종착지를 향해 가지 말고 사고의 전환을 통해 눈부신 성공을 거머쥐자.

3

과감히 모험하고
실패하자

사람들은 꿈을 위해 위험을 감수하면서도 실패에 대한 두려움을 떨치지 못한다. '실패하면 어쩌지?' 성공하는 과정은 실패와 끊임없이 저울질하는 과정과 같다. 잘못된 방법을 택하여 시간이 지체되고 에너지조차 떨어진다면, 결국 저울은 실패 쪽으로 기울 것이다.

실패는 지극히 정상적인 일이다. 성공하기 위해서 모험이 불가피하다면 실패를 두려워하지 말자. 모험과 실패는 그림자처럼 공존하기 때문이다.

한 청년이 먼길을 떠나기 전에 조언을 구하기 위해 마을의 촌장을 찾아갔다. 촌장은 청년이 떠난다는 이야기를 듣고, 말없이 붓을 들더니 종이에 한 문장을 적었다. '두려워하지 말라.' 그러고 나서 청년에게 나직이 말했다. "삶의 비결은 두 문장으로 압축할 수 있다네. 하지만 내가 지금 일러준 한 문장만으로도 앞으로 반평생은 충분히 도움이 될 걸세." 촌장의 조언을 듣고 청년은 길을 떠났다.

30년 후, 청년은 다시 고향으로 돌아왔다. 그동안 청년은 어느 정도의 성공을 거두긴 했지만 마음의 상처를 받는 일도 숱하게 겪어 왔다.

그는 마음의 혼란을 해소하는 깨달음을 얻기 위해 다시 촌장을 찾아갔지만, 촌장은 이미 몇 년 전에 세상을 떠나고 없었다. 촌장의 가족들은 그에게 밀봉된 봉투를 건네며 말했다.

"이것은 촌장님이 살아 계실 때 당신에게 남긴 것이에요. 당신이 언젠가는 꼭 다시 찾아올 것이라고 말씀하셨죠."

'내가 다시 찾아올 줄 아셨다고?'

청년은 촌장의 선견지명에 놀라며 봉투를 열자 작은 쪽지 하나가 들어 있었다. 쪽지에는 단정한 글씨체로 한 문장이 쓰여 있었다.

'후회하지 말라.'

두려워하지 말라, 후회하지 말라. 이 간단한 두 문장이 인생의 오묘한 이치를 압축하고 있다. 인생은 끊임없는 반복과 상승을 거친다. 위험을 만났을 때 두려워하지 않고 실패했을 때 후회하지 않아야 자신의 목표를 이루고 인생의 가장 높은 경지에 이를 수 있다.

❖

어느 철학자가 말했다. "우리는 살면서 실패를 피할 수 없다. 실패의 가능성은 언제 어디서든 존재한다." 어떤 일을 하든지 실패의 위험이 있다. 여기서 중요한 것은 실패에 부딪혔을 때 낙담과 실망, 두려움이 아닌 적극적이고 낙관적인 태도로 임해야 한다는 것이다.

록펠러는 자녀들에게 이렇게 말했다. "사람들은 모두 실패를 두려워한단다. 하지만 이 때문에 도전에 대한 신념마저 흔들린다면, 우리는 나태하고 무력한 인생을 살게 될 거야. 두려움은 가장 위험한 재앙임을 잊지 말아라. 습관만 되지 않는다면 실패는 우리에게 좋은 경험이다.”

'습관만 되지 않는다면 실패는 좋은 경험이다.' 이 간단한 한 마디는 심오한 의미를 담고 있다. 실패를 두려워하지 않고 용감하게 맞서며 실패에서 경험과 교훈을 얻는 사람이야말로 성공을 거머쥘 수 있다.

토머스 에디슨, 그는 오늘날까지 많은 이들의 추앙을 받는 세계 최고의 발명가다. 우리는 그의 발명 역시 무수한 실패 위에서 피어났음을 주목해야 한다.

에디슨은 전등을 발명할 때 필라멘트의 소재를 찾기 위해 끊임없이 시도하는 과정에서 1,200여 번의 실패를 겪었다. 이에 누군가 그를 만류하며 말했다.

“수천 번의 실험도 모두 실패했는데, 앞으로도 계속 실패를 감수할 생각은 아니죠?”

에디슨이 대답했다.

“나는 실패한 것이 아닙니다. 1,200가지 방법이 효과가 없다는 것을 알아내는 데 성공한 것이죠.”

이것이 바로 실패에 대한 에디슨의 자세다.

에디슨의 일화를 통해 실패는 고통과 기회를 동시에 가져온다는 것을 알 수 있다. 실패가 있기에 자신의 단점과 약점을 발견하고 개선함으로써 새로운 인생 2막을 펼칠 수 있는 것이다.

록펠러와 그의 사업 파트너는 대두 공급자와 계약을 맺고 대량의 콩을 사들였다. 그러나 며칠 후 서리로 인해 대다수의 콩이 큰 냉해를 입었다. 게다가 비양심적인 공급자는 콩자루에 모래ㆍ콩잎ㆍ콩줄기와 같은 불순물들을 거르지 않고 잔뜩 넣어 놓았다. 이 상황에서 록펠러는 낙심하지도, 슬픔에 빠져 주저앉지도 않았다. 그는 아버지를 찾아가 돈을 빌린 후, 잠재 고객들에게 대규모 선불 결제와 농산물 대량 제공이 가능하다고 대대적으로 홍보했다. 그 결과 록펠러는 '대두사건'의 피해를 면했을 뿐 아니라 큰돈을 벌게 되었다.

록펠러는 실패를 통해 배우고 그 속에서 성공 요인을 찾는 데 능한 '똑똑한 실패자'였다. 모든 일은 크고 작은 위험을 안고 있기에, 성공하고 싶다면 실패에 대한 두려움 먼저 떨쳐 버려야 한다. 사실 실패 자체는 두려운 존재가 아니다. 실로 위험한 것은 실패 후 모든 의지를 잃어버리는 것이다. 길을 걷다가 넘어졌다면 일어나서 다시 걸으면 된다. 일이 마음대로 되지 않는 것은 당신이 다른 사람보다 능력이 부족하다거나 만회할 방법이 없음을 의미하지 않는다. 실패와 곤경에 적극적으로 대응하고 꿋꿋이 나아간다면, 어느덧 실패가 성공으로 탈바꿈할 것이다. 실패는 그저 악재가 아니다. 실패를 경험하고 견뎌내야 진정한 성공의 길로 들어설 수 있기에, 실패가 없는 성공은 불완전한 것이다. 중국 최대 전자 상거래 업체로 부상한 알리바바를 보며 많은 이들은 마윈의 부와 명예를 부러워하지만, 사실 그 역시 숱한 실패를 딛고 일어섰다.

1982년 18세의 마윈은 첫 번째 대학 입시에서 고배를 마셨다. 그는 그 후로 두 번의 대학 입시에서도 연이어 낙방했다가 항저우사범대학에 입학했다. 1995년 마윈은 중국 최초의 인터넷 기업인 '하이보넷海博網絡'을 설립하고 '차이나 페이지中國黃葉(B2B 전자 상거래 사이트)'의 운영을 시작했다. 이에 사람들은 그를 사기꾼이라 폄하했고 첫 번째 창업은 실패로 끝이 났다. 하지만 마윈은 이에 굴하지 않고 1999년 중국국제전자상거래센터를 떠나 창업 전선에 다시 뛰어들었고, 그해에 '알리바바'가 탄생했다.

❖

대기업을 거느리며 호화로운 생활을 누리는 사람들의 겉모습을 보고 부러워하지만 말고 그 사람은 어떻게 실패에 대처했는지를 살펴보아야 한다.

샤오미 테크小米科技의 창업자 레이쥔雷軍 또한 실패를 딛고 재기한 사람으로 유명하다. 대학시절 그는 『파이어 인 더 밸리Fire In The Valley』 책에 나온 애플의 창업 스토리에 영감을 얻어 대학 동창들과 함께 소프트웨어 회사인 '싼써三色'를 설립했다. 하지만 그의 첫 번째 회사는 반년 만에 해체되었다. 1992년 레이쥔은 그 당시 중국산 소프트웨어의 선도적 기업이었던 진산金山(현재의 킹 소프트)의 경영진으로 합류했다. 그러나 레이쥔은 WPS(워드프로세스)에 모든 것을 쏟아부었다가 IT 발전의 황금기를 놓쳤고, 이로 인해 진산은 지금까지도 고전을 면치 못하고 있다. 레이쥔은 다음과 같이 반성했다.

"1998년 텐센트騰訊(텅쉰, 중국 IT기업)가 나오고, 1999년 리옌훙李彦宏이 바이두百度(중국 검색 포털사이트)를 만들었으며, 1999년 말에는 알리바바가 태어났다. 하지만 이때 우리는 WPS만 고집했다. 인터넷의 전모를 잘못 이해한 것이다."

2007년 진산의 뒤늦은 주식 상장과 함께 레이쥔은 돌연 은퇴를 선언했다. 신은 한쪽 문을 닫으면 다른 한쪽 문은 열어 둔다고 했던가. 2011년 불혹의 나이를 넘긴 레이쥔은 다시 복귀하여 샤오미 테크를 설립한다. 이 과정에서 레이쥔은 겹겹의 역경을 이겨내고 상품 개발에 모든 에너지를 쏟았고 대성공을 거두었다. 샤오미 미유아이MIUI가 돌연 선풍적인 인기를 끌면서 레이쥔은 중국의 스티브 잡스라는 뜻인 '레이 잡스'라 불리기 시작했고, 중국경제년도신예상中國經濟年度新銳獎을 수상했다.

모든 업적은 거듭된 실패를 기반으로 완성된다. 성공한 사람들은 모두 과감히 모험하고 실패를 두려워하지 않았음을 명심하자.

4

모험과 무모함은
다르다

'호랑이굴에 들어가지 않고 어찌 호랑이 새끼를 잡을 수 있겠는가不入虎穴, 焉得虎子'라는 말이 있다. 모험을 하지 않고는 큰일을 할 수 없다는 뜻이다. 기존의 낡은 틀에서 벗어나지 않으면 사업에서 큰 성과를 얻을 수 없다. 예로부터 지금까지 큰 업적을 남긴 사람들은 모두 모험정신이 남다르다. 여기서 주의해야 할 것은, 모험은 준비되지 않은 무모함과는 전혀 다르다는 것이다. 세부적인 계획이 수반되지 않은 '막무가내형' 모험은 자멸만을 초래할 뿐이다.

미국 포드자동차의 전임 회장인 필립 칼드웰Philip Caldwell은 이같이 말했다. "모험정신이 없었다면 오늘날 전기 · 레이저 빔 · 비행기 · 인공위성 · 페니실린 · 자동차 이 모든 것이 존재하지 않았을 것이며, 수천만 개의 위대한 업적이 빛을 보지도 못했을 것이다. 모험이 없는 세상은 우리를 온갖 위기에 밀어넣는다."

포드자동차는 무엇보다 모험정신을 강조한다. 특히 회사의 창립자 헨리 포드Henry Ford는 손에 꼽히는 모험가였다. V8 엔진을 개발하기로 마음먹은 포드는 엔지니어들에게 8개의 실린더를 하나로 묶어 조립한 엔진을 설계하라고 지시했다. 그러나 포드의 아이디어를 설계도에 그려 본 엔지니어들은, 이는 이론적으로 불가능하다고 판단하고 그와 팽팽한 의견대립을 보였다. 심지어 어느 엔지니어는 자신의 일년치 월급을 걸고 이런 설계는 그 누구도 해낼 수 없다고 반박하며 '내기 각서'를 썼다.

포드는 '지금 이런 차가 존재하지 않는다고 영원히 만들 수 없는 것은 아니다'라고 생각하며 열심히 개선하고 혁신하면 반드시 탄생시킬 수 있다고 확신했다. 결국 포드의 적극적인 지원과 엔지니어들의 피나는 연구, 실험을 거쳐 마침내 V8 엔진이 세상에 모습을 드러냈다. 포드는 그와 내기 각서를 썼던 엔지니어를 불러 말했다.

"자네가 내기로 걸었던 월급은 가져가게나. 하지만 자네는 포드 회사에 적합한 인물은 아닌 것 같네."

포드는 모험정신이 없는 사람은 영원히 자신을 뛰어넘을 수 없고 끊임없이 진보하는 사회 속에서 도태될 것이라고 생각했다.

V8 엔진의 탄생으로 모험정신은 포드자동차의 핵심 기업문화가 되었다. 불가능을 모르는 집념과 과감한 혁신이 있었기에 포드가 세계의 '자동차 왕'으로 우뚝 선 것이다. 모험정신은 성공을 위한 중요한 자질이다. 여기에서

말하는 모험이란 목적과 방향성 없는 맹목적인 밀어붙임이 결코 아니다. 신중하고 세심한 판단이 기반이 되어야 진정한 모험정신이라고 할 수 있다.

우리는 모험을 '지향'하고 무모함은 '지양'해야 한다. 무모함은 신중한 계획이나 판단 없이 섣불리 일을 벌이는 것이며, 무모한 사람은 추후 결과의 심각성을 고려하지 않는다. 반면 진정한 모험은 결과를 충분히 예측하고 대비하기 때문에 성공하지 못해도 큰 손실을 면할 수 있다.

모험을 결정하기에 앞서 '내가 얼마나 얻을 것인가'보다 '내가 얼마나 손실을 감당할 수 있는가'를 충분히 따져 보아야 한다. 상황을 제대로 파악하지 않고 무턱대고 나서는 것은 눈 감고 달리기를 하는 것과 같다. 무모한 배짱이 클수록 더 많은 것을 걸게 되고 결국 손실은 눈덩이처럼 불어나 성공과 더욱 요원해지게 된다.

진 폴 게티Jean Paul Getty는 미국의 석유 대부호다. 폴은 일찍부터 철이 들어 공부도 열심히 하고 틈 날 때마다 아르바이트를 하면서 용돈을 벌었다. 옥스퍼드대학교를 졸업한 그는 스스로 모은 돈으로 창업 전선에 뛰어들었다. 몇 년의 시행착오 끝에, 폴은 석유 채굴을 꿈꾸며 500달러짜리 유전油田을 매입했다. 하지만 석유 시추 사업은 그리 녹록하지 않았다. 설비를 마련할 자금을 충당하기 위해 아버지에게 돈을 빌리면서 70퍼센트의 지분을 넘겼다. 게다가 그 당시 석유 채굴 업계에서 채굴에 성공할 확률은 약 5퍼센트에 불과했다. 예를 들어, 100개의 광구를 채굴했을 때 그중 성공하는 광구는 5개뿐인 것이다.

　그 시절 많은 사람들은 투기 심리를 갖고 석유 채굴 사업에 몰려들었다. 그들은 맹목적인 '영감靈感'에만 의존하여 광구를 선택했고, 열심히 채굴하면 언젠가는 석유를 찾을 수 있을 것이라 믿었다. 반면 폴은 토지에 대한 남다른 영감을 갖고 있었을 뿐 아니라, 지질학을 열심히 공부하고 전문가의 의견을 적극적으로 수렴하면서 이론적인 지식을 쌓았다. 그와 직원들이 불철주야 노력한 덕분에 폴은 하루 생산량이 720배럴에 달하는 유전을 발견했다. 하지만 뜻밖에도 유전을 발견한 지 3일째 되는 날, 폴은 이 유전을 양도하여 총 이윤의 30퍼센트인 11,850달러를 받았다. 그리고 반달 후에는 이 광구를 다른 석유회사에 임대해 주면서 1만 2천 달러를 받았다. 첫 성공을 바탕으로 폴은 석유 사업에 대한 확신을 굳혔고 남다른 지혜와 담력을 십분 발휘하여 다른 지역에서도 많은 유전을 성공적으로 발견하였다.

　성공을 위한 모험은 정확한 판단과 사물에 대한 이성적인 분석을 기반으로 해야 한다. 경솔함과 무모함에 휩싸여 내실 없는 전진만을 고집한다면 모든 모험은 실패로 돌아갈 것이다. 남들과 다른 길을 걷겠다고 마음먹었다면 모험정신은 필수불가결하다. 모험을 결정하기에 앞서 '내가 얼마나 얻을 것인가'보다 '내가 얼마나 손실을 감당할 수 있는가'를 충분히 따져 보아야 한다.

모험은 무모함과는 다르다. 모험은 한 사람의 담력과 식견, 지혜에 대한 시험이며 이 시험의 끝에는 성공이 기다리고 있다. 그러므로 큰 성공을 얻고 싶다면 진정한 모험을 감수해야 한다. 성공한 사람들이 평범한 사람보다 뛰어난 점은 일 처리 능력이 아니라 과감한 모험정신이다. 가치 있는 모험에 과감히 승부수를 던지는 것이야말로 자신을 향한 진정한 도전이다.

5

성공은
'한 방'의 모험이 아니다

모험정신을 가진 사람은 성공을 향한 길에서 우위를 점할 수 있다. 하지만 인생이란 한 방에 모든 것을 쏟아붓는 모험이 아니라 날마다 반복되는 단조로움 속에서 점진적인 노력을 통해 새로운 가능성을 찾는 것이다.

주식시장에는 숱한 '벼락부자'의 신화가 차고 넘친다. 수많은 사람들이 인생 역전을 꿈꾸며 다음 행운의 주인공은 자신이 되기를 기대한다. 주식을 막 시작한 사람들은 이렇게 말하곤 한다.

"내 예상이 맞았어! 며칠 만에 내 주식이 이렇게나 올랐다구! 아휴, 전 재산을 올인했다면 지금쯤 엄청 벌었을 텐데 말이야."

한 방에 올인하는 것이 얼마나 위험한 일인지 사람들은 잘 알지 못한다. 리스크가 큰 주식시장에서 자칫 잘못하면 빈털터리가 되는 것은 시간문제다. 한꺼번에 모든 것을 쏟아붓는 것은 실로 어리석은 선택이다. 도박장에서 승자는 언제나 부러움의 대상이 된다. 어떤 사람들은 승자의 꿈을 꾸며 올인을 외치곤 하지만, 결국은 본전까지 날릴 위험이 크다. 물론 일시적으로 돈을 벌 수도 있지만 '치고 빠질 때'를 놓치면 모든 것을 잃게 된다.

사리에 대한 분별력도, 두려움도 없이 성공을 위해 자신의 모든 것을 거는 사람은 무모한 모험가와 다름없다. 면밀한 계획을 세우고 실패에 대한 대비를 한 뒤에 베팅을 하는 사람이야말로 내실 있는 행동파다. 두 사람의 차이는 얼마를 걸었느냐가 아니라 얼마나 충분한 사전 준비를 했느냐의 여부다.

실패는 계획이 필요없다. 하지만 성공하기 위해서는 주도면밀한 계획을 세우고 신중한 판단을 거쳐야 한다. 동서고금을 막론하고 사업에서 큰 성공을 거둔 사람들에게는 두 가지 특징이 있다. 그것은 바로 뚜렷한 목표의식과 끊임없는 노력이다. 불필요한 근심과 걱정에 주저하지 말고 한발 한발 조심성 있게 전진하자.

모험을 시작하기 전에는 철저한 계획과 준비가 필요하다. 범 모르는 하룻강아지처럼 무모하게 행동해서는 안 된다. 『손자병법孫子兵法』은 첫 장에서부터 '지피지기'를 강조한다. 이는 나 자신의 능력과 상황을 파악하고 사안 자체의 특징을 이해하면 대세를 장악하고 성공할 수 있다는 뜻이다. 세상에는 완전히 똑같은 사람도 없고, 완전히 똑같은 나뭇잎도 없다. 모든 사람은 자신만의 장단점과 사고 방식, 기술을 갖고 있으므로 나 자신을 먼저 제대로 파악하는 것이 선행되어야 한다. 필자는 'SWOT 분석법'을 추천한다. 자신의 강점Strength · 약점Weakness · 기회Opportunity · 위협Threat 요인을 분석하여 어떤 일을 어떻게 할 것인가를 정확히 파악하는 것이다.

어떤 일을 시작할 때도 SWOT 분석법을 통해 해야 할 일을 정리할 수 있다. 예를 들면, 일의 난이도 측정, 리스크 예측, 대응방안 마련, 위험을 극복했을 경우와 극복하지 못했을 경우의 결과 예측, 성공 확률 추정 등을 들 수 있다.

❖

배드민턴 세계 랭킹 2위를 차지했던 바오춘라이鮑春來는 린단林丹과 함께 '중국 남자 단식 트윈스中國男單雙子星'로 불렸다. 하지만 그는 몸이 안 좋아지면서 2011년 9월 공식적으로 은퇴를 선언했다. 은퇴 후에도 수려한 외모 덕분에 모델 · 연예계 · 음반사 등 여기저기에서 러브콜을 받았다. 우연한 기회에 바오춘라이는 중국의 유명 여행 프로그램인 〈나는 모험왕我是冒險王〉의 진행자로 섭외를 받았고, 그는 이 제안을 듣자마자 바로 승낙했다. 그의 롤모델이 바로 미국 디스커버리 채널에서 방영되는 〈인간과 자연의 대결Man vs Wild〉의 진행자 베어 그릴스Bear Grylls였기 때문이다. 바오춘라이는 그릴스가 사막이나 늪 · 숲 · 협곡 등 열악한 야생에서 생존법을 체득하는 과정을 매우 흥미롭게 보았다.

그러나 바오춘라이는 시작과 함께 표준어라는 난관에 부딪히게 된다. 그는 후난성 출신으로 권설음捲舌音(혀끝을 윗잇몸 또는 경구개 쪽으로 말아올리면서 내는 소리), 평설음平舌音(혀를 펴서 발음하는 소리), 비음, 설측음舌側音(혀 양옆으로 기식을 통과시켜서 내는 소리)을 구분하지 못했고, 평소에 다른 사람들과 이야기할 때도 늘 후난 지방의 사투리를 썼다. 중국 정책상으로도 방송 진행자는 반드시 표준어 자격증을 소지해야 했으므로, 바오춘라이는 자신의 약점을 보완하기 위해 수단과 방법을 총동원했다. 라디오 진행자를 선생님으로 초빙하여 표준어 과외를 받기도 했고 매일 뉴스 프로그램을 들으면서 아나운서를 따라 중얼거렸다. 신문을 볼 때에도 정확한 표준어로 소리 내어 읽었고, 모르는 글자가 나오면 사전을 찾아가며 열심히 연습했다. 주변 친구들은 표준어에 대한 그의 광적인 '집착'을 걱정스럽게 바라보았지만 오히려 그는 웃으며 말했다.

"예전에는 공을 치며 먹고살았지만 이젠 입으로 먹고살아야 하잖아. 열심히 연습하지 않으면, 내 얼굴에 먹칠하는 것은 물론이고 시청자들한테도 예의가 아니지."

그로부터 한 달 후, 바오춘라이는 TV 방송국의 인터뷰를 무사히 통과하면서 그토록 원하던 2012년 모험왕이 되었다. 그의 첫 번째 모험 현장은 중국 지린성吉林省 쑹원松原에 위치한 내륙호수 차간후查幹湖였다. 현지 기온 영하 30도의 혹한 속에 꽁꽁 얼어붙은 호수 위를 걸을 때면 '빠지직' 하고 얼음이 갈라지는 소리가 들렸다. 지켜보는 이들도 초조한 마음에 손에 땀을 쥐었다.

바오춘라이는 현장에서 진행을 해야 했기 때문에 한 손에는 마이크를, 다른 한 손에는 10킬로그램의 삽을 들고 7, 8센티미터 두께의 얼음에 구멍을 뚫었다. 현지 어민들의 도움을 받아 구멍 사이에 그물망을 집어넣고 한참을 기다린 뒤에 다시 그물망을 끌어올렸다. 바오춘라이는 꽁꽁 얼어붙은 손을 녹이려고 있는 힘을 다해 손을 비볐고 추위에 감각조차 느껴지지 않는 발을 풀기 위해 얼음 위에서 연신 동동거리기도 했다. 그물을 끌어올릴 때는 그 엄청난 무게 때문에 이리저리 휘청대다가 미끄러운 얼음 바닥 위에 몇 번이고 넘어졌다. 프로그램 촬영이 끝난 후, 바오춘라이의 몸은 만신창이가 되어 있었다. 몸 곳곳에 멍이 들고, 발목은 접질렸으며, 건조한 찬바람 때문에 코피도 터졌다. 그럼에도 불구하고 바오춘라이는 색다른 경험에 크게 매료되었다.

그 후 그는 전국 각지를 돌아다니며 대모험을 펼쳤다. 하이난다오海南島의 다저우다오大洲島에 가서 금사연金絲燕(칼새목 칼새과의 조류. 금빛제비라고도 함)을 가까이 접촉하기도 하고, 후난성의 이장셴宜章縣에 있는 망산莽山에서는 중국에서 몸집이 가장 큰 맹독성 살모사를 만나기도 했다. 바오춘라이는 고된 탐험 속에서 육체의 피로 따위는 전혀 개의치 않았고, 심지어 생명이 위협받는 모험도 불사했다. 모험왕의 역할을 하면서 바오춘라이는 위험천만하고 짜릿한 순간들을 경험했다. 재야의 고수를 취재하기 위해 후베이성 우당산武當山을 찾아가기도 하고, 고령의 장수 노인을 찾아 야오왕구藥王谷에 가기도 했다. 차카茶卡 소금호수에서는 빙점 이하의 소금물에 발을 담그는 체험을 했으며, 동충하초를 캐기 위해 위수玉樹의 싼장위안三江源까지 찾아갔다. 또한 시솽반나西雙版納에서는 다친 야생 코끼리에게 약을 먹이고 주사를 놓아 주기도 했다. 수많은 모험을 통해 바오춘라이는 피와 땀, 상처, 두려움, 공포 등 야생의 모든 것을 몸소 체험했다.

그의 얼굴은 점차 햇볕에 검게 그을리고 피부도 거칠어졌다. 그의 잘생긴 외모는 예전 같지 않았지만 남성미를 물씬 풍기기 시작했고, 모두가 그의 도전을 향해 엄지손가락을 추켜세웠다.

❖

사실 배드민턴 선수를 은퇴하고 다른 직업으로 전향한다는 것 자체가 바오 춘라이에게는 큰 모험이었다. 수많은 선택 앞에서 그는 충동에 이끌리지 않고 자신이 본래 관심을 갖고 있던 진행자라는 직업을 선택했다. 자신의 장단점을 정확히 파악했던 그는 약점을 보완하기 위해 열심히 노력하면서 많은 이들의 귀감이 되었고, 새로운 직업에서도 거침없는 모험정신을 보여주며 큰 인정을 받았다.

—

제6장

패기

내 삶은 오직 전진뿐이다

☑ 1. 패기-과감히 생각하고 행동하는 것

☑ 2. 패기-결단력을 발휘하는 것

☑ 3. 패기-취할 것과 버릴 것을 아는 것

☑ 4. 패기-결단할 때를 아는 것

☑ 5. 다시 일어날 패기가 없다면 실패를 당해 낼 수 없다

1

패기–
과감히 생각하고 행동하는 것

　모든 일에는 패기가 필요하다. 원하는 일자리를 찾아 면접을 보고, 좋아하는 사람에게 고백하고, 시장에 가서 고객을 만나는 것까지…. 패기는 이 모든 일에 필수불가결한 자질이며, 패기 있는 사람은 대부분 지혜 또한 남다르다. 그들은 적극적이고 진취적이며 과감히 생각하고 행동하기에 주변에 늘 사람들이 모인다. 패기 있는 삶을 살고 싶다면, 우물쭈물하던 지난날에서 벗어나 실행력을 높이고 과감히 생각하고 행동하라.

❖

　세계 최고의 발명가 토머스 에디슨은 실행력이 매우 높은 사람이었다. 전등이 탄생하기 전에 세상 사람들은 등유 램프나 촛불로 빛을 밝혔다. 어느 날, 에디슨은 전류가 철사를 통과할 때 빛이 난다는 것을 발견한 후 이렇게 생각했다. '전류가 철사를 통과할 때 철사가 타서 끊어지지 않고 오랫동안 빛을 내게 할 수는 없을까?' 주저 없이 바로 실험에 돌입한 에디슨은 수천 가지의 재료로 실험한 끝에, 마침내 필라멘트라는 값싸고 유용한 소재를 발견했다. 그의 비범한 추진력과 실험정신은 인류의 어두웠던 밤을 환하게 밝히는 위대한 업적을 만들어냈다.

❖

　역사적으로 성공한 사람들의 인생을 보면 남다른 패기가 돋보인다. 청淸나라 말기의 증국번曾國藩을 아는가? 증국번의 금연 일화는 그의 의지와 패기를 여실히 드러내고 있다.

❖

　증국번은 담배를 즐겨 피웠던 아버지의 영향을 받아 어릴 적부터 담배를 접했다. 그는 아편 대신 자국에서 생산된 허브 담배를 애용했는데, 피울 때마다 온몸이 편안해짐을 느끼며 점차 담배에 중독되기 시작했다. 17세가 된 증국번은 중독 증상이 더욱 심해졌고 주변 사람들은 그를 골초라고 불렀다. 학교에서 공부를 할 때에도 담뱃대를 손에서 놓지 않고 책장을 넘기면서 담배연기를 내뿜곤 했다. 훗날 증국번은 과도한 흡연 때문에 선생님과 선배들의 큰 질타를 받았고 이에 충격을 받아 금연을 결심했다. 그 역시 담배가 백해무익하다는 것을 알고 있었기 때문이다. 증국번은 자신의 결심을 증명하고자 옛 습관을 버리고 새롭게 달라지겠다는 의미에서 스스로 호를 자성子城에서 척생滌生으로 고쳤다. 그러나 젊은 증국번은 오랜 습관을 한번에 고칠 만큼 의지가 강하지 않았고 결국 금연에 실패했다.
　그 후 증국번은 담배를 끊기 위해 갖은 노력을 했다. 금연을 맹세하며 담배병烟壺과 담배쌈지를 멀리 치우고 누군가 담배를 권해도 단호히 사양했다. 하지만 얼마 지나지 않아 그는 또 담배에 손을 댔고, 그 후로도 금연 결심과 실패를 수차례 되풀이했다. 증국번은 나태하고 끈기가 부족한 자신을 되돌아보며 이런 상태로는 학업도 일도 성공할 수 없다고 판단했다. 작은 일도 이루지 못하는데 큰일은 감히 시도나 할 수 있겠는가. 이에 증국번은 다시 마음을 다잡고 금연의 결심을 한다.

"이제 절대 담배를 피우지 않을 거야! 지금 당장 끊지 않으면 난 영원히 빠져나올 수 없어!"

그는 자신이 집에서 담배를 피우지 않도록 감시해 달라고 가족들에게 당부했다. 하지만 밖에서 다른 사람이 피운 담배연기가 바람을 타고 집안으로 풍겨오자 증국번은 다시 무너지고 말았다. 금연하리라 호언장담했던 그는 또 한 번의 실패에 부딪혔다.

1842년 11월, 증국번은 여전히 담뱃대를 놓지 못하는 자신을 보며 이제 분노하기 시작했다. 어느 날, 그는 "담배조차 못 끊는 문인이 과연 나라의 거사를 논할 자격이 있다는 말인가!"라고 탄식하며 자신이 아끼던 담배병을 깨부수고 최고급 담뱃잎도 태워 버렸다. 그날 이후 증국번은 철저하게 금연했고 숨을 멎는 그 순간까지 담배를 입에 대지 않았다.

❖

증국번은 의지와 패기로 자신의 인생을 다시 썼다. 그가 유명한 역사적 인물로 명성을 떨친 것도 그의 남다른 패기와 관련이 깊다. 마침내 무너뜨린 그의 가장 큰 적은 담배가 아니라 바로 자기 자신이었던 것이다. 어떤 일을 해야겠다고 결심했다면 반드시 끝까지 추진해야 성공의 기회를 얻을 수 있다.

자신이 선택한 길을 흔들리지 않고 끝까지 걸어가고 결심한 일을 최선을 다해 추진하는 것, 이것이야말로 승자의 중요한 자질이다. 단조로운 삶을 살며 그 어떤 결실도 이루지 못하는 이유는 무능해서가 아니라 패기가 부족하기 때문이다.

더블민트double mint · 綠箭는 많은 이들의 사랑을 받고 있는 껌 브랜드이다. 이 껌이 어떻게 탄생되었는지 먼저 창립자 윌리엄 리글리William Wrigley의 일화를 살펴보자.

윌리엄 리글리는 폼나는 일을 하겠다는 꿈을 품고 시카고에 첫발을 내디뎠다. 그러나 특별한 기술도 재능도 없었던 그는 생계를 유지하기 위해 고작 상점에서 비누 파는 일밖에 할 수 없었다. 일을 시작한 지 얼마 지나지 않아 리글리는 베이킹파우더를 팔면 이윤이 많이 남는다는 정보를 듣게 되었다. 그래서 그는 자신이 모아놓은 돈을 몽땅 털어 베이킹파우더를 대량 매입했다. 하지만 리글리는 곧 이것이 큰 실수였음을 깨달았다. 현지에서 베이킹파우더를 파는 상인들은 이미 포화상태였고 그들을 상대하기에는 리글리의 경험이 너무 부족했던 것이다.

산더미같이 쌓인 베이킹파우더를 빨리 팔지 않으면 본전도 못 찾게 될 것이라는 걱정에 리글리는 마음이 조급해졌다. 그래서 그는 베이킹파우더 더미 옆에 추잉껌 두 상자를 놓고 베이킹파우더를 사는 손님에게 껌을 덤으로 증정했다. 껌의 가격은 비싸지 않았지만 예상외로 손님들의 반응이 좋았고, 베이킹파우더는 어느새 동이 났다. 이렇게 리글리는 단 반년 만에 시카고에서 사업가로 자리를 잡았다.

훗날 그는 또 다른 사업 아이템으로 추잉껌을 눈여겨보았다. 추잉껌 판매의 이윤은 높지 않지만 시장에서 점차 각광을 받으면서 폭넓은 수요층을 갖고 있기에 발전 전망이 밝았기 때문이다. 그래서 그는 추잉껌 판매업에 진출하기로 결심했다.

시장조사를 하면서 리글리는 고객들의 의견을 적극적으로 받아들이고 업체와 긴밀히 협력하여 추잉껌의 포장과 맛을 개선했다. 껌 시장에 대한 감을 익힌 그는 전 재산을 털어 추잉껌 공장을 세웠고 자신의 이름을 브랜드화하여 사업을 시작했다. 1893년 리글리는 '더블민트'라는 새로운 브랜드로 출사표를 던졌다. 그 당시만 해도 시장에 이미 10여 종이 넘는 추잉껌 브랜드가 있었기에, 리글리는 고객의 머릿속에 최대한 빨리 더블민트의 이름을 각인시키기 위해 승부수를 던졌다. 미국 전역의 전화번호부를 수집하여 모든 주소로 추잉껌 4개와 설문지를 보낸 것이다.

패기 넘치는 청년 리글리가 보낸 편지가 집집마다 도착하면서 더블민트는 순식간에 전국을 강타했다. 얼마 후, 리글리는 또 다른 껌 스피아민트spear mint · 白箭를 출시했고, 이번에는 신문이나 잡지, 옥외 포스터 등 다양한 형태의 광고를 통해 홍보 효과를 높였다. 이로써 상점의 점주들도 더블민트 상품을 대량 구비해 놓기 시작했다. 리글리는 광고를 적극 활용하여 상품을 판촉한 마케팅계의 선구자로 불리게 되었다.

　때로 기회는 우리를 느긋이 기다려 주지 않고 스쳐 지나가곤 한다. 과감히 자신의 의견을 어필하고 빠르게 실행에 옮겨야 성공으로 가는 방향을 찾을 수 있다. 과감히 생각하고 행동하는 것, 이것이 바로 더블민트의 성공비결이다.

2

패기—
결단력을 발휘하는 것

심리학에 '뷔르당의 당나귀Buridan's ass'라는 재미있는 우화가 있다. 프랑스 철학자 장 뷔르당Jean Buridan이라는 교수가 당나귀 한 마리를 기르고 있었다. 교수는 매번 근처에 사는 농부에게서 당나귀에게 줄 건초더미를 샀다. 어느 날, 농부가 평소 단골이었던 교수에게 건초 한 더미를 덤으로 더 주자, 교수는 당나귀의 양옆에 건초더미를 내려놓았다. 그런데 이게 웬일인가, 당나귀는 양과 질이 똑같은 건초더미 사이에서 혼란스러운 듯 고개만 계속 좌우로 돌릴 뿐, 얼음처럼 그 자리에 얼어붙어 전혀 움직일 생각을 하지 않았다. 결국 당나귀는 고민만 하다가 굶어 죽고 말았다. 이처럼 계속 주저하며 쉽게 결단을 내리지 못하는 현상을 심리학에서는 '뷔르당의 당나귀 효과'라고 한다.

평소보다 더 많은 식량이 생겼지만 당나귀는 똑같은 두 건초더미 중에서 무엇을 고를지 몰라 고민하다가 결국 굶어 죽었다. 우리 주변에도 '뷔르당의 당나귀'와 같은 사람들이 많다. 인생의 수많은 선택의 순간 앞에서 사람들은 최선의 선택을 하기 위해 끊임없이 득실을 따지며 머뭇거린다. 성공을 향해 달려가는 길에서 마주치면 과감하게 결단을 내려야 기회를 잡을 수 있다.

"나랑 엄마랑 동시에 물에 빠지면 누굴 먼저 구할 거야?"

연인 사이에서 여자친구는 남자친구의 입에서 자신이 원하는 대답이 나오길 내심 기대하며 이런 '공식 질문'을 던지곤 한다. 그런데 이런 상황이 실제로 발생했다고 가정해 보자. 이때 누구를 먼저 구해야 할지 망설이며 시간을 끌면 물에 빠진 여자친구와 엄마는 모두 익사하고 말 것이다. 제때에 과감한 결정을 내려야 '뷔르당의 당나귀'와 같은 비극을 면할 수 있다.

기원전 336년, 마케도니아 국왕 필립 2세는 페르시아 출정을 앞두고 그의 딸의 결혼식장에서 암살되었다. 이 위기의 상황에서 불과 20세의 알렉산더가 왕위에 오르면서 국정은 대혼란에 빠졌다. 일부 귀족들은 알렉산더 대신 필립의 첫째 아들을 차기 국왕으로 앉히기 위해 쿠데타를 도모했고 궁중 밖에서는 북방 부족들이 연이어 반란을 일으켰다. 그리스의 각 폴리스들은 아테네에서 공개집회를 열어 마케도니아의 맹주 지위를 없애지 않으면 공격을 하자고 한목소리를 냈다.

갓 즉위한 알렉산더는 명망이 높지 않고 경험도 부족했기에 눈앞의 위기 앞에서 갈피를 잡지 못했다. 기세등등하게 진격해 오는 반란군을 보고 있자니 마케도니아 제국이 내우외환의 위기 속에서 머지않아 산산이 무너질 것만 같았다.

알렉산더가 해결책을 찾기 위해 긴급회의를 소집하자 참모들은 입을 모았다.

"지금의 형세로 보았을 때, 테살리아 이남의 모든 그리스 영토를 포기하시고 북방 부족들을 안정시키는 데 주력하셔야 합니다."

무모하게 출병하면 참패는 물론 반란자들이 이를 틈타 공격해 올 것이 분명했다. 반면 출병을 하지 않고 나라를 뺏겨 버린다면 돌아가신 부왕을 뵐 면목이 없었다. 그는 심각한 딜레마에 빠졌지만 지체하지 않고 최후의 결단을 내렸다.

"나는 마케도니아 제국을 포기하지 않을 것이다. 이 땅은 부왕과 무수한 용사들의 선혈로 얻은 것이기 때문이다. 나는 그리스인들에게 마케도니아 제국은 여전히 그들의 종주국임을 똑똑히 알려 주겠다. 나의 뜻에 도전하는 자에게는 가장 처참한 형벌을 내리리라."

그 후 알렉산더는 직접 군사를 끌고 북방 지역의 반란을 평정했다. 그의 재빠른 행동력에 많은 이들이 놀라움을 금치 못했다.

내우외환의 위기 앞에서 알렉산더는 과감하게 대책을 마련하여 속도라는 최후의 병기로 반란군을 평정하고 사람들의 불안을 잠재웠다. 그 후에도 알렉산더는 카리스마 넘치는 리더십으로 그리스를 크게 발전시켰다. 곤경과 시련 앞에서 망설이기만 한다면 전세를 역전시킬 수 있는 기회를 잃고 만다. 용기와 결단력, 이것은 승부가 나지 않은 상황에서 손쉽게 우위를 점할 수 있는 '치트키'이다. 스스로 해결하기 어려운 문제 앞에서 기회를 찾기 위해서는 과감한 결단력이 필수 조건임을 기억해야 한다. 치열한 경쟁사회에서 성공하고자 하는가? 우선 당신의 마음 한편에 웅크리고 있는 우유부단함과 망설임을 떨쳐 내자.

    미국의 보험 대부 프랭크 베트거Frank Bettger는 보험 일을 시작하자마자 탁월한 판매 수완으로 업계에서 두각을 드러냈다. 이에 자신감을 얻은 베트거는 미래에 대한 큰 포부를 갖고 보험업계에서 큰 활약을 꿈꾸었지만 이내 좌절에 부딪혔다. 베트거는 고객의 마음을 사로잡아 실적을 높이기 위해 밤낮을 가리지 않고 혼신의 노력을 다했다. 하지만 안타깝게도 그의 노력에 비해 결과는 늘 지지부진했다.

    한동안 베트거는 좌절과 우울함 속에서 허덕이며 괴로운 나날을 보냈다. 앞날에 대한 희망도 보이지 않고 일을 포기하고 싶기도 했다. 그러던 어느 주말 아침, 악몽에서 깨어난 베트거는 실망과 불안함을 떨쳐 내려 애쓰며 곤경에서 벗어날 방법을 찾기 위해 깊은 생각에 잠겼다. 베트거는 끊임없이 자문했다.

    '요즘 나는 왜 이렇게 우울한 걸까? 도대체 무슨 문제가 있는 것일까?'

    그러자 그가 일하면서 겪었던 일들이 파노라마처럼 눈앞에 펼쳐졌다. 베트거는 보험을 팔기 위해 고객을 찾아 동분서주했다. 고된 노력 끝에 고객을 설득하고 계약서 사인만을 앞두고 있는 상황에서 고객이 말했다. "다시 생각해 봐야겠어요. 다음에 다시 얘기해요." 그리고 그는 다시 새로운 고객을 찾아 떠났다….

베트거는 자신의 실적이 낮은 이유는 그가 노력을 하지 않아서가 아니라 마지막 순간에 떠나는 고객의 마음을 잡지 않은 것임을 깨달았다. 고객이 '다음에 다시 얘기해요'라고 말했을 때 그가 합당한 이유를 들며 고객을 설득했더라면 아마도 계약을 성사시킬 수 있었을 것이다.

베트거는 지푸라기라도 잡는 심정으로 지난 일 년 간의 업무일지를 펼쳐 분석하기 시작했다. 놀랍게도 얼마 지나지 않아 그는 곧 문제의 원인을 찾아냈다. 그 후 베트거는 과거의 영업 방식을 대폭 개선한 새로운 전략으로 영업을 시작했고, 머지않아 그는 영업 실적 100만 달러 돌파라는 쾌거를 이루며 업계에 반향을 일으켰다.

뛰어난 지혜와 특출한 영업 전략으로 베트거는 보험업계의 거물로 자리잡았다. 훗날 성공 비결을 묻는 질문에 그는 이같이 대답했다

"저는 업무 일지에서 독특한 패턴을 발견했고, 이것은 업무에 대한 저의 인식을 철저히 바꿔 놓았습니다. 연간 보험 실적을 보면 첫 번째 미팅에서 계약이 성사된 확률은 70퍼센트였고, 두 번째 미팅에서는 23퍼센트였으며, 세 번째 미팅에서는 고작 7퍼센트의 계약이 성사되었습니다. 하지만 세 번째 미팅을 위해 제가 쏟은 시간은 전체 업무량의 절반 이상을 차지했습니다. 그래서 저는 7퍼센트의 이익을 과감히 포기하고 대부분의 시간을 신규 고객 확보에 쏟았습니다."

❖

　프랭크 베트거의 일화는 우리에게 한 가지 성공비법을 알려 주고 있다. 그
것은 바로 '인생의 7퍼센트를 과감히 포기하는 것'이다. 과감한 결단력은 성
공하는 사람이 갖춘 핵심 자질 중의 하나다. 만약 당신이 쉽게 결정을 내리
지 못하고 망설이거나 회피하는 성향이라면, 하루빨리 이런 습관을 개선해야
한다. 중국에 이런 속담이 있다. '좁은 길에서 적을 만나면 용감한 자가 이긴
다狹路相逢, 勇者勝.' 당신은 도약할 기회를 기다리고 있는가? 과감한 행동력
이 큰 성과로 이어진다는 것을 잊지 말자.

3

패기—
취할 것과 버릴 것을 아는 것

평범한 사람들은 감당하기 버거우면 쉽게 내려놓고, 정작 버려야 할 때는 내려놓지 못한다. 반면 성공한 사람들은 감당해야 할 때와 내려놓아야 할 때를 잘 안다. 살다 보면 내려놓아야 할 순간들이 참으로 많다. 마음속의 무의미한 부담들을 버리고 즐거움과 설렘으로 채운다면, 무슨 일을 하든, 어디를 가든 우리의 발걸음은 가벼울 것이다. 때로 우리의 기분을 결정짓는 것은 다른 사람이 아니라 나 자신이다. 취할 것과 버릴 것을 아는 것, 이것이야말로 진정한 패기다.

중국 후한後漢시대에 맹민孟敏이라는 사람이 시루를 등에 짊어지고 가다 실수로 땅에 떨어뜨려 깨지고 말았다. 하지만 그는 깨진 시루에 아쉬운 눈길 한 번 던지지 않고 태연하게 앞만 보고 걸어갔다. 옆에서 지켜보던 사람이 그 연유를 물어보니, 맹민은 "시루가 깨져서 이미 쓸모가 없어졌는데, 그것을 되돌아본다고 무슨 소용이 있겠습니까?"라고 의연하게 대답했다.

만약 당신이 시루를 떨어뜨렸다 해도 맹민처럼 태연하게 앞만 보고 갈 것인가? 내려놓는 것은 더 나은 것을 얻기 위함이다. 버려야 할 것은 버려야 더 큰 행복을 누릴 수 있다. 감당한다는 것은 용기자 책임이며, 내려놓는 것은 성숙한 품격이자 포용력이다. 복잡한 현대사회에서 우리는 돈·권력과 같은 수많은 유혹과 타협하면서 자신의 책임과 사명을 까맣게 잊곤 한다. 이는 진정한 행복을 가져오지 않을 뿐 아니라 자칫하면 잘못된 길로 들어설 수도 있다. 마음속의 잡념을 내려놓아야 인생의 무대에서 만족할 만한 성과를 거둔다는 것을 잊지 말자.

알렉산더 대왕은 말을 타고 러시아 서부에 도착했다. 그는 현지인들을 더 가까이 살펴보기 위해 직접 걸어다니며 마을을 유람하면서 작은 객잔客棧에 머물렀다. 어느 날, 알렉산더는 하루 일정을 마치고 객잔으로 돌아가던 길에 세 갈래 길을 만났다. 순간 그는 어느 길이 객잔으로 향하는 길인지 도무지 감을 잡을 수 없어 한 여관 앞에 서 있던 군인에게 다가가 물었다.

"마을의 객잔으로 가는 길이 어딘지 아시오?"

담뱃대를 입에 문 군인은 군대 계급 표시가 없는 평범한 차림새의 알렉산더를 위아래로 훑어보더니 퉁명스럽게 대답했다.

"오른쪽으로 가시오."

알렉산더는 고맙다고 말하고는 다시 물었다.

"객잔이 여기에서 얼마나 걸리는지 아시오?"

군인은 알렉산더를 힐끗 쳐다보더니 말했다.

"1마일."

알렉산더는 그에게 작별을 고한 후 몇 걸음을 가더니, 다시 되돌아와 미소 띤 얼굴로 물었다.

"당신의 계급이 무엇인지 물어봐도 되겠소?"

군인은 조소 섞인 말투로 말했다.

"맞혀 보시오."

알렉산더는 흥미롭다는 듯 대답했다.

"중위? 대위?"

"그것보다 높지."

"그렇다면 소령이오?"

"흠, 맞소."

알렉산더는 예를 갖추고 그에게 경례를 했다. 군인은 마치 부하를 대하듯 거만한 말투로 물었다.

"그럼 당신의 계급은 무엇이오?"

알렉산더는 껄껄 웃으며 대답했다.

"이번에는 당신이 알아맞혀 보시오."

"중위?"

"아니오."

"대위?"

"아니오."

군인은 바짝 다가와 알렉산더를 다시 훑어보았다.

"그럼 당신도 소령이오?"

알렉산더는 낮은 목소리로 말을 이었다.

"다시 맞혀 보시오."

군인은 순간 흠칫하며 물고 있던 담배를 내려놓더니 예를 갖추었다. 그의 거만하던 태도는 온데간데없이 사라졌다.

"그렇다면 선생님은 장군님이신가요?"

"거의 비슷하네."

군인은 자신이 큰 실수를 저질렀다는 것을 깨닫고 말까지 더듬기 시작했다.

"그, 그럼, 선, 생님은… 육군 원수이신가요?"

"다시 맞혀 보게."

"황, 황제 폐하!"

군인은 알렉산더 대왕 앞에 무릎을 꿇으며 연신 외쳤다.

"폐하, 저의 무례함을 용서해 주소서!"

알렉산더는 크게 웃으며 말했다.

"무례는 무슨! 내가 자네에게 길을 물었고 자네는 길을 알려 주었는데, 내가 자네에게 고마워해야 하지 않겠나!"

❖

알렉산더가 길을 물었을 때 군인은 알아보지 못하고 거만한 태도를 보였다. 하지만 알렉산더는 그를 질책하지도 노여워하지도 않았다. 그의 취할 것과 내려놓을 것을 아는 넓은 포용력은 우리에게 큰 귀감이 되고 있다.

사람들 간의 관계가 언제나 조화로울 수는 없지만, 영원히 대립적일 필요도 없다. 우리는 모두가 윈윈win-win하는 관계를 만들어내야 한다. 지혜로운 삶이란 취할 때와 내려놓을 때를 잘 아는 것이다. 과거에 연연하며 후회하고, 오늘 일에 일희일비하며, 내일 일어날 일을 미리 염려할 필요없다.

재물을 내려놓자. 당나라 최고 시인 이백李白은 「장진주將進酒」라는 시에서 '천생아재필유용天生我材必有用하고 천금산진환부래千金散盡還復來'라 하였다. 이는 '사람은 누구나 타고난 재주가 있는 법이니, 하늘이 준 재능은 쓰일 날이 있고, 재물은 다 써도 다시 돌아올 것'이라는 뜻이다. 재물에 대한 미련을 내려놓으면 당신을 짓누르는 인생의 무게는 더욱 가벼워질 것이다.

명예를 내려놓자. 전문가들은 지능이 높고 사고력이 높은 사람일수록 심리적 장애를 겪을 확률이 높다고 말한다. 우위를 점하고 명성을 얻기 위해 어떤 일도 불사하면서 마음은 점차 곪아 간다. 명예욕을 내려놓는다면 우리는 인생의 속박에서 해방될 것이다.

걱정을 내려놓자. 우리의 삶에서 차고 넘치는 수많은 걱정거리를 내려놓는 순간 행복이 찾아온다는 것을 명심하자.

중국의 문학가 노신魯迅은 "감당하는 것은 용기이며拏得起是一種勇氣, 내려놓은 것은 도량이다放得下是一種豁達"라고 말했다. 짧고도 고된 인생길에서 제때에 취하고 내려놓아야 더욱 값진 삶을 살 수 있다. 성공을 향한 길에 수많은 유혹들이 손짓한다 해도, 감당할 것과 내려놓을 것을 분간할 줄 안다면 머지않아 찬란한 미래를 맞이하게 될 것이다.

4

패기—
결단할 때를 아는 것

옛날 정부 관리자들은 사형선고를 내릴 때 판을 부딪쳐 소리를 냈다. 여기서 '판을 친다拍板'는 것은 관리자의 의사결정 능력과 결단에 대한 책임을 의미한다. 다시 말해, 과감히 판을 칠 수 있는지의 여부는 개인의 의사결정 수준뿐 아니라 책임의식·실행력을 여실히 드러낸다. 제때에 판을 치지 못하고 끊어야 할 때 끊지 못하는 것은 업무상 실책이며, 경솔하게 함부로 판을 치는 것 또한 직권 오남용과 같다. 패기 있는 사람은 정확한 판단력을 발휘하여 적시에 결단을 내리지만, 소심하고 나약한 사람은 우물쭈물 망설이다가 타이밍을 놓치곤 한다. 역사적으로 수많은 위대한 장군들은 숱한 변수가 가득한 전장에서도 임기응변을 발휘하여 정확한 타이밍에 명령을 내렸다. 중국 한漢나라의 명장 주아부周亞夫 역시 남다른 패기를 바탕으로 '오초칠국의 난 吳楚七國-亂'을 성공적으로 진압하였다.

❖

한문제漢文帝는 주아부가 인솔하는 세류영細柳營을 시찰하면서 그 부대의 강한 모습에 고무되어, 그때부터 주아부를 진장군眞將軍이라 칭하였다. 훗날 한문제는 임종하기 전에 아들 한경제漢景帝에게 "위급한 일이 있으면 주아부에게 자문을 구하라"고 말하기도 했다.

얼마 후, 한나라에는 '오초칠국의 난'이 일어났고, 한경제는 주아부를 대장군으로 임명하여 반란을 진압할 것을 명했다. 주아부는 병력을 이끌고 오초칠국 군사와 치열한 접전을 벌이면서 군사적 역량을 충분히 발휘했다.

오초칠국 군사는 속전속결을 위해 무서운 기세로 밀려왔고, 주아부의 군사는 중원中原에서 병력을 비축하면서 적군이 공격해 오기만을 기다렸다. 하지만 적군은 먼저 양梁나라를 겨냥했다. 적군의 공격에 시달리던 양효왕梁孝王이 지원을 요청하자, 한경제는 주아부에게 양나라를 지원하도록 명을 내렸다.

주아부는 진퇴양난에 빠졌다. 양나라를 지원하러 간다면 당초의 전략을 포기해야 했고, 이것은 적군이 원하는 바였기 때문이다. 반면 양나라를 도와주지 않았다가, 한경제의 동생인 양효왕에게 무슨 문제라도 생기면 주아부는 죽은 목숨이나 다름없었다.

고민 끝에 주아부는 한경제의 명을 거절하고 당초의 전략을 고수했다. 머지않아 군량을 운반하는 길이 끊긴 적군은 군수 부족으로 떼죽음을 당했고, 양효왕은 양나라를 끝까지 사수한 끝에 3개월 만에 오나라와 초나라를 격퇴하는 데 성공했다.

전쟁의 결과만을 볼 때 주아부의 선택은 옳았지만, 양효왕의 노여움을 피할 수는 없었다. 주아부 부자는 반역죄로 감옥에 갇혔고, 결국 희대의 명장은 이렇게 옥중에서 죽음을 맞이했다.

❖

　주아부의 비참한 말로를 초래한 가장 큰 원인이자 도화선은 양효왕과의 악연이었다. 물론 주아부는 양나라를 지원하지 않기로 결심했을 때부터 자신의 처참한 죽음을 예상했을 것이다. 이는 의사결정과 선택의 어려움을 여실히 보여준다. 중국 고어에 이런 말이 있다. '물고기도 내가 원하는 바이며魚, 我所欲也, 곰 발바닥 또한 내가 원하는 바이지만熊掌, 亦我所欲也, 두 가지를 함께 얻지 못한다二者不可得兼.' 장기적인 이익과 눈앞의 이익, 집단의 이익과 개인의 이익이 상충되는 상황에서 주아부는 자신의 희생을 선택한 것이다.

　우수한 리더는 뛰어난 의사결정 능력을 갖고 있다. 의사결정 능력이 높은 사람은 본래의 목표를 감안하여 현 상황을 파악, 미래를 예측하여 최적의 방안을 도출한다. 이를 위해서는 리더가 지식·수용력·사고 방식·판단능력 및 창조정신과 같은 전반적인 자질을 갖추고 있어야 한다.

　일본 소니Sony Corporation가 출시한 다양한 전자제품 중에서 단연 으뜸은 휴대용 카세트 워크맨Walkman이다. 워크맨은 소니의 창업자 모리타 아키오盛田昭夫의 예리한 관찰력을 통해 탄생했다. 모리타 아키오는 젊은 사람들이 음악 듣는 것도 좋아하고 여기저기 돌아다니는 것 또한 좋아한다는 점에 착안하여, 걸어다니면서 음악을 들을 수 있는 상품을 만들어야겠다고 결심했다. 이로써 그의 최대 창안품인 워크맨이 탄생하면서 휴대용 전자제품의 시대를 열었다.

　의사결정은 타당성 있는 다양한 방안들 중에서 최적의 방안을 판단, 선택하는 것이다. 의사결정 능력이 높은 사람만이 군중심리의 속박과 고정관념에서 벗어나 독창적인 아이디어를 생각해 내고, 다른 사람이 감지하지 못한 문제를 발견하여 더 많은 기회를 얻을 수 있다.

미국의 유명한 경영학자 피터 드러커Peter Ferdinand Drucker는 "의사결정은 진상眞相이 아닌 논리적인 사고에 기반한다"라고 말했다. 리더가 성공적인 의사결정을 하기 위해서는 우수한 '유전자'를 갖고 있어야 한다. 의사결정 유전자는 경험 · 지식 · 정보와 사고 방식이라는 4가지 요소로 구성된다. 경험은 의사결정자가 오랜 체험을 통해 얻은 논리이며, 지식은 이론적인 학습을 통해 획득한 논리를 가리킨다. 또한 정보는 관찰과 소통을 통해 얻은 신호이고, 사고 방식은 문제를 인식하고 분석하는 관점을 의미한다. 의사결정은 이 4가지 요소를 통합적으로 활용하여 결과를 도출하는 것이다. 그러므로 훌륭한 의사결정자가 되기 위해서는 경험 · 지식 · 정보 · 사고 방식 중 그어느 것 하나 간과해서는 안 된다.

5

다시 일어날 패기가 없다면
실패를 당해 낼 수 없다

   우리에게 심리적 건강과 육체적 건강은 모두 중요하다. 동서고금을 막론하고 성공한 사람들은 그들만의 인생철학, 긍정적 마인드, 넓은 포용성을 여지없이 드러냈다.

   사람들은 살면서 곤경이라는 크고 작은 돌덩이에 걸려 넘어지곤 한다. 여기서 위험한 것은, 넘어지는 자체가 아니라 다시 일어서지 못하는 것이다. 넘어지고 나서 다시 일어나기가 두려워 그 자리에 주저앉아 버린다면, 앞으로 펼쳐질 인생의 아름다운 풍경들을 놓치고 말 것이다. 넘어지는 것, 이것은 또 다른 도약의 시작임을 기억하자.

   1914년 12월, 위대한 발명가 토머스 에디슨의 실험실에 큰 화재가 발생하여 모든 실험 도구가 화염에 휩싸였다. 에디슨이 평생 동안 쏟아부은 피와 땀이 하룻밤 사이에 잿더미가 된 것이다. 화재 소식을 들은 에디슨의 아들 찰스는 화염과 잿더미 속에서 마치 정신을 잃은 사람처럼 아버지를 찾아 헤맸다. 뜻밖에도 에디슨은 화재 현장에 있었다. 뒷짐을 진 채 불타는 실험실을 말없이 바라보고 있던 그는 아들을 발견하고 다급히 소리쳤다.

"찰스! 엄마는 어디 있니? 빨리 가서 엄마를 데려오렴. 이런 장관은 평생 동안 다시 볼 수 없을 거야."

이튿날 아침, 에디슨은 불에 탄 폐허를 바라보며 찰스에게 말했다.

"애야, 재난 속에서도 위대한 가치가 있는 것이란다. 모든 착오와 실수가 불에 타 날아갔으니, 다시 시작할 수 있는 기회를 주신 하나님께 감사드려야겠구나."

그는 비극적인 참사를 또 다른 시작으로 여기며 그 속에서 새로운 기회를 찾았다.

에디슨은 무수히 많은 실패를 경험하면서 강인한 정신력을 쌓았다. 이를 바탕으로 에디슨은 화재 발생 후 단 3주 만에 축음기라는 또 하나의 발명품을 세상에 선보였다. 재난은 물질적인 것을 앗아가지만 새 출발이라는 또 다른 기회를 가져온다. 재난 앞에서 어떤 관점과 태도, 대책을 취하느냐에 따라 추후의 결과는 전혀 달라진다.

'실패는 성공의 어머니다'라는 말이 있다. 감당하기 어려운 실패에 부딪혔다 해도, 침착하게 생각해 보면 이 또한 새로운 기회일지도 모른다. 실패 없는 인생이란 없다. 넘어지는 것은 모든 아이가 걸음마를 배우면서 거쳐야 할 과정이다. 지혜로운 사람은 순탄한 길이든 굴곡진 길이든 모두 소중한 경험으로 여긴다.

성공한 사람들은 실패를 두려워하지 않고, 실패했다 해도 다시 일어선다. 처참한 화재를 의연하게 받아들이는 에디슨이야말로 훌륭한 예다. 언제나 순조롭거나 100퍼센트 성공만 하는 일이란 없다. 우리는 항상 '실패와 역경'이라는 변수에 포위되어 있지만, 이 포위망을 탈출하고 또 탈출하다 보면 결국은 성공에 이르게 된다.

1990년대 스위주史玉柱의 이름을 들으면 사람들은 엄지손가락을 치켜세우곤 했다. 그가 세운 쥐런巨人그룹이 성장가도를 달리면서 스위주는 불과 33세의 젊은 나이에 미국 경제 전문지 「포브스」가 선정한 중국 대륙 10대 부호에 등극했고, 몇 년 동안 그 자리를 유지했다. 하지만 그의 전성시대는 오래가지 못했다. 쥐런빌딩巨人大廈 프로젝트에 대한 과잉투자로 자금난에 시달리면서 그는 순식간에 '중국 최고의 빚쟁이'로 전락했다.

주저앉는다는 것은 또 다른 실패를 낳는 주요 패인이다. 마음속의 낡은 틀을 벗어나 새로운 시각으로 문제를 바라보면 기회가 보일 것이다.

쥐런빌딩 프로젝트가 처참히 실패한 후, 스위주는 3명의 동업자들과 함께 에베레스트산에 올랐다. 그 당시 가이드 비용이 800위안 정도였는데, 그들은 돈을 아끼기 위해 가이드 없이 등정길에 올랐다. 에베레스트산의 정경은 황홀할 정도로 아름다웠다. 꽤 높은 곳까지 오른 스위주는 대자연이라는 안식처 속에서 온갖 근심을 잊고 평온함을 만끽했다. 그런데 하산을 준비할 무렵, 그는 몸에 산소가 부족하다는 것을 감지했다. 스위주는 다른 동료들에게 피해를 주고 싶지 않았기에 혼자 남기로 결정했다.

"먼저들 내려가게. 난 산소가 부족해서 몸을 움직일 힘조차 없네."

하지만 동료들은 날이 어두워지면 얼어 죽을 것이 뻔한 그를 혼자 남겨두고 떠날 수 없었다. 그들은 스위주를 부축하며 힘겹게 내려오다가 설상가상으로 길까지 잃었지만, 모두가 합심하여 돌아가는 길을 찾았다. 스위주는 산에서 내려온 후에야 그들이 다녀온 곳이 유명한 제한구역이었음을 알게 되었다. 그곳에서 살아 돌아온 것 자체가 하늘의 보살핌이 아니었을까. 지금도 스위주는 그날의 기억을 회상하며 말한다.

"그때 저는 그렇게 죽는 줄 알았습니다. 또 다른 목숨을 '덤'으로 얻어 돌아온 것이죠."

에베레스트 여행에서 돌아온 스위주는 이 여행을 '인생의 길을 찾는 여행'으로 정의내리며 말했다.

"그때부터 저는 모든 것을 내려놓으며, 앞으로 걱정거리가 생길 때마다 이렇게 생각하기로 마음먹었습니다. '지금 내 목숨은 덤으로 얻은 것이다. 편하게 생각하자'라고요."

그는 출발선에 다시 선 마음으로 사업 일선에 복귀했다. 그의 두 번째 창업 아이템은 건강보조식품 '나오바이진腦白金'이었다. 중노년 영양제인 '나오바이진'은 출시되자마자 뜨거운 반응을 보이며 중국 시장을 강타했다. 2000년에는 월 매출이 1억 위안을 넘어섰으며 월평균 순이익 4,500만 위안을 창출했다. 이렇게 쥐런그룹은 철저하게 몰락한 지 얼마 되지 않아 기적과 같이 일어섰다.

스위주의 복귀를 비난하는 사람들도 많았지만 그는 점차 지난날의 명성을 되찾았다. 재기에 성공한 스위주는 사리사욕을 채우기보다 먼저 빚부터 청산했고, 그의 과감한 행보는 세간의 이목을 끌었다. 부도의 위기에 몰렸던 그가 성공적으로 복귀한 것도, 빈털터리였던 그가 빚을 청산한 것도 그저 놀라울 따름이었다. 결국 스위주는 10년 동안 모든 채무를 상환하고 자본금을 모아 온라인 시장 진출을 위한 포석을 깔았다.

사람들은 살면서 산전수전을 겪으며 값진 경험을 쌓는다. 스위주 역시 마찬가지였다. 그의 사고 방식과 성격은 실패를 겪으며 180도 달라졌다. 그는 지난날의 조급함과 경솔함을 하나둘 내려놓고 침착함과 의연함으로 마음속을 채워 나갔다.

내면이 강한 사람은 실패를 어차피 넘어야 할 산으로 여기며 두려워하지 않는다. 진정 두려워해야 할 것은, 실패 후 자격지심에 허덕이다 폐인이라는 나락까지 떨어지는 것이다. 한두 번의 실패가 인생 전체의 실패를 의미하지 않는다. 실패를 정확히 직시하고 새롭게 다시 시작한다면 머지않아 희망의 빛을 보게 될 것이다.

물론 강한 내면은 하루아침에 만들어지는 것이 아니라 훈련의 과정이 필요하다. 실패에 부딪혔을 때 며칠 동안은 마음의 상처로 우울함을 느낄 수 있지만, 이것이 장기화되는 것은 피해야 한다. 이를 위해 기분 전환의 기회를 찾는 것이 중요하다. 실패 후의 여유 시간을 활용하여 자신에게 휴식을 주자. 그동안 꿈꿔 왔던 여행을 가거나 옛 친구들을 만나는 것도 좋고, 관심 있던 운동이나 기술을 배워 보는 것도 좋다. 이로써 피로한 몸과 마음에 재충전의 기회를 주는 것이다.

이런 점에서 볼 때 우리는 어쩌면 실패에 감사해야 할지도 모른다. 실패는 우리에게 여유와 회복이라는 시간을 주기 때문이다. 실패가 있기에 다시 한 번 심기일전해야겠다는 각오를 하고 새 출발의 기회를 얻는다.

사실 정신없이 바쁜 일상생활에서 자신에게 의미 있는 질문을 던질 기회는 많지 않다. '나는 지금 무엇을 하고 있는가? 나는 누구이며, 나는 어떤 일에 어울리는 사람일까? 나의 장점과 단점은 무엇이며, 나에게 필요한 능력은 무엇일까?' 자신의 본질에 대한 고민 없이 무턱대고 일을 벌이면 실패는 여지없이 다시 찾아온다.

실패의 경험에서 교훈을 찾으면 우리는 더욱 용감하고 지혜로우며 진정한 자아를 아는 사람으로 다시 태어난다. 과감하게 일어나 새롭게 다시 시작하는 것은 실패 후의 가장 현명한 선택이다.

제7장

—

도전

역경과 난관 끝에 찬란한 빛이 기다린다

☑ 1. 인생길 곳곳에 숱한 도전들이 기다리고 있다

☑ 2. 곤경을 피하지 말라

☑ 3. 극한 상황에 도전할수록 인생은 풍요로워진다

☑ 4. 인재가 되고 싶다면 자신을 채찍질하라

☑ 5. 과감히 질의하고, 권위에 당당히 맞서라

1

인생길 곳곳에
숱한 도전들이 기다리고 있다

    화목한 가정, 부유한 삶… 행복한 인생의 모습은 대체로 비슷하지만 불행한 인생은 저마다의 '사연'이 있다. 영국에 사는 맹인 소녀 알렉시아 슬로안 Alexia Sloane을 아는가? 탄생과 함께 불행은 시작됐지만, 그녀는 끝까지 포기하지 않는 불굴의 용기로 운명을 거슬렀다.

❖

    영국 케임브리지에서 태어난 알렉시아 슬로안은 부모에게 금지옥엽과 같은 소중한 딸이었다. 하지만 불행하게도 이 소녀는 2세가 되던 해 뇌종양에 걸리면서 생명까지 위태로워졌다. 그 후 18개월 간의 치료를 통해 생명의 위협에서는 벗어났지만 시신경이 크게 손상되면서 양쪽 시력을 모두 잃게 되었다. 하지만 어린 소녀는 부모의 따뜻한 보살핌 속에서 활발하고 자신감 넘치는 아이로 자랐다.

    알렉시아는 어릴 적부터 공부를 좋아했다. 4세 때 점자를 배울 때는 선생님이 설명해 주는 육성을 녹음해서 점자 필기를 연습하고 손으로 하나하나 짚어 가며 수없이 복습했다. 점자 선생님은 그런 알렉시아의 성실함에 늘 칭찬을 아끼지 않으며 용기를 북돋아 주었다.

성장하면서 또래 친구들과 어울릴 수 있는 기회를 주기 위해 부모님은 알렉시아를 현지에서 가장 좋은 학교로 보냈다. 하지만 학교에서 주변 친구들의 따가운 시선을 한몸에 받으면서 그녀의 자존감은 날로 바닥을 쳤다. 어느 날, 짓궂은 친구들이 비아냥거리며 말했다.

"아무리 네가 똑똑하다고 해도 넌 이 아름다운 세상을 볼 수 없는 장님일 뿐이야!"

학교가 끝난 후 알렉시아는 엄마 아빠를 만나자마자 꾹꾹 눌러 왔던 울음을 터뜨렸다. 부모님은 그녀를 진정시키며 말했다.

"알렉시아, 네가 남들과 다른 것을 안다. 한때 우리도 그것 때문에 많이 속상했었지. 하지만 아가야, 너는 생명의 위협도 이겨낸 아이란다. 너의 생명은 그 존재만으로 소중하고 큰 의미가 있다는 것을 잊지 마라."

똑똑하고 속이 깊었던 알렉시아는 이렇게 대답했다.

"내가 도전해야 할 것은 다른 사람이 아니라 바로 저라는 것을 알아요. 내 자신을 이기면 다른 사람의 비웃음에도 절대 흔들리지 않을 거예요."

이때부터 알렉시아는 학업에 더욱 열중했다. 불과 2년 만에 그녀는 점자로 된 책 읽기나 작문을 능숙하게 해냈고, 6세가 되었을 때는 엄마에게 다른 외국어를 배워 보고 싶다고 말했다. 엄마는 반신반의하는 마음으로 중국어를 배워 보라고 건의했다. 학업 열정이 남달랐던 알렉시아는 중국어를 공부하며 부딪치는 난관들을 스스로 극복해 나갔고,

건강한 다른 학생들보다 월등히 우수한 중국어 실력을 유지했다. 그녀는 거기에서 멈추지 않고 프랑스어·스페인어·아랍어·독일어·러시아어 등 다양한 외국어도 섭렵하였다.

하늘은 스스로 돕는 자를 돕는다고 했던가. 2011년 4월, 유럽연합 EU은 벨기에의 수도 브뤼셀에서 회의를 열었다. EU 회원국 대표들이 타원형 테이블에 앉아 다양한 안건들을 둘러싸고 열띤 토론을 벌이고 있을 때, 회의장 한구석에 앉아 있는 10세 소녀가 유독 눈에 띄었다. 알렉시아 슬로안, 그 소녀는 전문가용 헤드폰을 쓰고 각 대표의 발언을 들으며 동시통역을 하고 있었다.

알렉시아의 통역 실력에 많은 이들이 감탄을 금치 못했다. 또한 유럽의회 규정상 14세 이하의 어린이는 타원형 회의장에 출입을 금했으니, 알렉시아는 유럽의회의 역사까지 새로 쓴 셈이었다. 회의가 끝난 후, 알렉시아는 쏟아지는 기자들의 인터뷰 요청에 행복한 비명을 질렀다. 그녀는 장래 희망을 묻는 질문에 자신 있게 대답했다.

"앞으로도 저는 자신에게 끝없이 도전해서 훌륭한 통역사가 될 거예요."

❖

그렇다. 인생 곳곳에는 숱한 도전들이 우리를 기다리고 있다. 가장 힘든 순간에 내면의 불안과 외부의 압력을 이겨내고 더 나은 자신을 만들어내는 것, 이것이 바로 성공이다. 살면서 이런 신념을 갖고 실천해 나간다면 우리의 삶은 더욱더 찬란해질 것이다.

우리는 곤경에 부딪힐 때마다 이렇게 생각한다. '누군가가 속시원한 해결 방법을 좀 알려 줬으면….' 다른 사람의 경험에서 비결을 찾아 정답을 찾는 수고를 덜고 시행착오를 줄였으면 하는 마음에서다. 물론 이런 생각도 나쁘지만은 않다. 다른 사람의 경험에 비추어 작은 노력으로 큰 성과를 거둘 수 있기 때문이다. 하지만 이는 한 가지 중요한 사실을 간과하고 있는데, 그것은 '다른 사람에게 약이 되는 것이 나에게는 독이 될 수도 있다'는 것이다. 셰익스피어도 "천 명의 눈동자에는 천 명의 햄릿이 있다"라고 말했다. 같은 일을 두고도 여러 방향에서 다른 시각들이 존재할 수 있으므로 스스로 겪어 봐야 무엇이 자신에게 가장 잘 맞는지 알 수 있다.

인생의 길은 멀고도 아득하다. 한 치 앞도 알 수 없는 막막함 속에서 성공의 기회를 잡으려면 끊임없이 전진하며 탐색해야 한다. 용감하게 시도하고 끝까지 노력하는 것이 성공의 열쇠다. 셰익스피어는 또한 이렇게 말했다. "가망이 없던 일도 과감히 시도하면 성공의 길이 열린다." 그렇다. 기존의 틀을 벗어나 부단히 탐색하고 시도하면 희망이 없던 일도 가능해진다.

어떤 사람이 흥미로운 실험을 했다. 과학자와 농부가 동시에 숲에서 길을 잃었을 때 그들의 행동 양상을 관찰하는 실험이었다. 먼저 과학자는 원래 있던 곳에서 머물며, 자신이 배운 이론적 지식을 총동원하여 숲의 지형을 분석한 후 자신의 위치를 파악하고 출구를 찾기 시작했다. 그러나 이곳의 지형은 무척 복잡하고 인적도 드물어서 한참을 찾아 헤맸지만 결국, 출구를 찾지 못해 끝내 산속에 고립되고 말았다. 반면 농부는 길을 잃었다는 것을 감지하자마자 출구를 찾아 나섰다. 그 역시 쉽게 출구를 찾지 못했고 몇 번이고 잘못된 길에 들어섰지만, 수많은 길을 시도하고 탐색하는 과정에서 이곳의 지형을 파악했고 먹을 것과 물이 있는 곳까지 발견하였다. 그는 에너지를 충전하고 다시 길을 찾아 나선 끝에 출구를 찾을 수 있었다.

실제로 우리의 현실에서도 이 같은 상황이 비일비재하다. 직접 나서서 탐색하지 않고 머릿속으로만 숲의 지형을 연구한다면, 아무리 지능이 높은 사람이라도 출구를 찾지 못할 것이다. 반면 농부의 지능과 지식은 과학자보다 낮았지만, 그는 수없는 시도와 실수를 거쳐 결국 출구를 찾는 데 성공했다.

길은 사람이 걸으면서 만들어진다. 더 많은 길을 개척하기 위해서는 다른 사람이 가 보지 않은 방향으로 과감히 발을 내디뎌야 한다. 성공을 원한다면 용감하게 시도하는 것이 성공의 필수적인 자질임을 잊지 말자. 고정관념에 사로잡혀 판에 박힌 시각으로 일관하는 것은 금물이다.

과감한 시도는 우리의 삶을 다채롭게 만든다. 일의 특성에 맞게 다양한 시도를 한다면 우리는 보다 풍부한 인생을 경험할 수 있다. 우리의 '인생수人生水'는 단맛과 쓴맛이 어우러져 더욱 깊은 풍미를 갖게 된다. 반면 과감히 시도할 용기조차 없다면 그저 무색무취의 수돗물과 같은 인생을 살게 될 것이다. 시도를 통한 경험 없이 인생이 어찌 다채로운 빛을 발할 수 있겠는가.

물론 시도를 해도 이상적인 결과를 얻지 못하기도 한다. 하지만 과감한 시도 자체가 우리의 용기 · 의지력 · 정신력을 단련시킨다. 무엇인가를 시도하고자 하는 당신에게 누군가 옆에서 "넌 그럴 깜냥이 안 돼!"라며 힐난할지라도 과감히 무시하고 시도하자. 머지않아 당신은 그들보다 훨씬 우위에 있을 테니 말이다.

과감한 시도는 성공 확률을 높인다. 가끔은 시도가 성공으로 이어지지 않을 때도 있지만, 시도조차 하지 않는다면 성공할 기회는 제로다. 지금 처한 상황이 힘들다고 기구한 운명 탓만을 하고 있지는 않은가? 기회는 지금 당신의 주변에 있다. 고생하는 것이 두려워 지레 포기했다가는 한번 떠난 기회를 잡기란 힘들다.

우리의 인생 곳곳에는 수많은 도전거리들이 놓여 있다. 자신의 삶에 다채로운 빛깔을 더하고 싶다면, 과감히 시도하며 최고의 목표를 향해 도전하고 또 도전하라.

2

곤경을
피하지 말라

곤경은 성공 전에 겪는 성장통이다. 큰일을 이루고 싶다면 숱한 곤경을 감당할 단단한 각오를 해야 한다. 고달픈 삶의 애환을 겪어 본 사람만이 고난의 진정한 의미를 알게 된다. 바람 한 점 불지 않는 따뜻한 온실 속에서 살았던 사람들이 우월한 조건을 버리고 고생길을 선택하기가 쉽지 않을 것이다. 그런 그들이 현 상태를 깨뜨릴 패기를 갖는다는 것은 엄청난 모험일 수도 있다.

수십 년 동안 그 어떤 고생도, 풍파도 없는 순탄한 인생을 살았다면 이는 축복받은 사람임에 틀림없다. 하지만 큰 성공을 꿈꾸고 있다면 그 '꿀단지'를 깨고 나와야 한다. 마냥 행복하고 순조롭기만 한 환경에서는 비범한 성공을 이룰 수 없기 때문이다. '온실' 속에 살았던 사람들은 자신의 우월한 조건을 포기하고 고생길에 들어서는 것을 원치 않기에 현 상태를 타파할 용기가 부족하다.

성공은 우리 모두가 가져야 할 목표이며 이것은 크고 작은 고통을 수반한다. 비구름이 있기에 비 온 후 내리쬐는 태양빛이 더욱 소중하게 느껴지듯, 삶의 좌절과 고통을 겪어야 성공의 참맛을 오롯이 느낄 수 있다.

성공을 향한 길에서 곤경에 부딪혔을 때 어떤 이들은 과감히 대응하며 전진하는 반면 어떤 이들은 후퇴를 결정한다. 회피, 이것은 성공을 더욱 요원하게 만든다. 피하지 않고 용감하게 마주하며 곤경을 극복할 방도를 찾는다면 점차 성공과 가까워질 것이다.

동서고금을 막론하고 업적을 쌓은 위인들은 모두 숱한 고난의 시기를 겪었다. 미국 영화배우 실베스터 스탤론Sylvester Stallone은 스타가 되기 전에는 오디션을 봐도, 시나리오를 내도 번번이 거절당했다. 영국 작가 존 클리즈John Marwood Cleese는 유명해지기 전에 743통의 퇴고문을 받았고, 에디슨은 전등을 발명하기까지 1만여 차례의 실험을 했다. 곤경을 회피하지 않고 수만 번의 시도도 불사 않겠다는 불굴의 의지가 있다면 성공은 이미 당신의 것이다.

맹자는 말했다. "하늘이 장차 그 사람에게 큰 사명을 맡기려 할 때는天將降大任於斯人也 반드시 먼저 그의 마음을 괴롭게 하고必先苦其心志 뼈마디가 꺾어지는 고난을 당하게 하며勞其筋骨 몸을 굶주리게 하고餓其體膚 생활을 빈곤에 빠뜨린다空乏其身…." 성공을 향한 길에서 곤경은 없어서는 안 될 자기 훈련의 기회이므로 피할 수 없다면 피하지 말자. 곤경에 부딪혔을 때 지레 겁먹고 웅크리지 말고 당당히 고개를 들고 맞서서 자신의 신념과 투지를 보여주어야 한다.

'곤경, 알고 보니 별거 아니네. 너는 나를 절대 무너뜨릴 수 없어. 내가 너를 이기겠어!'

회피란 약자들이 하는 변명에 불과하며 약한 사람을 더욱 움츠리게 만든다. 곤경이 닥쳤을 때 아무리 피하려고 발버둥쳐도 쉽게 떠나지 않는다. 곤경은 오히려 잔뜩 겁을 먹은 당신을 보고 신이 나서 더욱 활개를 칠 것이다. 그러므로 곤경에 부딪혔을 때는 이성적인 시각으로 현실을 직시하고 해결책을 찾아 신속하게 대처해야 한다. 다른 사람이 먼저 곤경을 이겨내고 성공의 주도권을 낚아채 가기 전에 말이다.

마구간에서 살며 신문팔이로 생계를 이어가던 사람이 있었다. 하루하루가 고달픔의 연속이었지만, 과학에 대한 열정이 깊었던 그는 밤낮을 가리지 않고 열심히 연구하고 실험했다. 마침내 그는 과학계의 기적, 인간 승리의 기적을 만들어냈다. 그가 바로 영국의 물리학자 마이클 패러데이다. 고난이라는 학교가 배출해 낸 인재 패러데이는 위대한 업적을 만들고 많은 이들의 귀감이 되었다. 고난은 훌륭한 학교와 같다. 고난이 주는 교육과 훈련을 거쳐야만 불행·고통·슬픔에 무너지지 않고 담담하게 대응하고 처리하는 힘을 기를 수 있다.

한낱 평범한 인간에 지나지 않는 우리가 고난과 불행을 어떻게 예측하고 막을 수 있겠는가. 곤경이 닥쳤을 때 우리가 할 수 있는 최선책은 의연하게 받아들이는 것이다. 곤경, 이것은 성공의 촉진제이자 승자를 만드는 최고의 훈련이다.

3

극한 상황에 도전할수록
인생은 풍요로워진다

심리학 용어 중에서 안락지대comfort zone라는 개념이 있다. 사람이 내면적으로 편안하게 느끼는 영역을 뜻하는데, 안락지대 안에 머물 때 당신은 기분이 느긋해지고 긴장감 없이 일하거나 생활할 수 있으며, 예기치 않은 위험 요인도 존재하지 않는다. 그래서 갑자기 곤경이 닥쳤을 때 안락지대에 있던 사람들은 어찌할 바를 몰라 당황하게 된다. 하지만 이 세상은 약자를 동정하지 않는다. 곤경에 처했다면 즉각 자신의 사고 방식 먼저 바꾸는 것이 중요하다. 긍정적으로 위기에 대응하며 자신의 한계에 끊임없이 도전하고 잠재력을 발휘해 곤경을 벗어나야 한다.

❖

중국 타이완臺灣에 한 화가가 있었다. 그는 10년 만에 삶의 진정한 의미를 깨달았다. 10년 전, 타이베이臺北에 있는 어느 회사의 광고 디자인 부서에서 일했던 그는 업계에서 인정받는 디자이너였다. 그가 디자인한 작품은 늘 고가에 팔렸기에 언제나 주문서가 산더미처럼 쌓여 있었다. 하지만 그는 단조롭게 반복되는 생활에 염증을 느끼고 어느 날 외지로 드라이브를 떠났다. 답답한 마음에 액셀을 밟아 대던 찰나,

커브를 돌던 차가 낭떠러지 끝에 걸리게 되었다. 죽음을 눈앞에 둔 절체절명의 순간에 그는 갑자기 큰 깨달음을 얻었다.

'이 무료한 인생에서 벗어나지 않는다면, 나는 영원히 나의 한계를 뛰어넘지 못하고 삶의 진정한 의미도 찾을 수 없을 거야.'

가까스로 구조된 그는 그날 이후 타이완의 먀오리苗栗산에 은둔하며 작품을 그리는 데 몰두했다. 몇 년 간의 수련 끝에 그의 작품은 거의 사진과 흡사한 경지에 올랐다. 그는 작은 나뭇잎 한 장도 생동감 있게 그리기 위해 수없이 덧칠하며 작품에 생기를 불어넣었다. 거의 완벽에 가까운 그의 그림에 세상 사람들은 깊이 감탄했다.

사람의 성장 과정은 '생각그릇'이 커지는 과정과 같다. 생각그릇이 커지는 과정이란 자신만의 안락지대에서 벗어난 후 조정을 겪는 과정이다. 안락지대에서 안주하며 자신의 한계에 도전하지 않으면 외부 세계의 아름다움을 절대 경험하지 못할 것이다.

중국에 이 같은 고어가 있다. '걱정과 어려움이 나를 살게 하고生於憂患, 안락함이 나를 죽음으로 이끈다死於安樂.' 이는 힘들고 어려운 상황은 경각심을 일깨워 다시 분발하게 하지만, 안정적이고 편안한 삶은 안일함에 빠져 아무런 발전도 이룰 수 없다는 다소 역설적인 말이다. '냄비 속 개구리' 이야기 역시 같은 맥락이다. 냄비에 넣고 열을 가하면 개구리는 서서히 뜨거워지는 물속에서 따스함과 평온함을 느끼며 벗어날 생각을 하지 않는다. 결국 끓는 물에 죽어 가면서 왜 자신이 죽는지조차 모르면서 죽는다. 반대로 펄펄 끓는 물속에 넣으면 갑작스러운 뜨거움에 놀란 개구리는 바로 냄비 밖으로 튀어나와 위기를 면한다.

갑자기 들이닥친 위기 앞에서 냄비 속 개구리는 자신의 잠재력을 발휘하여 빠르게 반응했다. 반면 온수 속에 있던 개구리는 서서히 찾아오는 위기를 감지하지 못하고 자신의 능력을 발휘하지 못한 채 천천히 죽어 갔다. 이 세상에는 잘못을 되돌리는 '후회약後悔藥'이란 없기에 언제나 깨어 있어야 한다. 안일함은 죽기 직전의 혼미함과 같으며 고난은 승자가 되기 전에 받는 시험과 같다. 걷는 것이 점차 버거워짐을 느낀다면 당신은 지금 오르막길을 걷고 있는 것이다. 끊임없이 자신에게 도전해야만 더 높은 곳에 오를 수 있다.

우리는 모두 엄청난 잠재력의 소유자다. 잠재력을 과감히 끌어내 자신의 한계에 재차 도전한다면 기회를 잡아 성공에 이를 수 있다. 성과는 사람이 만들어내는 것이다. 어떤 일이 전혀 불가능하게 느껴지는 것은 그 일에 대한 이해나 경험이 부족하여 자신도 모르게 저자세를 취하기 때문이다. 주동적으로 사태를 파악하고 결단을 내린다면 불가능도 가능케 된다.

태어날 때부터 시력을 잃어 앞을 볼 수 없던 어느 청년이 생계를 위해 아버지의 원예 사업을 물려받기로 했다. 아버지는 꽃의 생김새도 색깔도 보지 못하는 그에게 꽃이란 참으로 아름다운 존재라고 말해 주었다. 청년은 손끝으로 꽃잎을 어루만지고 코를 대어 꽃향기를 맡아 보았다. 그러자 갑자기 그의 마음 깊은 곳에서 영롱한 꽃망울이 피어나며 수많은 향기와 빛깔을 가진 꽃들이 눈앞에 한가득 흐드러졌다.

그렇게 꽃과 사랑에 빠지게 된 청년은 날마다 정성스레 물을 주고 꽃을 가꾸었다. 비가 오면 우산을 씌워주고 햇볕이 강한 날에는 가리개를 쳐주었다. 주변 사람들은 집착으로 보일 정도로 꽃을 지극히 보살피는 청년을 의아한 눈으로 바라보았지만 그가 키우는 꽃의 아름다움을 부인할 수는 없었다. 모란ㆍ장미ㆍ히아신스 등 그의 화원을 가득 채운 오색찬란한 꽃들은 마을의 그 어느 꽃보다 싱그러웠으며 그윽한 꽃향기 또한 천리를 멀다 하지 않고 퍼져만 갔다.

앞을 볼 수 없는 맹인이라 해도 자신의 잠재력을 끌어낸다면 꽃을 아름답게 키울 수 있다. 마찬가지로 자신의 일을 진심으로 사랑하고 끊임없이 자신에게 도전하며 열정을 쏟으면 누구나 위대한 성과를 이룰 수 있다.

백화점 업계의 위대한 세일즈맨 아모스 패리시Amos Parish는 그야말로 축복받은 사람이다. 여기는 뉴욕 메트로폴리탄호텔의 강당, 전국 각지에서 온 백화점 CEO들이 관중석을 가득 메운 가운데 아모스 패리시가 백화점 업계의 현황과 발전 추세에 관한 프레젠테이션을 하고 있다. 타고난 말더듬증을 갖고 있던 그에게 이것은 그저 수많은 목표 중 하나일 뿐이었다. 나이가 들어도 그의 두뇌는 매우 민첩했고 참신한 아이디어를 끊임없이 생각해 냈다. 패리시가 거둔 성과에 지인들이 축하 인사를 건넬 때면 그는 잔뜩 격앙된 목소리로 동문서답하듯 대답하곤 했다. "내가 지금 기발한 아이디어를 하나 생각해 냈는데, 한번 들어보겠소?"

94세의 패리시가 곧 임종을 앞두고 있을 때, 한 친구가 소식을 듣고 그에게 전화를 했다. 뜻밖에도 패리시의 열정은 변함없이 뜨거웠다.

"새로운 아이디어가 또 생각났다네. 자네가 들으면 깜짝 놀랄 게야."

그는 죽음에 관한 이야기는 한 마디도 꺼내지 않고 새로운 아이디어와 인생의 즐거움에 관한 이야기로 마지막 대화를 나누었다. 그리고 이틀 후, 패리시는 병세가 악화되어 세상을 떠났다.

아모스 패리시는 성공한 기업가임에 틀림없지만 그는 자신이 모든 것을 이루었다고 생각하지 않았다. 그의 일생은 다음 단계의 목표 설정과 실행의 연속이었다. 미국 야구계에도 패리시와 같은 인물이 있다. 그의 이름은 브랜치 리키Branch Rickey, 그는 언제 어디서나 자신을 향한 도전을 준비하며 사람들에게 깊은 인상을 남겼다.

리키는 세인트루이스 카디널스, 브루클린 다저스, 피츠버그 파이어리츠의 단장을 역임했다. 그의 저서 『아메리칸 다이아몬드』는 야구계의 경전으로 알려지고 있다. 리치의 데뷔 50주년 기념행사에서 한 기자가 물었다.

"미국 야구계에서 반세기 동안 종사하셨는데, 본인의 가장 큰 업적은 무엇이라 생각하십니까?"

리치는 이맛살을 찌푸리며 대답했다.

"그야 저도 모르죠. 전 아직 은퇴하지 않았으니까요."

리키는 수많은 업적을 쌓았지만, 자신이 모든 목표를 달성했다고 생각하지 않고 계속해서 새로운 목표를 향해 도전장을 내밀었다. 과감히 자신에게 도전하는 사람은 나약함을 극복하고 모든 것을 감당할 능력을 갖게 된다. 자신과의 싸움을 통해 새롭게 도전하고자 하는 투지와 용기가 생겨나 더 나은 성과를 만들어내는 것이다.

자신의 한계에 끊임없이 도전하는 것은 또 다른 자아를 발견하는 과정이다. 내면의 잠재력을 끌어내 보다 완벽한 기질을 갖춘 나를 만들어 간다면, 자신의 한계를 몇 번이고 뛰어넘을 수 있다. 우리는 모두 저마다의 재능을 갖고 태어났다. 그 재능을 끊임없이 발굴해야 비로소 빛을 발할 수 있다. 자신의 한계에 도전하고 싶다면 자신을 올바르게 이해하고 스스로의 가치를 과소평가하지 않아야 한다.

인생 최대의 도전은 자신과의 싸움이며, 자신감과 확고한 의지는 이를 위해 갖춰야 할 기본적인 자질이다. 무슨 일을 하든지 자신의 잠재력을 충분히 끌어낸다면 곧 성공을 거머쥐게 될 것이다. 나 자신을 믿고, 노력하는 만큼 돌아올 것이라 믿자.

4
인재가 되고 싶다면
자신을 채찍질하라

미국의 저명한 학자인 오토Otto 박사는 "사람의 뇌는 마치 잠자는 거인과 같다. 우리는 평균적으로 1퍼센트 미만의 두뇌만을 사용한다"라고 말했다. 인간의 잠재력은 실로 무한하다. 실제로 극적인 순간에서 초월적인 잠재력이 발휘되는 사례들이 이를 입증하고 있다. 예를 들어, 100미터 거리에 있던 어머니가 높은 건물에서 떨어지는 자신의 아이를 보고 달려가 받아낸 일도 있었는데, 그 당시 그녀의 달리기 속도는 세계 단거리 챔피언을 제쳤다고 한다.

인간의 잠재력이 발굴될 때마다 세상에 지대한 변화를 일으킨다. 특히 수많은 발명가들은 탈출구도 없는 절박한 상황에서 발명의 기적을 만들어내곤 했다. 잠수함의 탄생도 마찬가지다.

1775년 미국의 독립전쟁이 발발했다. 워싱턴 총사령관의 지휘 아래 미국 국민들은 저마다 무기를 들고 목숨을 건 전투를 벌이며 영국군을 대륙에서 바다로 쫓아냈다. 이에 영국이 재빨리 패잔병을 수습하고 전함을 집결시켜 미 해군에 무차별 폭격을 가했다. 수많은 미군 사상자가 발생했고, 영국군은 더욱 기세등등하여 무력을 과시했다. 이에 크게 분노한 미군들은 몰래 다가가 영국군의 군함을 폭침시키자고 제안했다.

병사 데이비드 부시넬David Bushnell 역시 분노가 치솟았지만 그저 묵묵히 적함을 무너뜨릴 방법만을 고심했다.

'어떻게 하면 적의 군함을 격침시킬 수 있을까? 공중에서? 안 돼, 접근할 수가 없어. 물 위에서? 안 돼, 노출되기 쉬워.'

초조함에 가슴을 치던 그의 머릿속에 바닷가에서 보았던 물고기들의 '해전海戰' 장면이 스쳐 지나갔다. 큰 물고기가 작은 물고기의 아래쪽으로 유유히 헤엄쳐 오더니, 순식간에 위로 튀어오르며 작은 물고기한 마리를 낚아채는 장면이었다. 이에 영감을 받은 부시넬은 무릎을 탁 쳤다.

'거대한 물고기와 같은 배를 만들어서, 물밑으로 몰래 들어가 영국전함 밑에 기뢰를 놓고 터뜨린다면 얼마나 통쾌할까! 물고기가 물속에서 자유롭게 뜨고 가라앉는 것은 부레가 있기 때문이니, 배 안에 부레를 만들면 되지 않을까?'

결국 부시넬은 군사 전문가들과 함께 물밑에서 잠행할 수 있는 기동선을 만들었다. 그가 구상했던 대로 배의 하부에 물고기의 부레를 본뜬 물탱크를 설치했다. 물탱크 속의 두 개의 펌프는 배가 수면 밑으로 하강할 때는 물을 채우고, 승강할 때는 공기를 물탱크에 주입하여 물을 배출시키는 역할을 했다. 또한 배 외부에는 물고기의 지느러미에 착안한 프로펠러 두 개를 설치하여 배의 승하강의 효율을 높였다.

결국 기동선은 첫 번째 출격을 나가자마자 영국군의 전함을 통쾌하게 격침했다. 그 후 끊임없는 개선을 거쳐 이 기동선은 오늘날의 잠수함으로 발전하였다.

중국에 다음과 같은 인터넷 유행어가 있다. "자신을 몰아붙이지 않으면不逼自己一下, 영원히 자신의 잠재력의 깊이를 가늠할 수 없다永遠不知道自己的潛力有多大." 스스로 안락지대에서 벗어나도록 몰아붙여야 자신의 잠재력을 끌어낼 수 있다. 자신을 몰아붙인다는 것은, 나를 이기고 과거의 나보다 더 나은 나를 만드는 것이며, 경쟁의 개념을 초월하여 다른 사람보다 더 우월한 나로 다듬는 것이다. 우리는 모두 엄청난 잠재력을 갖고 있다. 자신을 채찍질하지 않고 그 잠재력의 깊이를 어찌 알겠는가?

40세도 채 되지 않은 장제張姐는 한 회사의 임원으로 경제적으로도 여유 있는 삶을 누리고 있다. 어느 날, 그녀가 한 친구에게 말했다.
"언제 어디서든 다른 사람이 너를 기억하고 영원히 잊지 않게 만들어야 해."
그 당시 존재감을 높일 방법을 찾고 있던 친구는 장제의 조언을 마음 깊이 새겨들었다.

사실 장제도 한때는 자기표현에 서툰 사람이었다. 몇 년 전까지만해도 그녀는 사람 만나는 것을 꺼려하고, 자신에게 이목이 집중되는것을 상상만 해도 온몸이 경직되는, 극도로 내성적인 성향이었다. 이런 성격 때문에 자신의 의견을 거의 표현하지 않아 존재감 없는 아웃사이더로 지내 왔다.

어느 날, 장제는 샤오커小柯라는 동료와 업무상의 관계로 만나게 되었다. 장제는 샤오커에게 조심스럽게 말했다.

"사실 우리는 일 년 전에 같은 워크숍에서 만났었어."

샤오커는 순간 당황하며 열심히 기억을 떠올렸지만, 그녀의 머릿속에 장제란 사람은 없었다.

"미안해. 기억이 나질 않아."

장제는 서운한 마음이 들었지만, 한편으로 자신을 돌아보는 계기가되었다.

'몇 년 동안 일하면서도 나는 제자리걸음만 했구나. 사람들 앞에서내 생각조차 제대로 말하지 못하고 질문 하나 못하는데 다른 사람이나를 어떻게 기억하겠어. 아무도 나에게 관심 갖지 않으니, 나는 그저스쳐 지나가는 사람이나 투명 인간에 지나지 않는구나.'

장제가 다니는 회사는 글로벌기업의 특성상 화상회의를 자주 열었다. 그동안 회의를 할 때마다 그녀는 늘 입을 꾹 다물고 있었다. 본사대표가 회의를 마치면서 "질문 있으면 하세요"라고 말할 때마다 그녀는 풀이 죽은 목소리로 "없습니다"라고 말했다. 그녀가 물어보려고 했던 것도 앞에서 다른 동료들이 먼저 질문을 해 버렸기 때문이다.

영원히 이렇게 침묵하며 살 수는 없다는 생각에 장제는 새로운 변화를 다짐했다. 그녀가 자신에게 내린 첫 번째 미션은 '화상회의를 할 때 가장 먼저 질문을 하는 것'이었다. 처음에는 얼굴이 귀밑까지 빨개지면서 다른 사람이 자신의 질문을 수준 낮다고 비웃지는 않을까 걱정도 했다. 하지만 질문의 횟수가 늘어나면서 그녀의 언변은 점차 유창해졌고 사람들 앞에서 자신의 생각을 말하는 것을 즐기기 시작했다.

사람들 앞에 나서는 연습을 하면서 동료들의 눈에 존재감 없는 투명인간이었던 장제는 점차 생각과 주관이 뚜렷한 회사의 핵심 인물로 자리잡기 시작했다.

우리는 자신을 채찍질하여 잠재력을 이끌어내고 스스로를 성장시켜야 한다. 아무리 어려워 보이는 일도 해보지 않으면 자신이 그것을 해낼 수 있는지 없는지 절대 알 수 없다.

고대 그리스의 유명한 연설가인 데모스테네스는 젊은 시절 자신의 연설 실력을 높이기 위해 지하실에 은둔하며 연습을 하기로 결심했다. 그러나 혈기왕성했던 그는 지독한 외로움을 이기지 못하고 틈만 나면 친구들을 만나러 다녔기 때문에 그의 연설 실력은 늘 지지부진했다. 어느 날, 데모스테네스는 마음을 다잡고자 가위로 긴 머리카락을 싹둑 잘라내 들쭉날쭉 괴상한 헤어스타일을 만들었다. 우스꽝스러운 머리를 보니 밖으로 나가고 싶다는 생각조차 싹 사라졌다. 그렇게 그는 몇 달 동안 칩거하면서 웅변 연습에만 전념했다. 그 후 데모스테네스의 연설 실력은 일취월장하여 그는 세계적으로 유명한 대연설가가 되었다.

자신을 채찍질하는 과정은 스스로의 잠재력을 끊임없이 끌어내는 과정이다. 한 사람의 능력을 빙산에 비유하면 눈에 보이는 능력은 수면 위에 드러나는 극히 일부분에 불과하다. 훨씬 더 많은 능력이 수면 밑에 가려져 있는 것이다. 자신을 채찍질하면 나머지 능력을 끌어내서 더 많은 성과를 창출할 수 있다. 이루고 싶은 목표가 있는가? 그렇다면 자신을 좀 더 몰아붙이자. 자발적인 채찍질이 없다면 자신이 어떤 잠재력을 갖고 있는지 알 수 없다.

5

과감히 질의하고,
권위에 당당히 맞서라

    권위가 언제나 옳은 것은 아니다. 우리는 언제나 자신의 주관을 지키며 다른 사람의 관점을 의심하고 자신이 중요하다고 여기는 관점을 과감히 제시해야 한다. 그것은 마치 한 아이가 진정한 어른이 되려면 부모의 사고에서 독립해야 하는 것과 같다. 독립하지 않으면 부모의 품 안에서 '영원한 아이'의 인생을 살게 될 것이다. 대다수의 유명한 과학자들은 선인이 제시한 방향을 뒤엎고 자신만의 이론을 내세웠다. 반면 창조력이 부족한 사람들은 기존의 틀을 벗어나지 못하고 다람쥐 쳇바퀴 돌듯 단조롭게 반복되는 삶을 산다.

    과감히 권위에 도전하는 것은 사상이며 행위이자, 생활 태도 그리고 능력이다. 사람들마다 서로 다른 생각과 관점을 갖고 있는데, 이 가운데 옳고 그름의 구분이란 없다. 중요한 것은 자신의 이념을 부단히 다듬고 다양한 관점을 교직하는 과정에서 나의 성장이 이루어진다는 것이다. 권위는 상징이자 목표다. 자신을 끊임없이 발전시키려면 권위에 과감히 도전해야 한다. 맹목적으로 권위를 따르면 어느새 자아를 잃는다. 다른 사람들이 하는 말은 믿고 오히려 자신을 믿지 않거나 권위만 믿고 자신을 의심한다면, 점차 도전정신은 줄어들고 복종성만 커지게 된다. 이 얼마나 무료한 삶이란 말인가.

    이 세상에는 영원한 진리도, 절대 불변의 현상도 없다. 모든 것은 자신의 연구를 바탕으로 결론을 내야 한다. 아무리 공인된 이론이라 해도 맹신은 금물이다. 과감히 권위를 의심해야 자발적으로 탐구하고 깨닫고, 잘못된 이론을 뒤엎어 스스로 권위자가 될 수 있다. 맹목적으로 타인의 권위와 경험만을 믿고 따른다면 그저 현실에 눈이 먼 사람으로 남게 될 것이다.

우리는 권위에 겁먹거나 유행에 현혹되지 않는 자신만의 길을 묵묵히 걸어 나가야 한다. 더 나은 인재가 되고 싶다면 자신의 안목과 판단, 불굴의 용기를 바탕으로 책에 대한 맹신이나 권위에 대한 맹목적인 숭배를 지양해야 한다. 명심하라. 낡은 관습에 얽매인 사고 방식은 수많은 '알짜배기' 기회를 놓치게 한다. 좋은 기회를 발견하면 반드시 위험을 무릅쓰고 시도해야 한다.

세계적인 음악 지휘자 오자와 세이지小澤征爾가 유럽에서 열리는 지휘자 대회에 참가했다. 결승전에서 마지막 순서로 배정된 오자와는 심사위원회로부터 악보 한 장을 건네받고 약간의 준비를 한 후 바로 지휘봉을 들었다. 그는 시작하자마자 세계 일류 지휘자의 위엄을 드러냈다. 지휘봉과 혼연일체가 된 오자와는 세계 최고의 오케스트라를 진두지휘하며 세계적 수준의 명곡을 연주했다. 하지만 얼마 지나지 않아 오자와는 곡에 불협화음이 있음을 감지했다. 처음에는 연주가의 잘못인 줄 알고 밴드를 잠시 멈추었다가 연주를 다시 시작했지만, 여전히 뭔가가 이상했다. 자리에 있던 작곡가와 심사위원회 위원들이 악보는 문제없다고 정중하게 말하자 오자와는 순간 난치해졌다.

장엄한 콘서트홀 안에서 수백 명의 세계적인 음악 거장들과 권위 있는 심사위원들을 마주하고 있자니 그의 확신이 흔들리기 시작했다. 하지만 오자와는 고심 끝에 자신의 판단을 믿기로 하고 큰소리로 외쳤다.

"아닙니다! 악보가 잘못된 것이 틀림없습니다!"

오자와의 외침이 울리자마자 심사위원들은 바로 자리에서 일어나 뜨거운 박수를 보내며 그의 우승을 축하했다. 알고 보니 그것은 심사위원들이 정성 들여 놓은 '덫'이었던 것이다. 이전의 참가자들도 문제점을 발견했지만 이의를 제기한 사람은 아무도 없었다.

수많은 심사위원들과 일류 오케스트라, 세계적 수준의 악보를 앞에 두고 오자와는 자신의 판단을 믿었다. 악보 속 불협화음을 발견했을 때 그는 권위에 이의를 제기하며 '악보가 틀렸다'는 도발적인 표현을 썼다. 그렇게 당당하게 말하기까지 얼마나 많은 용기가 필요했을지 상상해 보라. 권위를 의심하는 담대한 용기 덕분에 그는 심사위원들의 환호를 받았다. 오자와의 일화는 과감히 의심하고 독립적으로 생각하는 것이 진정한 지혜임을 알려 주고 있다.

투자의 귀재 워런 버핏은 전문가를 믿지 않고 늘 자신의 관점을 고수하기로 유명하다. 어느 날, 그는 투자자들에게 다음과 같은 이야기를 들려주었다.

"실험자가 피실험자들에게 10장의 그림을 보여주며 자신이 가장 아름답다고 생각하는 그림을 뽑으라고 했습니다. 그리고 누가 뽑은 그림이 다른 사람들의 인정을 받을지 알아 보자고 덧붙였지요. 실험 소개를 들은 피실험자들은 모두 스스로의 심미관을 포기하고 자신이 원하는 그림이 아닌 다른 사람들이 좋아할 만한 그림을 선택했습니다."

이야기를 끝낸 버핏은 투자자들에게 이렇게 말했다.

"시장의 향방을 예측할 수 있다는 것은 터무니없는 말입니다. 주식 전문가들도 투자 여부를 판단할 때 타인의 영향을 받습니다. 시장의 모든 관점을 종합해 결론을 내리지요. 그러므로 그들이 내놓은 관점은 투자 지침이 아니라 그저 참고용일 뿐입니다."

버핏은 자칭 시장 예측 전문가에게 "내가 정말 시장을 예측할 수 있다면 단돈 1달러만으로 주식시장을 뒤집을 수 있다"라고 농담하기도 했다.

권위 앞에서 주동적인 사고를 하지 않으면 결국 자신만 피해를 입게 된다. 버핏이 거듭 강조했듯이, 권위자의 의견에 따라 자신의 관점이 좌지우지되어서는 안 된다. 성공에 한발 더 가까이 가고 싶다면 쉽게 흔들리지 말고 자신의 판단을 고수해야 한다. 물론 이는 전문가의 말을 무조건 믿지 말고 오만하게 행동하라는 것이 아니다. 권위를 존중하면서도 깨어 있는 머리와 의심을 품는 마음을 유지하여 의사결정의 주도권을 잡기를 바란다.

—

제8장

의지

세상은 나를 계속 거절할 만큼 비양심적이지 않다

☑ 1. 의지-전심전력으로 나아가는 것

☑ 2. 의지가 강한 자는 유혹에 흔들리지 않는다

☑ 3. 의지가 강한 자는 일희일비하지 않는다

☑ 4. 낚시에는 인내심이 필요하고, 꿈을 좇을 때는 끈기가 필요하다

☑ 5. 목표 설정은 성공의 첫걸음이다

1

의지 –
전심전력으로 나아가는 것

　무엇인가를 시작했다면 잡념에 사로잡혀서는 안 된다. 두 가지 방향을 동시에 볼 수 없고 두 개의 소리를 한꺼번에 들을 수 없는 것처럼, 두 가지 일을 동시에 할 수는 없다.

　오직 한마음을 갖고 한길로 나아가는 '전심치지專心致之'의 중요성을 다룬 이야기가 하나 있다. 춘추春秋시대에 전설적인 바둑 고수로 혁추奕秋라는 사람이 있었다. 혁추가 두 제자에게 바둑을 가르치는데, 두 제자 중 하나는 온 마음으로 바둑을 배웠다. 그는 스승의 말씀을 하나라도 놓치지 않으려고 정신을 집중하여 노력한 결과, 마침내 바둑의 고수가 되었다. 반면에 다른 한 명은 스승의 가르침을 건성으로 대했다. 겉으론 듣는 체했지만 속으로는 딴 생각만 가득했다. 그는 새사냥을 좋아해서 바둑 공부를 하다가도 큰 기러기가 날아가는 걸 보면 '저놈을 잡으려면 화살을 어떻게 쏴야 하지?' 하고 한눈을 팔기 일쑤였다. 그러니 바둑 실력이 항상 제자리걸음이었던 것은 말할 필요도 없었다.

　바둑은 물론 다른 일도 마찬가지다. 사람들은 모두 성공을 좇으며 많은 시간과 에너지를 쏟지만 누군가는 성공할 때 누군가는 아무런 성과도 거두지 못하고 제자리걸음만 한다. 둘의 가장 큰 차이는 '전심치지'와 '부전심치지'다. 정신을 집중하고 뜻을 다하면 어떤 일이든지 이룰 수 있지만, 전념하지 않는 사람은 종종 끈기가 부족하여 오래 버티지 못한다.

전심치지의 중요성은 아무리 강조해도 지나치지 않는다. 특히 사업적인 성공을 거두고 싶은 사람에게 이는 더욱 중요하다. 당唐나라 학자 장문성張文成은 『유선굴游仙窟』에서 '마음을 모으면 동굴도 뚫을 수 있다心欲專, 鑿可穿'라고 했다. 한 가지 일에 전심전력하면 큰일을 이룰 수 있다는 뜻이다.

하지만 어떤 사람들은 한 가지 일에 집중하지 못하고 확고한 목표도 없이 많은 것을 기대하곤 한다. 당초의 목표를 채 이루기도 전에 다른 목표에 마음이 흔들려 딴생각을 품기 때문에, 노력을 해도 '밑 빠진 독에 물 붓기'일 뿐이다. 끈기 없이는 어떤 일도 해낼 수 없다.

업무나 일을 처리할 때의 태도를 보면 그 사람의 자기통제력을 알 수 있다. 한 가지 일에 열중하지 못하는 사람은 쉽게 잡념을 품고 마음이 흐트러진다. 몰두한다는 것은 자신의 머리와 정신력을 통제하고 전념하는 것이다. 사람의 신체적 에너지는 한계가 있기 때문에 일을 잘해내기 위한 최선의 방법은 '집중'이다.

세계수학대사로 알려진 중국의 진성신陳省身에게 기자가 물었다.

"처음에 수학을 선택한 이유는 무엇입니까?"

그는 "다른 건 아무것도 할 줄 몰라서 어쩔 수 없이 수학을 선택했습니다"라고 대답했다.

수학을 향한 그의 결사의 각오와 전념은 진성신을 세계적인 수학대사로 성장시켰다.

『세설신어世說新語』의 '관녕할석管寧割席' 이야기는 우리에게 깊은 깨달음을 주고 있다.

❖

관녕管寧과 화흠華歆 두 사람은 젊은 시절 무척 사이가 좋았다. 밥을 먹을 때도 공부를 할 때도 잠을 잘 때도 두 사람은 언제나 함께했다. 어느 날, 그들은 김매기를 하러 밭에 가서 쉬지 않고 열심히 괭이질을 했다.

그런데 관녕이 괭이를 들어 힘껏 내리치는 순간 뭔가 딱딱한 물건에 부딪힌 듯 '땅' 하는 소리가 울려 퍼졌다. 이상하게 느낀 관녕이 흙을 파헤쳐 보니 흙 속에 노르스름한 물건이 번쩍번쩍 윤을 내고 있었다. 눈을 크게 뜨고 가만히 살펴보니 그것은 황금이었다! 그러자 관녕은 혼잣말로 중얼거렸다.

"뭔가 했더니 황금이었군."

그는 황금을 마치 돌멩이 보듯 하며 하던 일을 계속했다. 반면 관녕의 말을 들은 화흠은 들고 있던 괭이를 내팽개치고 한걸음에 달려왔다. 그러고는 금덩어리를 주워 손에 올려놓고 요리조리 살펴보았다. 그런 모습을 본 관녕은 괭이질을 하면서 화흠을 질책했다.

"재물을 얻고 싶으면 부지런히 노동을 해서 떳떳하게 받아야 하지 않겠나. 품성이 높은 사람은 불로소득을 탐내지 않는다네."

이에 화흠은 퉁명스러운 목소리로 소리쳤다.

"나도 안다고!"

그는 이렇게 말하면서도 여전히 금덩어리에서 눈을 떼지 못하다가 결국 관녕의 따가운 시선에 못 이겨 금을 내려놓고 원래의 자리로 돌아갔다. 그러나 화흠의 머릿속은 온통 황금 생각으로 가득 차 더 이상 일이 손에 잡히지 않았다. 관녕은 한숨만 푹푹 내쉬고 있는 화흠을 보며 말없이 고개를 가로저었다.

하루는 두 사람이 한 돗자리에 앉아 열심히 글을 읽고 있을 때였다. 갑자기 바깥에서 사람들의 시끌벅적한 소리와 함께 북과 징을 치는 소리가 요란하게 울려 퍼졌다. 관녕과 화흠이 창문 쪽으로 다가가 무슨 일인지 살펴보니, 고관대작이 가마를 타고 문 앞을 지나가고 있었다. 통일된 복장을 하고 허리에는 무기를 찬 호위병들, 금실로 수놓은 오색 비단과 비취로 장식한 가마까지 화려하고 진귀한 행렬은 사람들의 시선을 빼앗기에 충분했다.

그러나 관녕은 힐끗 보고는 대수롭지 않다는 듯 제자리로 돌아와 다시 책을 펼쳐 들었다. 반면 호화로운 행렬의 기세에 완전히 매료된 화흠은 이 장관을 제대로 보기 위해 아예 책까지 내려놓고 거리로 뛰쳐나갔다.

관녕은 그런 화흠의 행동을 보고 실망을 감추지 못해 깊이 탄식했다. 관녕은 화흠이 돌아오자마자 칼을 들어 돗자리를 반으로 자르더니 결연하게 말했다.

"우리는 서로 지향하는 바와 취향이 완전히 다르다는 것을 알았네.

두 동강이 난 돗자리처럼 이제 우리는 더 이상 벗이 아니네."

　관녕은 전심치지의 중요성을 잘 알았다. 모든 사람은 성공을 갈망하지만 이를 얻기란 쉽지 않다. 모든 일을 성공적으로 끝내기 위해서는 인내심을 갖고 끈기 있게 하는 것이 핵심이다. 자신의 목표를 바라보며 마음과 뜻을 다해 몰두하면 성공할 수 있지만, 잡념에 사로잡히거나 수박 겉핥기식으로 일을 처리한다면 성공은 더욱 요원해질 것이다.

2

의지가 강한 자는
유혹에 흔들리지 않는다

목숨을 살려주겠다는 유혹 앞에서 철학자 소크라테스는 자신의 존엄을 지키며 담담하게 죽음을 받아들였다. 중국의 사상가 담사동譚嗣同 역시 높은 관직과 녹봉의 유혹에 흔들리지 않고 혁명을 위해 뜨거운 피를 흘렸다. 의지가 강한 사람은 절대 유혹에 넘어가는 법이 없다.

❖

어느 날, 동산洞山스님이 대나무 광주리로 완두콩을 체질하고 있던 운거雲居스님에게 물었다.

"색色을 좋아하십니까?"

운거스님은 그의 질문에 화들짝 놀라 광주리의 콩을 다 쏟아 버렸고 동산스님의 발밑으로 콩이 굴러갔다. 그러자 동산스님은 웃으면서 땅에 떨어진 완두콩을 한 알씩 주워 담았다.

운거스님은 동산스님의 질문에 어찌 대답해야 할지 몰라 머뭇거렸다. '색'이라는 한 글자는 실로 많은 것을 포함하고 있기 때문이다. 여색女色, 색깔, 안색 나아가 세상의 모든 물질을 뜻하기도 한다. 운거스님은 광주리를 내려놓고 오랜 생각을 한 끝에 대답했다.

"좋아하지 않습니다."

동산스님은 운거스님이 당황해하며 몸을 사리는 모습을 보며 안타깝다는 듯 다시 물었다.

"질문에 답하기 전에 진지하게 생각하셨나요? 실제로 시험에 부딪혔을 때 담담하게 임할 수 있으십니까?"

"물론이죠!"

운거스님은 이렇게 큰소리치고 나서 동산스님의 눈치를 살폈다. 말없이 웃고 있는 그를 보며 이번에는 운거스님이 물었다.

"그럼 제가 질문 하나 드려도 될까요?"

"네, 그러시지요."

"동산스님께서는 여색을 좋아하시나요? 유혹 앞에서 침착하게 대처할 수 있으시냐는 말입니다."

동산스님은 껄껄 웃으며 대답했다.

"하하하, 운거스님께서 그 질문을 하실 줄 알았습니다. 저는 여색은 아름다운 외모를 뒤집어쓴 속물이라 생각합니다. 헌데 제가 여색을 좋아하든 안 하든 그게 무슨 상관입니까? 마음속에 자신의 확고한 생각만 있으면 되지, 남들이 어떻게 생각하는지 신경 쓸 필요가 있나요?"

그렇다. 자기 생각에 대한 확신이 있는데 굳이 다른 사람의 눈치를 볼 필요가 있을까? 유혹을 견디고 강인한 의지로 헛된 욕망을 절제하면 성공을 거둘 수 있지만, 눈앞의 작은 이익을 얻는 데 급급하면 큰일을 이룰 수 없다. 의지란 소정의 목표를 달성하기 위해 스스로 어려움을 극복하고 노력하는 끈기이자 인내심이며, 학습·일·사업을 완수하고자 하는 지구력이다. 이 의지라는 자질이 사람의 기대 및 목표와 결합하면 성공으로 이끌어주는 엄청난 힘을 발휘하게 된다.

중국 명明나라의 뛰어난 의약학자醫藥學者 이시진李時珍은 약학서『본초강목本草綱目』을 쓰는 데 27년이 걸렸고, 진화론의 창시자 다윈이『종의 기원』을 쓰는 데는 15년이 걸렸으며, 천문학자 코페르니쿠스가『천체운행론』을 쓰는 데 30년이 걸렸다. 또한 세계적인 문학가 괴테가『파우스트』를 쓰는 데 60년이 걸렸고, 중국의 현대 문학가 궈모러郭沫若가『파우스트』를 번역하는 데 30년이 걸렸으며, 마르크스가『자본론』을 쓰는 데 40년이라는 시간이 소요되었다. 역사적으로 이런 업적을 쌓은 사람들은 모두 강한 의지의 소유자였다.

어느 교육자가 사람의 자기절제력에 관한 실험을 했다. 그는 여러 명의 아이들을 모아놓고 앞에 달콤한 사탕을 몇 개 갖다 놓았다. 그리고 그는 아이들에게 이렇게 말했다.

"내가 나갔다가 다시 돌아오기 전까지 여러분은 이 사탕을 먹을 수 없어요. 하지만 그때까지 잘 참으면 더 많은 사탕을 줄 겁니다."

 그가 방에서 나가자 어떤 아이들은 참지 못하고 사탕을 먹었고, 또 어떤 아이들은 유혹을 이기고 끝까지 잘 참아냈다. 실험이 끝난 후 교육자가 이 아이들을 오랜 시간 추적 조사한 결과, 그가 돌아오기 전까지 욕구를 억제하고 사탕을 먹지 않았던 아이들은 어른이 되어서도 학업이나 사회적으로 성공할 가능성이 더 큰 것으로 밝혀졌다.

 유혹에 대한 저항력을 키우기 위해서는 의지력을 높여야 한다. 온갖 유혹이 곳곳에 도사리고 있는 오늘날, 우리에게는 어떠한 유혹에도 흔들리지 않는 굳은 절개가 필요하다.

3

의지가 강한 자는
일희일비하지 않는다

성공을 향한 길은 결코 평탄하지 않다. 숱한 가시덤불과 함정 앞에서 강한 의지로 대응하는 사람만이 장애물을 무사히 넘고 마지막에 웃는 진정한 승자가 된다.

중국의 수낙Sunac · 融創中國 회장 쑨홍빈孫宏斌, 중국 재계의 기인이자 엽기적인 인물로 알려진 그는 젊은 나이에 큰 실패를 두 번이나 겪었다.

쑨홍빈이 가진 지능과 카리스마는 그야말로 비범했다. 그는 1988년 레노보聯想에 입사하자마자 기업인의 자질을 발휘했다. 초고속 승진 가도를 달린 그는 레노보 창업자 류촨즈柳傳志의 인정을 받으며 불과 25세의 나이에 후계자 후보에 올랐다. 하지만 머지않아 쑨홍빈이 횡령 등 온갖 의혹을 받으면서 기업 원로들로부터 집단 고소를 당하자, 결국 류촨즈는 그를 감옥에 보내기로 결심했다.

쑨홍빈은 투옥된 후 류촨즈를 미워하기는커녕 자신의 과오를 진지하게 되돌아보았다. 그는 출소 후 '애증'의 류촨즈를 찾아가 사과했고,

이렇게 두 사람은 지난날의 앙금을 털었다. 재기를 원하는 쑨훙빈에게 류촨즈가 흔쾌히 50만 위안의 종잣돈을 빌려주면서 쑨훙빈의 첫 회사 '순츠順馳'가 탄생했다.

1994년 쑨훙빈은 순츠회사를 통해 부동산 중개업을 시작했다. 그는 '전국적인 규모의 대기업'을 만들겠다는 큰 꿈을 갖고 끊임없이 사업 범위를 늘리고 땅을 사들였다. 2001년부터 2004년까지 순츠의 매출액이 1억 위안에서 127억 위안으로 치솟으면서 쑨훙빈은 주식 상장 계획을 가동했고, 중국의 최대 건설사 완커萬科그룹을 따라잡겠다고 호언장담하기도 했다. 이런 상황에서 완커그룹의 회장 왕스王石를 비롯한 많은 이들은 그에게 리스크 관리에 주의를 기울이라고 재차 당부했다.

순츠의 홍콩 증시 상장을 앞둔 전날, 정부의 부동산 규제정책이 시행되면서 순츠는 자금줄이 막혀 큰 부담을 안게 되었다. 이에 쑨훙빈은 그의 또 다른 회사였던 수낙을 살리고자 순츠의 지분 일부를 헐값에 넘겼다.

위기 속에서도 쑨훙빈은 자신의 꿈을 접지 않고 더 큰 목표를 세웠다. 그는 2008년 베이징北京 하이덴구海淀區 서북 왕신춘旺新村 3차 사업을 따내면서 '땅의 왕地王'이라 불리기 시작했고, 이때부터 수낙은 성장가도를 달리기 시작한다.

수많은 시행착오를 겪으며 리스크 관리법을 터득한 쑨훙빈은 더 이상 맹목적으로 사업을 확장하지 않고 신중하게 전진하면서 정확한 타이밍에 일격을 가했다. 이로써 2016년 수낙의 매출액은 1,553억 위안

으로 업계 7위, 쑨훙빈의 자산은 95억 위안을 기록하는 쾌거를 이루
었다.

❖

기나긴 인생길에서 우리는 갖가지 곤경에 부딪힌다. 눈앞의 곤경을 회피
하지 말고 그대로 직시하고 받아들이자. 강한 의지만 있다면 그 어떤 시험도
당해 내어 언젠가는 재기할 수 있고, 인생의 역경을 현명하게 대처하다 보면
또 다른 기회가 열린다. '이미 엎질러진 물은 다시 주워 담을 수 없다'는 것을
과감히 인정하고 담담하게 받아들이는 것은 고난을 극복하는 첫걸음이다.

쥐런 인터페이스 카드interface card · 漢卡부터 쥐런게임巨人遊戲, 건강보
조식품 나오황진腦黃金, 나오바이진까지… 중국 재계의 전설로 불리는 스위
주의 과감한 추진력은 그를 하루아침에 빚쟁이로 만들기도 했고 억만장자로
다시 일으키기도 했다.

❖

1991년 스위주는 중국 선전에 쥐런을 설립해 데스크톱 워드프로세
서(M-6403)를 출시하면서 1992년에는 3,500만 위안의 매출 이익을
냈다. 그 후 지방 정부의 지원으로 부지를 얻어 주하이珠海에 본사를
재건했다. 야심에 가득 찼던 스위주는 당초 18층으로 계획됐던 청사

건물을 78층으로 바꾸었다.

일 년 뒤, 쥐런빌딩의 자금 문제가 불거지자 스위주는 모든 자금을 쏟아부었지만 역부족이었다. 결국 돈줄이 끊기면서 쥐런은 재무위기에 봉착했고, 스위주는 하루아침에 2억 5천만 위안의 빚을 진 중국 최고의 빚쟁이가 되었다.

하지만 스위주는 이에 굴하지 않고 친구에게 50만 위안을 빌려 건강보조식품 시장에 뛰어들었다. 그는 팀을 구성하여 상세한 시장조사를 거친 후에 중노년 영양제인 '나오바이진'을 출시하였다. 1998년 나오바이진은 '올해 명절 선물은 다른 것은 받지 않고 今年過節不收禮, 오로지 나오바이진만 받는다 收禮只收腦白金'라는 광고 문구로 중국에서 엄청난 유명세를 탔다. 이로써 스위주는 단 2년 만에 13억 위안의 매출 기적을 만들며 재기에 성공했다.

그 후 스위주는 나오바이진의 지분 대부분을 매각해 온라인 게임 시장에 진출하면서 쥐런네트워크 巨人網絡를 만들어 온라인 게임 정투征途를 선보였다. 쥐런네트워크는 2007년 미국 뉴욕증권거래소에 상장되면서 시가총액 42억 달러를 돌파했고, 스위주의 자산은 500억 위안을 넘어섰다.

온갖 정보가 범람하는 복잡한 사회 속에서 우리는 크고 작은 갈등과 곤경에 부딪히며 늘 고민에 시달린다. 이럴 때일수록 보다 능동적인 자기조절과 통제를 통해 마음의 건강을 유지하여 각종 곤경과의 싸움에서 주도권을 선점해야 한다.

옛말에 '새옹이 말을 잃어버렸으니, 어찌 복이 아님을 알겠는가塞翁失馬, 焉知非福'라 했다. 곤경은 때로 우리의 의지를 연마하는 좋은 기회가 된다. 좌절과 곤경을 강한 정신력으로 대처한다면 우리의 내면은 더욱 강해질 것이다. 비바람을 겪지 않고 어떻게 무지개를 볼 수 있겠는가? 강인한 의지 없는 완벽한 인생이란 없다. 내실이 단단한 사람은 강인한 의지력으로 혹독한 시련을 견뎌내 성공적으로 재기할 수 있음을 기억하자.

4
낚시에는 인내심이 필요하고,
꿈을 좇을 때는 끈기가 필요하다

같은 일을 해도 어떤 사람은 매사에 성실히 임하면서 자신의 능력을 높이고 재정적인 여유도 만드는 반면, 어떤 사람은 임금이 적다거나 업무가 마음에 들지 않는다고 불평하며 빈둥거리다가 허탕을 친다. 이 두 부류의 사람들이 극명한 대조를 보이는 근본적인 원인은 끈기가 있고 없음에 기인한다.

낚시를 해 본 사람이라면 인내심의 중요성을 잘 알 것이다. 물가에 꿈쩍없이 앉아 있는 고적함을 참지 못하면 물고기를 낚지 못하듯이, 꿈을 좇으면서 끈기와 꾸준한 노력이 수반되지 않는다면 꿈을 이룰 수 없다.

한 소년이 가르침을 얻기 위해 도연명陶淵明을 찾아왔다. 도연명은 소년을 밭으로 데려가서 한 척 길이의 벼를 가리키며 물었다.

"저 벼를 자세히 보게. 저것은 지금도 자라고 있는가?"

소년은 웅크리고 앉아 한참 동안 볏모를 뚫어져라 보더니 대답했다.

"아니오."

도연명은 다시 물었다.

"정말 자라고 있지 않은가? 그렇다면 봄의 모종이 어떻게 한 줄기의 벼로 변했단 말인가?"

무슨 영문인지 모르겠다는 듯 고개를 갸웃거리는 소년을 보며 도연명이 말을 이었다.

"사실 볏모는 시시각각 자라고 있다네. 다만 우리가 그것을 눈치채지 못할 뿐이지. 학문을 닦는 것도 이와 같아서 지식이 축적되는 것을 미처 깨닫지 못하기도 하지. '열심히 학문을 닦는 것은 봄에 일어나는 싹처럼勤學如春起之苗 늘어나는 것이 보이지는 않지만不見其增, 날마다 성장한다日有所長'라는 말도 있지 않은가."

이어 도연명은 땅 위에 있는 큼직한 숫돌 하나를 가리키며 물었다.

"어째서 저 숫돌은 말안장처럼 오목하게 생긴 것인가?"

소년이 대답했다.

"마모되어서 그렇습니다."

"그럼 언제 마모된 것인지도 아는가?"

"모르겠습니다."

도연명은 말을 이었다.

"날마다 농부는 저 숫돌 위에 칼과 낫을 갈고 괭이를 간다네. 오랜 시간이 지나야 저렇게 오목한 모양이 되는 거지. 배움의 과정도 이와 같아서 중도에 배움을 멈추면 그동안 쌓았던 지식은 저절로 잊힌다네."

무슨 일을 하든지 끈기를 가져야 한다. 작심삼일의 습관을 버리지 못하고 일을 꾸준히 하지 않으면 결국은 아무것도 이루지 못한다.

끈기는 목표를 향한 강한 지구력이자 의지다. 끈기가 있는 사람은 천만 번의 실패를 해도 초심을 잃지 않는다. 투자의 귀재 워런 버핏은 50년 동안 쉬지 않고 사업 기회를 모색하며 위대한 성공을 이루었다. 버핏은 "내가 성공할 수 있었던 것은 집중했기 때문이다"라고 말하였다.

❖

어린 시절 버핏은 자신의 보물 1호인 '동전 교환기' 장난감을 늘 가지고 다녔고, 그가 10세가 되던 해에는 함께 여행을 가자는 아버지의 제안에 뉴욕증권거래소를 구경하고 싶다고 말하는 비범함을 보였다.

1991년 미국 독립의 날, 워싱턴 포스트 편집장의 주최로 워런 버핏과 빌 게이츠가 역사적인 만남을 가졌다.

사실 버핏은 빌 게이츠가 똑똑한 사람이라는 것은 알았지만 그에 대해 큰 관심이 없었다. 이는 빌 게이츠도 마찬가지였다. 그는 버핏처럼 주식 투자로 돈 버는 사람들과는 공감대를 가질 수 없다고 생각했기에 이번 미팅에 큰 기대를 걸지 않았다. 이런 점에서 버핏과 게이츠는 자신이 관심 없는 일에 시간과 에너지를 쏟는 것을 꺼려한다는 공통점을 지니고 있었다.

둘의 대화가 시작되자마자 버핏은 평소의 그의 화법대로 바로 본론으로 들어갔다. IBM사의 향후 행보는 어떻게 될 것이며, 마이크로소프트사를 IBM의 경쟁상대로 생각하는지, IT회사들의 교체 시기가 점점 빨라지는 이유는 무엇인지 등을 직설적으로 물었다. 그의 질문에 빌 게이츠는 하나하나 성실히 답변을 했다. 이어 빌 게이츠가 경제 관련 질문을 하자, 버핏 역시 자신의 견해를 허심탄회하게 밝혔다. 이들의 대화는 '위대한 인물 간의 대화란 이런 것이다'라는 것을 여실히 보여줬고, 그들은 서로 이야기를 나눌수록 상대의 매력에 점차 빠져들었다. 버핏과 게이츠는 함께 정원에서 해변까지 걸으며 이야기를 나누었으며, 해가 지고 칵테일파티가 끝날 때까지 그들의 대화는 멈추지 않았다.

저녁 만찬을 하면서 빌 게이츠의 아버지가 모두에게 공통 질문을 던졌다.

"당신의 인생에서 가장 중요한 것은 무엇입니까?"

이에 버핏은 "집중입니다"라고 말하며 한마디 덧붙였다. "빌 게이츠 회장의 답도 저와 같을 것입니다."

집중이란 무엇인가? 집중은 완벽에 대한 탐구이자 고유의 본성이기에 쉽게 모방할 수 없다. 집중을 위해서는 자신의 주의력을 한곳에 모으고, 다른 외부적 유혹에 흔들리지도 조급해하지도 말아야 한다.

　포기를 모르는 꾸준한 집념과 정신으로 무장한다면 아무리 어려운 일도 쉽게 풀어낼 수 있다. 반면 작심삼일의 안일한 태도로 일관하면 아무리 쉬운 일도 해결할 수 없다. 물론 어떤 일에 최선을 다해도 실패하는 경우도 있다. 하지만 실패했다 해도 자신이 해야 할 일을 끝까지 해내고 전심전력한다면 당신은 진정한 강자가 될 것이다.

5

목표 설정은
성공의 첫걸음이다

양궁을 할 때 아무리 활을 끝까지 당기고 화살을 최대한 멀리 날린다 해도 방향이 맞지 않으면 과녁의 중심을 맞출 수 없다. 인생 또한 마찬가지다. 성공의 전제 조건은 자신의 목표를 설정하는 것이다.

영국 낭만주의 대표 작가 로버트 루이스 스티븐슨은 "삶의 목표란 모색할 가치가 있는 유일한 재산이다"라고 말했다. 한 가지 재능만을 가지고 뚜렷한 목표에 전념하는 사람은 다재다능하지만 목표가 없는 사람을 훨씬 앞지른다. 후자는 여러 가지 일에 에너지를 분산시키며 자신이 원하는 구체적인 목표를 정확히 알지 못하기 때문이다. 약자라 해도 목표에 대한 강한 의지가 있으면 성취할 수 있지만, 아무리 강자라 해도 뚜렷한 방향성 없이 자신의 주의력을 분산시킨다면 아무것도 이룰 수 없다.

서진西晉시대에 조석祖逖과 유곤劉琨이라는 유명한 장수가 있었다. 두 사람은 나라를 위해 공적을 쌓겠다는 같은 뜻을 품고, 낮에는 아문牙門에서 함께 봉직하고 밤이 되면 나라에 대한 이야기로 밤을 지새우곤 했다.

265

서진 황족의 권력 다툼과 주변 소수 민족들의 반란이 연이어 일어나면서 나라가 내우외환의 위기에 부딪히자 조석과 유곤은 깊은 근심에 빠졌다. 어느 날, 한밤중에 '꼬끼오' 하는 수탉의 울음소리가 들려왔다. 조석은 자리에서 벌떡 일어나 유곤을 흔들어 깨웠다.

"자네, 방금 무슨 소리 못 들었는가?"

유곤은 가만히 귀를 기울이더니 대답했다.

"들었네. 수탉의 울음소리 아닌가. 한밤중에 닭이 우는 것은 불길한 징조라 알고 있네."

조석은 침대에서 내려오며 다급하게 말했다.

"수탉의 울음소리는 불길한 것이 아니라, 어서 일어나 훈련을 하라고 우리를 깨우고 있는 거라네!"

이 말을 들은 유곤은 바로 자리에서 일어나 조석과 함께 뜰로 나갔고, 그들은 날이 밝을 때까지 검무 연습을 했다. 훗날 두 사람은 북방 지역을 수복하는 데 큰 공을 세웠다고 한다.

인생에 목표가 있어야 삶의 동력이 생기고, 의미와 가치를 갖게 된다. 고대 역사적 인물들의 삶을 살펴보면 모두 뚜렷한 목표를 갖고 있었다. 굴원屈原은 '제가齊家, 치국治國, 평천하平天下'라는 뜻을 품고 간신배들이 정권을 잡은 초楚나라에서 삶 전체를 녹여낸 장편 서사시 「이소離騷」를 만들었다. 사마천司馬遷은 '역사서 집필'의 목표 하나로 가혹한 고문을 이겨내고 유명한 『사기史記』를 완성했다.

목표가 없는 사람은 두 눈을 잃은 매와 같다. 하늘을 나는 것조차 사치가 되었는데 어찌 붕정만리鵬程萬里를 누빌 수 있겠는가?

월越나라가 전쟁에서 패하여 멸망하자, 군주 구천勾踐은 마음속에 굵은 글자를 새겼다.

'월국을 다시 일으키리라復興越國!'

확고한 목표를 세운 그는 날마다 병서를 읽고 와신상담하며 수년 간 노력한 끝에 당초의 목표를 이루었다. 만약 구천에게 확고한 목표나 열정이 부족했다면, 그는 아마도 중도에 포기했을 것이며 월나라의 역사도 다시 쓰였을 것이다.

성공의 첫걸음은 뚜렷한 목표 설정과 목표를 향한 강한 열망이다. 목표 의식이 확고하면 자신이 진정 원하는 것을 알게 되고 주의를 집중하여 목표를 향해 다가간다. 반면 목표 의식이 부족하면 목표가 있어도 감정에 쉽게 휘말려 결국 아무것도 이루지 못한다. 목표 의식이 높은 사람은 전술적인 문제에 부딪힐 수는 있어도 전략적인 실수는 하지 않는다. 그들은 목표 의식이 부족한 사람들과의 경쟁에서 언제나 우위에 있다. 이는 개인의 능력과는 무관하다. 능력이 부족하여 초반에 열세에 처했다 해도 목표에 집중하여 꾸준히 노력하면 승리를 거머쥘 수 있다.

중국 충저우瓊州해협을 횡단하는 수영 시합에 100명이 넘는 사람들이 참여했다. 날이 점차 어두워지자 그중 20여 명이 결승점을 불과 2킬로미터 앞두고 경기를 포기하였다. 한 참가자가 탄식하며 말했다.

"캄캄한 어둠 속에서 한 치 앞도 보이지 않았습니다. 저를 포기하게 만든 것은 육체적 피로가 아니라 목표가 보이지 않는다는 절망감이었습니다."

아무리 의지가 강한 사람이라도 목표가 보이지 않는다면 얼마나 버틸 수 있을까?

목표는 어둠이 걷히며 비춰지는 한 줄기 서광이자, 망망한 사막에서 발견한 오아시스고, 짙은 안개 속에서도 빛나는 구슬이며, 망망대해에서 우리를 인도하는 나침반이다. 아무런 성과 없는 무의미한 인생은 살고 싶지 않은가? 자신의 노력을 헛되이 낭비하고 싶지 않은가? 그렇다면 먼저 목표를 정확히 겨냥하라. 이는 평범한 당신이 성공으로 나아가는 첫걸음이자, 노력하는 당신을 이끌어주는 이정표와 같다. 목표를 잃은 삶은 나침반 없는 항해와 같아서 결국 실패하고 만다.

노력은 성공으로 향하는 길이며, 성공을 위해서는 분명한 목표와 강한 열망이 필요하다. 화살을 발사할 준비가 되었다면 먼저 목표물을 정확히 조준하자.

제9장

—

행동력

하늘이 주지 않았다면 스스로 갖추자

☑ 1. 준비된 자만이 중요한 순간 빛을 발한다

☑ 2. 무엇을 얻을 수 있는지 따지지 말고 일단 행동하라

☑ 3. 열정-일의 효율을 높이는 촉매제

☑ 4. 일을 미루지 않는 고효율 행동파가 되자

1

준비된 자만이
중요한 순간 빛을 발한다

성공을 위해서는 개인의 능력과 노력이 매우 중요하다. 특히 면밀한 사전 준비는 성공의 필수 조건이다. 자신의 발밑에 주춧돌을 차곡차곡 깔고 올라서면, 더 먼 곳의 풍경을 볼 수 있고 높은 곳에 매달린 열매를 따낼 수 있다.

❖

늑대 한 마리가 풀밭에 앉아 열심히 이빨을 갈고 있었다. 이 모습을 본 여우는 의아하다는 듯 물었다. "주변에 아무도 너를 위협하지 않는데, 왜 그렇게 힘들게 이빨을 갈고 있니?" 이에 늑대가 대답했다. "평소에 이빨을 날카롭게 갈아두면 결정적인 순간에 내 자신을 지킬 수 있거든."

❖

"평소 이빨을 갈아두면 결정적인 순간에 자신을 보호할 수 있다." 이 말은 흔히 말하는 유비무환有備無患의 정신이다. 안전한 환경에 있어도 긴장을 늦추지 않고 자신을 단련하면 위험이 닥쳤을 때 거침없이 맞설 수 있다. 또한 평소에 미리 준비하는 습관을 들이면 위급한 상황에서도 여유를 찾을 수 있다. 간단한 예를 들어, 밤에 잠자리에 들기 전에 다음날 필요한 것을 준비해 놓으면 아침에 늦게 일어나더라도 크게 당황하지 않게 된다. 평소에 조금만 더 신경 쓰고 노력하면 기회가 왔을 때 빠르게 선점할 수 있고 어떤 상황에도 여유롭게 대처할 수 있다.

나폴레온 힐Napoleon Hill은 "자발성은 매우 중요한 미덕이다. 자발성을 갖춘 사람은 누군가 지시하기 전에 주동적으로 일을 한다"라고 말했다. 일찍 준비를 하면 남들보다 먼저 방법을 생각하고 일에 착수해서 목표를 선점할 수 있다.

'둔한 새는 먼저 날아서 숲에 일찍 들어간다'라는 말도 있고 '일찍 일어나는 새가 벌레를 잡는다'라는 말도 있다. 자신이 둔한 새가 아니더라도 미리 준비하여 남보다 먼저 나서야 기회를 선점할 수 있다.

'무대 위에서 1분을 서 있기 위해서는 무대 아래에서의 10년의 공이 필요하다臺上一分鐘, 臺下十年功.' 사람들은 남들이 가진 기회를 부러워할 뿐, 그들이 뒤에서 얼마나 많은 노력과 수고를 했는지 큰 관심을 두지 않는다.

중국의 유인 우주비행사 양리웨이楊利偉, 그는 어떻게 중국 최초의 우주비행사가 된 것일까? 그는 우주인으로 선발되기 위한 수많은 혹독한 테스트를 무사히 통과하여 대표로 하늘에 날아오르는 영예를 얻었다. 어릴 때부터 스스로에게 매우 엄격하고 남에게 뒤처지는 것을 싫어했던 그는 언제나 혼신의 힘을 다해 훈련에 임하면서 우수한 성적과 자질을 갈고 닦았다.

준비된 자만이 기회를 잡아 성공할 수 있다. 예를 들어, 지시 받은 업무를 미리 제출하면 스스로에게도 여유가 생길 뿐 아니라 상사의 신임도 얻을 수 있다. 세상의 모든 아름다운 것들은 적극적으로 쟁취해야 한다. 한발 앞서서 뛰는 사람이 기회를 먼저 잡을 수 있고 성공에 더 빨리 가까워진다.

유비무환, 이는 매우 단순하면서도 우리의 일상에서 없어서는 안 될 중요한 이치다. 사전에 미리 준비를 하지 않으면 준비 부족으로 문제를 겪거나 혼란에 빠져 일을 제대로 처리하지 못하고 결국 실패하기도 한다.

역사적 사실이 증명하듯이 크고 작은 일들을 잘 처리하고 성공을 얻기 위해서는 철저한 사전 준비가 필요하다. 준비는 성공의 조건이자 과정이며, 성공은 준비의 목표자 결과다. 물론 미리 준비를 해도 성공하지 못하는 경우도 있지만, 무릇 성공한 사람은 모두 사전에 철저한 준비를 했음을 기억하자.

❖

어느 뉴욕 회사가 프랑스 회사에 합병되었다. 새 총재는 취임하자마자 이 같은 공고를 내렸다.

"회사의 전 직원은 모두 프랑스어 테스트를 받아야 하며, 테스트에서 합격한 사람만이 잔류할 수 있습니다."

청천벽력 같은 소식에 직원들은 초조해하면서 퇴근 후에는 너도나도 도서관으로 달려가 프랑스어 공부에 매달렸다. 그런데 한 젊은 직원은 조바심을 내기는커녕 태연한 모습을 보이며 일이 끝난 후에도 곧장 집으로 향했다. 동료들은 그가 이미 자포자기했다고 생각했다.

긴장된 분위기 속에서 프랑스어 테스트가 끝났고, 놀랍게도 그 젊은 직원이 최고점을 받았다. 알고 보니 그는 오래 전부터 프랑스어를 공부해 왔다. 회사의 고객 대부분이 프랑스인이었기 때문에 직원들은 고객과 이메일이나 계약서를 주고받을 때마다 회사의 통번역사에게 도움을 요청하곤 했다. 통번역사가 도와주지 못할 때는 업무를 잠시 중단해야 하는 상황도 빈번히 발생했다. 이에 그 젊은 직원은 프랑스어의 중요성을 느끼고 묵묵히 독학을 해왔던 것이다. 발 빠른 사전 준비로 그는 테스트 최고 득점자라는 영예를 안았다.

이 간단한 일화는 심오한 의미를 내포하고 있다. 국가 · 기업 · 개인을 막론하고 지속적인 발전을 위한 주도권을 잡아 불패不敗의 신화와 비범한 성공을 이루기 위해서는 사전 준비가 필수적이다. 준비는 이상에 대한 확고한 신념, 집요한 추구이자 지식과 역량을 축적하고 기회와 조건을 선점하는 행위다. 성공은 하루아침에 하늘에서 떨어지는 공짜 점심이 아니기에 철저한 사전 준비와 노력이 필요하다.

세상일이 변덕스럽다고 불평만 하거나 떠나 버린 기회를 후회하고 아쉬워할 필요도 없다. 지금부터라도 불굴의 의지로 꾸준히 노력하고 준비하면 언젠가는 성공이 찾아올 것이다.

2

무엇을 얻을 수 있는지 따지지 말고
일단 행동하라

같은 일을 해도 사람마다 다양한 반응을 보인다. 어떤 사람은 무척 버거워하며 못하겠다고 지레 겁먹기도 하고, 어떤 사람은 급하니 일단 하고 보자라는 마음으로 부딪치기도 한다. 혼자서는 힘들다고 판단하고 다른 사람과 손을 잡는 사람도 있고, 일의 난이도를 이리저리 따지며 섣불리 일에 착수하지 못하는 사람도 있다. 해결해야 할 일이 바로 눈앞에 있는데 어찌 머뭇거리기만 하는가! 일단 나서서 문제를 제때에 해결하는 것이 더 낫지 않을까? 아무리 좋은 아이디어와 원대한 목표가 있다 해도 행동하지 않으면 가능성은 제로다.

경력 3년 차인 샤오저우小周는 회사에서 나름 높은 직위를 갖고 있었다. 그러다 우연한 기회에 그녀는 친구와 함께 창업을 하게 됐고, 일년도 채 안 되어 큰 성공을 거두면서 업계에서 주목받기 시작했다. 결국 샤오저우는 아예 직장을 그만두고 사업에 전념했다. 그녀의 가게는 언제나 손님들로 북적였고 사람들은 진열대에 놓여 있는 아이디어 상품들을 보며 놀라움과 함께 폭소를 터뜨렸다. 때로 어떤 사람들은 샤오저우를 보고 "젊은 사람이 운이 좋군"이라고 말하기도 했다. 하지만 그녀의 성공 비결은 운이 아닌 '결정한 일을 바로 착수하는 것'이었다.

　가만히 둔다고 스스로 해결되지 않으므로 문제 앞에서는 즉각 행동을 취해야 한다. 사람들은 일생 동안 다양한 동경과 이상, 계획을 갖는다. 동경과 이상을 향해 전심전력하며 계획을 실행에 옮긴다면, 우리는 높은 성과를 거두고 삶도 큰 의미를 지니게 될 것이다. 반면 꿈을 품고도 노력하지 않고, 찾아온 기회도 잡지 않으며, 계획을 세우고도 실행하지 않으면, 꿈꿔 온 모든 이상과 계획이 떠나가는 것을 그저 지켜볼 수밖에 없다.

　능력과 끈기가 있는 사람은 어떤 새로운 관심사가 생기면 지체하지 않고 바로 일에 착수한다. 고양이와 쥐에 관한 이야기를 들어보자.

　어느 마을에 쥐를 잘 잡는 검은 고양이가 있었다. 이 고양이가 하루에 수십 마리 이상의 쥐를 잡는다는 소문이 돌자 마을의 쥐들은 잔뜩 겁을 먹고 긴급회의를 열었다. 독극물 개발에 속도를 내어 고양이를 독살시키자는 쥐도 있었고, 다 같이 한꺼번에 달려들어 고양이를 물어죽이자는 쥐도 있었다. 이에 경험 많은 쥐 대표가 남다른 제안을 했다.

"어차피 쥐는 약자이므로 우리가 고양이를 죽이는 것은 불가능합니다. 죽일 수 없는 이상 그것을 피할 방법을 생각해야 하지요. 우리 중에서 용사를 뽑아 '쥐도 새도 모르게' 고양이 목에 방울을 다는 것은 어떻겠습니까? 이렇게 하면 우리는 고양이가 움직일 때마다 나는 방울 소리를 듣고 미리 피할 수 있을 거예요."

쥐들은 괜찮은 방법이라며 모두 고개를 끄덕였지만 문제는 '누가 용사가 되느냐'였다. 고액의 포상금, 명예증서 수여 등 갖은 방법을 생각했지만, 쥐들은 결국 고양이 목에 방울을 달 용사를 찾지 못했다.

이야기 속의 쥐들은 많은 아이디어를 제시했지만, 실제로 행동에 나서지 못해 결국 고양이를 대적하지 못했다. 아무리 좋은 생각이라 해도 행동하지 않는다면 그저 공상空想에 불과하다.

오랫동안 중국 여행을 꿈꿔 온 한 미국인이 본격적인 여행 계획을 세웠다. 그는 먼저 중국의 예술·역사·철학·문화 등 중국에 관한 자료 수집에 몇 달을 보냈다. 그리고 중국 각 성省의 지도를 검토하고 비행기표를 예매한 후 자세한 일정표도 만들었다. 마지막으로 그는 지도 위에 계획한 여행지를 모두 표시하고 시간 단위의 계획까지 세웠다. 그가 자신의 여행 일정을 말하자 친한 친구는 완벽한 계획이라며 찬사를 아끼지 않았다.

그 후 그가 여행을 끝나고 귀국할 즈음에 친구가 찾아와 물었다.

"중국은 어땠어?"

"중국 여행은 분명 좋았겠지만 난 안 갔어."

"뭐라고? 그렇게 오랫동안 여행 준비를 하고 가지 않았다니, 무슨 일이라도 생긴 거야?"

"나는 여행 계획을 세우는 것을 좋아하긴 하지만, 공항에 가는 것을 싫어해서 그냥 집에 있었어."

이 이야기를 듣고 당신은 어떤 생각을 했는가? 아무리 훌륭한 이상을 갖고 주도면밀한 계획을 세웠다 해도 행동하지 않으면 그저 헛된 공상일 뿐이다. 행동력이 강한 사람은 매사에 능동적으로 끊임없이 시도하고 부딪치면서 경험치를 쌓는다. 이를 통해 자신의 능력을 높여 스스로의 가치를 실현시킨다.

창업을 꿈꾸고 있는가? 기본적인 조건을 갖추었다면 일단 부딪쳐라. 마냥 앉아서 어떤 위험이 닥칠지 머리만 굴리는 우愚를 범해서는 안 된다. 가장 좋은 방법은 행동하면서 상황을 파악하고 행동하면서 대처하는 것이다. 뭔가를 배우고 싶다면 즉각 계획을 세우고 실행에 옮겨야 한다. '나는 학식이 부족해, 나는 할 수 없어'라는 불필요한 자괴감에 빠져 있지 말고 과감히 나서 보자. 행동한다면 많은 것이 달라질 것이다.

3

열정－
일의 효율을 높이는 촉매제

"나는 직장 생활이 길어지면서 일에 대한 호기심과 신선함, 열정이 식어가고 인생이 점점 무미건조해지는 것 같아."

주변 친구들의 이런 고민을 들을 때마다 필자는 이렇게 답한다.

"우리가 평범한 삶을 살고 평범한 직장에 다닌다고 해도 이를 평범하게 대응해서는 안 돼. 남다른 열정이 필요해."

열정은 일의 능률과 성공의 속도를 높인다. 삶에 대한 열정이 넘치는 사람들은 지금 당장은 그렇게 뛰어나 보이지 않는다 해도 언젠가는 높은 성과를 거둔다. 성공하는 사람들은 늘 에너지가 넘치며 누구보다 열정적으로 일하고 열정적으로 논다.

한기호 한국출판마케팅연구소장은 이렇게 말했다. "열정이 부족하면 무슨일을 하든 고역이지만, 열정을 품으면 세상에서 가장 힘든 일이라도 그 속에서 즐거움을 찾을 수 있다. 열정은 나이의 벽을 뛰어넘는 식지 않는 청춘이다. 열정은 우리의 잠재력을 북돋우고 세상을 바꾸는 힘을 갖게 하며, 정신과 신념을 성장시킨다."

성공을 위해서 열정은 필수불가결한 요소다. 그렇다면 열정이란 무엇일까? 심리학적으로 보면 열정이란 마음속의 생각을 실천에 옮기도록 스스로를 고무하고 격려하여 주어진 일을 더 잘해낼 수 있게 하는 힘이다. 또한 열정은 심신의 피로를 완화하고 집중력을 높여 잠재성을 발굴하고 사고를 활발하게 한다.

열정은 사물을 탐색하는 모든 과정에서 존재하며 모든 창조 활동과 일의 동력이 된다. 또한 열정은 혁신적인 일, 더 나은 삶을 추구하는 동력이다. 주어진 일에 열정을 갖지 않으면 주동성을 잃게 되고 결국에는 아무것도 이룰 수 없다.

미국 마이크로소프트사는 과거에 실패했던 사람을 쓸지언정 지나치게 신중하여 아무것도 이루지 못하는 사람은 절대 고용하지 않는다.

마이크로소프트는 지원자 면접에서 '도전'이라는 비밀 테스트를 한다. '도전' 테스트의 첫 번째 단계는 구두로 진행되는 '스탠퍼드-비넷 Stanford-Binet'이라는 IQ 테스트이다. 이 테스트에서 지원자들은 표준 답안이 없는 공통 시험 문제를 풀어야 한다. 예를 들어 '저울 없이 제트기 한 대의 무게를 알아내는 방법은 무엇입니까? 답은 하나로 국한되지 않습니다'와 같은 문제가 출제된다. 이에 지원자가 자신만의 답을 제시하고 명쾌한 논리로 이를 변호함으로써 '도전'을 두 번 연속 좌절시켜야 정답으로 인정받는다. 반면 지원자가 연이어 답을 바꾼다면 점수를 얻지 못하고 시험에서 실패하게 된다.

전체 면접 과정에서 시험관은 지원자가 논쟁의 여지가 전혀 없는 완벽한 정답을 말하도록 유도한다. 그리고 "잠시 기다려주세요"라고 말한 후, 지원자가 자신의 답안의 정확성을 충분히 증명할 때까지 그의 의견을 계속해서 반박한다. 이 과정에서 열정이 없는 지원자는 대개 포기하게 되는데, 이런 사람은 절대 뽑히지 않는다. 끝까지 자신의 견해를 굽히지 않고 피력하는 강한 열정을 가진 지원자만이 최종 합격하게 되는 것이다.

실제로 마이크로소프트에서 일하는 직원들은 자신의 일을 어떻게 생각할까? 마이크로소프트사의 한 연구원은 주말마다 차를 몰고 '여자친구'를 만나러 간다고 했다. 우연한 기회에 마이크로소프트에서 근무를 하게 된 전前 구글차이나 CEO 리카이푸李開復가 사무실에서 그 연구원을 보고 여자친구가 어디 있느냐고 물었다. 그러자 그는 웃으며 컴퓨터를 가리켰다. "이쪽이 제 여자친구예요."

마이크로소프트사의 글로벌 사내 워크숍은 직원들 사이에서 인기가 대단하다. 신입사원들에게 엄청난 모티브를 주는 것으로 유명한 이 워크숍은 직원 수천 명이 모여 함께 교류하고 교감하는 장이다. 워크숍이 끝날 때면 모든 참가자의 얼굴에 기술에 대한 사명감과 고객에 대한 열정이 넘쳐흐르며, 모두의 환호와 뜨거운 눈물로 막을 내린다.

한 마이크로소프트 관계자가 말했다.

"이런 열정 없이는 고객을 설득하기 어렵습니다. 마이크로소프트에서 일하는 직원들은 열정을 영리함과 똑같이 중요하게 여기지요."

업무 열정은 긍정적인 태도이자 존귀한 정신이며, 일에 대한 애착이자 사랑이다. 그것은 가장 힘든 일도 해결할 수 있는 힘이요, 우리를 끊임없이 전진하게 하는 원동력이다. 또한 열정은 언행으로 고스란히 표출되어, 주변 사람들이 그 일에 동참하도록 영향을 주고 이끌어 주기도 한다.

미국 경제학자 로빈스Robbins는 '인간의 가치=인력 자본×업무 열정×업무 능력'이라는 이론을 제시했다. 이 공식에 따르면, 업무 열정이 없으면 인간의 가치는 제로가 된다. 열정이 없는 사람은 언제나 일을 대충 처리하고 그저 사무실에 앉아서 시간만 때우며 밥 먹는 시간, 월급 받는 날, 쉬는 시간만을 기다린다. 열정이 있으면 몸과 마음의 엄청난 잠재력이 발휘되어 무한한 에너지가 만들어지고 기적을 일으킨다.

작가 나폴레온 힐은 보통 밤에 글을 쓰곤 했다. 하루는 힐이 밤새 집중해서 일을 하다가 하룻밤이 한 시간처럼 눈 깜짝할 사이에 지나갔다. 그는 간단한 음식을 먹는 시간 외에는 쉬지 않고 또 하루를 일에 몰두했다. 일에 대한 열정이 없다면 힐이 이틀 내내 육체의 피로도 잊은 채 일에 전념할 수 없었을 것이다.

열정은 공허한 단어가 아니라 우리가 반드시 갖춰야 할 역량이다. 때로 사람들은 이렇게 한탄하곤 한다. "일이 단조롭고 재미도 없어. 맡은 임무는 부담스러운데 월급은 변변치 않고, 동료들과 어울리는 것도 쉽지 않아. 상사 성격은 맞추기 힘들고, 회사도 발전성이 없는 것 같아." 당신도 이런 마음을 갖고 있다면 먼저 자문해 보자. 왜 나는 이렇게 불평만 하는 걸까? 무엇이 나를 일에 무감각하게 만들고 일에서 멀어지게 하는가? 패기와 열정이 넘쳤던 나는 어디로 갔는가? 누가 나의 열정을 빼앗아 갔는가?

고故 이채욱 CJ그룹 부회장은『백만불짜리 열정』에서 '사람은 열정적으로 살아야 한다. 보잘것없는 작은 일이라도 예외가 아니다'라고 했다. 그가 그런 열정을 가졌기에 오늘날의 성공을 갖게 된 것이다. 반복되는 일상, 적응되어 버린 직장에서 당신의 의지가 맥없이 식고 있다면 기억하자. 처음의 그 뜨거웠던 열정을…

4

일을 미루지 않는
고효율 행동파가 되자

사람들은 살면서 수많은 동경과 꿈을 품는다. 하지만 아무리 매혹적인 동경과 꿈을 갖고 있다 해도 이를 위한 행동과 노력이 수반되지 않으면 그 모든 것은 헛된 망상에 불과하다.

혹시 업무를 하면서 3분 만에 끝낼 수 있는 전화를 망설이다가 하루 종일 불편한 마음으로 끙끙 앓는 상황을 자주 겪는가? 맡은 임무를 차일피일 미루다가 어설프게 마무리하고 후회한 적이 있는가? 이런저런 망설임과 주저함 때문에 눈앞의 기회를 놓치고 상실감에 빠지기도 하는가?

우리의 일상생활에서 이런 일이 흔하게 나타나는 원인은 바로 '미룸' 때문이다. 미룸증은 일을 하면서 겪는 고질병으로, 이는 또 다른 실패의 기폭제가 되어 우리에게 게으름·자괴감이라는 악순환을 남긴다. 미룸증은 또한 역사적으로 유명한 인물들의 커다란 장애물이기도 했다. 예를 들어, 프랑스를 대표하는 대문호 빅토르 위고는 밖에 나가 놀고 싶은 충동을 억제하고자 가족들에게 자신의 옷을 숨겨 달라고 부탁한 후 알몸으로 글을 썼다. 그의 이같은 괴짜 행동도 미룸증을 극복하기 위한 극단의 대책이었다.

❖

천재 레오나르도 다빈치는 세계적으로 유명한 '불도저'였다. 건축·해부·예술·엔지니어링·수학에 이르기까지 다방면에서 활약했던 그는 마치 연료가 넘쳐서 멈추지 않는 기차처럼 끊임없이 새로운 아이디어들을 쏟아냈다. 그는 항상 작은 노트를 갖고 다니면서 시대를 뛰어넘는 비범한 아이디어들을 글과 그림으로 기록했다. 신식 시계, 쌍동선雙胴船(똑같은 형태의 선체 두 개를 연결한 배)·비행기·탱크·일정표·낙하산·광학기기 등 그가 써낸 아이디어만 해도 5천 페이지가 넘는다. 하지만 이는 다빈치의 주의력이 산만했다는 사실 또한 대변해준다. 주의력이 여기저기에 분산되었기 때문에 그가 한 가지 목표에 오롯이 집중하지 못했던 것이다. 게다가 일을 차일피일 미루는 습관으로 인해 아이디어 하나를 수년에 걸쳐 생각하고 수천 번 수정하는 경우가 허다했다.

언제나 완벽을 추구하고 끊임없이 새로운 영감을 받았던 그는 〈모나리자〉를 그리는 데 4년, 〈최후의 만찬〉을 그리는 데 3년의 시간이 걸렸다.

이러한 미룸증으로 인해 다빈치의 유작은 20점을 채 넘지 못했고 그중 5, 6점의 작품은 그가 죽을 때까지도 손에 쥐고 있었다. 다빈치가 세상을 떠난 지 200여 년이 지난 뒤에야 그림의 원고가 후세에 의해 정리되었고, 수많은 과학적 아이디어는 아직도 그의 초고에 남겨져 있다. 그야말로 천재의 유감이라 할 수 있다.

❖

다빈치 역시 자신의 미룸증에 대해 고뇌하며 다음과 같이 메모했다.

'알려 줘. 알려 줘. 내가 완성할 수 있는 일이 있기나 한 걸까?'

그는 늘 '미완성'의 부담에 시달렸지만 한편으로는 철저한 완벽주의자였다. 새로운 일에 쉽게 흥미를 느끼면서도 누군가 압박을 주면 금방 싫증을 내곤 했다. 다빈치의 이 같은 모습은 오늘날 미룸증에 빠져 있는 우리와 별반 다르지 않다.

그렇다면 어떻게 미룸증을 극복하고 고효율 행동파가 될 수 있을까? 우리는 다음 이야기에서 몇 가지 시사점을 찾을 수 있다.

❖

청靑나라 문학가 팽단숙彭端淑은 『학문에 대하여』란 글에서 이같이 썼다. "쓰촨四川에 두 스님이 있었는데, 한 스님은 가난했고 다른 한 스님은 부자였다. 가난한 스님이 부자 스님에게 말했다. '저는 난하이南海에 가볼까 합니다.' 이에 부자 스님이 물었다. '어떻게 가시려고 합니까?' 가난한 스님이 대답했다. '물병 하나와 밥사발 하나면 충분하지요.' 부자 스님의 낯빛이 환해졌다. '난하이는 쓰촨에서 수천 리 떨어진 곳입니다. 제가 배를 빌려서 가려 해도 아직 가보지 못한 곳을 한낱 물병과 밥사발로 어찌 가겠습니까?' 다음해에 가난한 스님이 난하이에서 돌아와 부자 스님에게 소식을 전했고, 부자 스님의 얼굴에 부끄러운 기색이 완연했다."

부자 스님은 왜 난하이에 못 간 것일까? 현대적 시각으로 보면 그것은 미룸증 때문이다. 많은 사람들은 글 속의 부자 스님과 마찬가지로 자신의 미룸에 대해 이런저런 핑계를 찾는다. 내 생각이 좀 더 분명해지고 나서 이 일을 시작하고 싶어, 나중에 시간이 생기면 친구를 방문해야지, 내가 정신을 좀 차리고 나서 전화를 해야겠어, 먼저 사태 파악을 하고 가족들과 이야기할래…. 이러다 보면 결국 최적의 시기를 놓치고 만다.

반면 가난한 스님의 과감한 행동력은 미룸증을 극복하기 위한 좋은 예라 할 수 있다. 경영학자들은 '행동력=(파트너×방법)/목표'라는 행동력 공식을 제시했다. 이야기로 돌아가서, 부자 스님은 재정적 여유가 있었기 때문에 배를 빌리는 등 선택할 수 있는 수단이 가난한 스님보다 많았다. 그런데도 그가 난하이에 가지 못한 이유는 임무를 단 한 번에 완수하겠다는 완벽주의자 성향 때문이다. 반면 먼저 길을 떠난 가난한 스님은 몸소 부딪치면서 필요한 자원을 찾아가며 문제를 해결했다. 그는 밥사발로 탁발하여 허기를 달랬고 물병으로 갈증을 해소했다. '행동력 공식'에 많은 '동반자'가 생겼기에 그가 목적지까지 순조롭게 갈 수 있었던 것이다. 또한 가난한 스님은 난하이에 도착하는 시한을 정하지 않고 오직 방향만을 설정했기에 큰 스트레스 없이 여유를 갖고 시작할 수 있었다. 난하이에 갔다가 돌아오기까지 일 년 이상이 걸렸지만 스님은 결국 해냈다.

　지금 당신의 주변에 파트너나 실행 방법 등 활용 가능한 자원이 부족할 수 도 있다. 하지만 목표에 대한 기대치를 조금 낮추거나 최종 목표를 부분 목 표로 세분화하는 방법도 있으니 일단 부딪쳐 보자. 몸소 행동하는 과정에서 점차 새로운 방법을 터득하게 되고 새 파트너를 만나 도움을 얻을 수도 있 다. 이것이 바로 가난한 스님이 밥사발과 물병만으로 난하이에 갈 수 있었던 비결이다.

—

제10장

성실함

세상은 당신의 노력에 길을 내준다

☑ 1. 일을 하다 잔꾀를 부리면 화가 부메랑처럼 돌아온다

☑ 2. 불평하지 않는 것-자신의 일에 대한 최고의 존중이다

☑ 3. 당신은 그렇게 대단한 인재가 아닐 수도 있다

☑ 4. 사소한 일도 열심히 하자

☑ 5. 조금 더 부지런하면 결과가 달라진다

1

일을 하다 잔꾀를 부리면
화가 부메랑처럼 돌아온다

사람들은 성공한 사람을 보면 그가 머리가 좋기 때문이라고 말한다. 하지만 세상에 머리 좋은 사람들은 차고 넘치는데 왜 모두가 성공하지 못하는 것일까? 머리 좋은 사람은 영리한 사람과 잔머리를 쓰는 사람, 이렇게 두 부류로 나뉜다. 영리한 사람은 현명하고 교양 있지만 잔머리를 쓰는 사람은 근시안적이고 독선적이며 실상은 어리석다. 요즘 같은 세상에 어리석음을 자랑이라도 하듯 잔꾀로 승부를 보려 한다면 사람들의 비웃음만 사게 될 것이다.

❖

어느 회사에서 몇 단계의 선발 과정을 거쳐 학력·자질이 비슷한 구직자 5명을 대상으로 최종 면접을 실시했다. 첫 번째 구직자가 면접장으로 들어가 자기소개를 마치자 면접관이 물었다.

"자신의 단점은 무엇이라고 생각합니까?"

구직자는 조건반사적으로 대답했다.

"제가 너무 열심히 일해서 동료들이 저를 보고 목숨 걸고 일한다고 말하곤 합니다."

"수작을 부리는군."

면접관은 나지막이 중얼거리더니 재미있다는 듯 웃으며 말을 이었다.

"일에 몰입하는 것은 장점 아닙니까? 단점만 얘기해 주세요."

구직자는 면접관의 표정과 말투 변화에 크게 신경 쓰지 않고 다시 자신 있게 대답했다.

"저는 성격이 급해서 오늘 해야 할 일은 오늘 끝내야 직성이 풀립니다. 그리고 고지식한 편이라 늘 원칙을 지키기 때문에 다른 사람의 미움을 사곤 합니다. 또 저는…"

면접관은 갑자기 한손을 들어 그의 말을 끊었다.

"됐습니다. 수고하셨어요."

잔꾀를 부려 작은 일에만 신경 쓰는 것은 성공의 함정이다. 잔꾀를 쓰는 사람들은 정당하지 않은 방법으로 잇속을 챙기려 한다. 남의 덕을 보고 사는 것이 습관이 되다 보면, 자신의 활동 범위는 더욱 줄어들고 아무도 가까이 다가오지 않는다.

『삼국지연의三國志演義』를 읽은 사람들은 조조가 양수楊修를 참수한 사건에 대해 논쟁을 벌이곤 한다. 조조가 너무 야박하다고 비난하는 사람도 있고, 양수가 잔머리를 굴리다가 자초한 일이라고 생각하는 사람도 있다. 높은 지위에 있던 조조는 자신보다 총명하고 재능 있는 인물에 대해 늘 경계심을 갖고 있었는데, 유달리 명석했던 재사才士 양수가 그에게는 늘 눈엣가시였다.

어느 날, 조조가 장인들에게 정원을 만들도록 지시했다. 거의 완공될 무렵 아무 말도 없이 나타난 조조는 정원의 대문에 '활活'자만 남기고 떠났다. 화원을 만든 장인들은 그게 무슨 뜻인지 몰랐지만 양수는 "'문門'에 '활活'자를 썼으니 '넓을 활闊'이 아닌가. 정원이 너무 크다는 뜻이니 줄이도록 하게"라고 말했다. 또 어느 날은 누군가 조조에게 탕과 고기를 보냈다. 조조는 그 음식 그릇 위에 '일합소一合酥'라는 글귀를 써붙여 놓았는데, 양수는 이 글을 보고 사람들과 음식을 한 입씩一人一口 나누어 먹었다. 이를 본 조조는 양수의 머리가 비상함을 알고 그를 경계하기 시작했던 것이다. 그렇다면 다른 신하들은 우둔하여 조조의 의중을 눈치채지 못했던 것일까? 아마 다 그렇지는 않을 것이다. 그들은 단지 양수처럼 조조를 상대로 무모한 모험을 하고 싶지 않았을 뿐이다. 결국 훗날 양수는 조조가 "계륵鷄肋과 같다"라고 탄식하는 소리를 듣고 부하 장수들에게 철수 명령을 내렸고, 참다못한 조조는 제멋대로 군령을 내린 양수를 참수하였다.

선함과 지혜, 이 두 가지는 최고의 자질이다. 선함과 지혜가 동반된다면 세상의 이치를 깨닫는 고차원의 지혜가 생겨나지만, 지혜만 꾀한다면 그저 잔머리를 굴리는 것에 그칠 것이다. 인생에서 진정 필요한 것은 지혜며 금기시해야 할 것은 잔꾀임을 기억하자.

린메이林梅는 대학을 졸업하고 프랑스로 건너가 아르바이트를 하며 유학생활을 시작했다. 현지의 대중교통 시스템은 셀프 매표소에서 자신의 목적지에 따라 스스로 표를 사는 방식이었다. 정류장은 늘 오픈되어 있었고 개찰구도, 검표원도 없었을뿐더러 무작위로 표 검사를 하는 경우도 드물었다.

관리상의 허점을 파악한 린메이는 무임승차로 적발될 확률이 '1만분의 1'에 불과하다는 것을 계산해 냈다. 그녀는 이 사실을 알아낸 자신을 매우 뿌듯하게 여기며 그때부터 '당당하게' 무임승차를 했고, 가끔씩 양심의 가책을 느낄 때마다 자기합리화를 했다.

'나는 가난한 학생인데 이렇게라도 아껴야지!'

4년 후, 린메이는 우수한 성적으로 명문대를 졸업했다. 자신감에 가득 찬 그녀는 수많은 외국계 회사의 문을 두드리며 자신의 능력을 마음껏 어필했다. 하지만 이상하게도 처음에는 그녀를 환대했던 회사들이 며칠만 지나면 입장을 바꿔 채용을 거절하는 상황이 재차 반복되었다.

연이은 실패에 린메이는 답답함을 금치 못했다.

'외국인을 차별 대우하는 것이 분명해!'

또 한 번의 면접 탈락 소식에 린메이는 매니저를 찾아가 따져 물었다.

"도대체 저의 결격 사유가 무엇이죠?"

매니저는 정중하게 대답했다.

"지원자님, 저희는 당신을 차별한 것이 아니라 오히려 눈여겨보았습니다. 처음에 구직하러 왔을 때, 귀하의 교육 배경 및 학문 수준에 모든 면접관들이 관심을 가졌지요. 지원자님의 스펙은 회사에서 원하는 인재에 부합했습니다."

"그런데 왜 저를 채용하지 않으신 거죠?"

"귀하의 신용 기록을 찾아보니 대중교통 무임승차로 세 번이나 처벌받았더라고요."

"네, 맞아요. 저는 처벌받은 적이 있어요. 하지만 이런 사소한 일로 학보에 수차례 논문을 발표한 인재를 포기한단 말인가요?"

"사소한 일이라뇨? 우리는 그것을 전혀 사소하다고 생각하지 않습니다. 지원자님은 프랑스에 온 첫째 주에 처음으로 무임승차를 했습니다. 그때 지원자님은 셀프 티케팅 시스템에 익숙하지 않아서 그랬다고 변명했고, 이에 검사원은 귀하를 그냥 보내드렸습니다. 하지만 그 후에도 지원자님은 두 번이나 무임승차로 적발되었습니다."

"그때 마침 잔돈이 없어서 그랬어요."

"천만에요. 지금 저의 지능을 시험하고 계신 건가요? 적발되기까지 지원자님은 무임승차를 수백 번은 했을 겁니다."

"아니, 그런 건 앞으로 고치면 되잖아요."

"지원자님, 이 일은 두 가지를 말해 주고 있습니다. 첫째, 귀하는 규칙을 따르지 않았을 뿐 아니라 규칙의 허점을 발견하여 이를 악용하였습니다. 둘째, 귀하를 신임할 수 없습니다. 우리 회사의 많은 업무들은 신뢰에 맡겨 처리됩니다. 만약 귀하가 어떤 지역의 시장 개발을 책임진다면, 회사는 귀하에게 많은 직권을 부여하면서도 원가 절감 차원에서 관리 감독 부서를 따로 두지 않을 것입니다. 전적으로 개인의 자각적 판단에 따라 운영되는 시스템이지요. 이런 점에서 볼 때 귀하는 우리 회사에 적합하지 않은 인재라고 판단했습니다."

이 말을 듣고 깊이 후회하는 린메이에게 매니저는 마지막 일침을 날렸다.

"도덕은 지혜의 부족을 보완할 수 있지만, 잔꾀는 도덕의 공백을 영원히 메울 수 없습니다."

린메이의 실패는 그녀의 능력 부족이 아니라 도덕적 해이 때문이었다. 아무리 훌륭한 사람이라 해도 인품에 문제가 생기면 신뢰와 지지를 잃게 된다. 떳떳한 인생을 살고 큰일을 이루려면 자신의 능력과 진정성이 바탕이 되어야 하며 그 무엇도 인품을 당해 낼 수는 없다.

면접을 보기 전, 자신이 면접 기출 문제를 꿰뚫고 있다고 자만한 적이 있는가? 당신이 인터넷을 검색할 때 회사의 면접관들도 인터넷을 살펴보고 있다. 그 누구도 온라인에 널린 모범 답안을 유창하게 외우는 사람을 좋아하지 않는다. 당신이 완벽한 인재라 할지라도 어느 누가 잘난 척하고 자만에 빠진 사람을 원하겠는가? 이 이야기에서 린메이는 잔꾀라는 금기를 범했다. 자기만 똑똑하다고 생각하지 말자. 지위가 높고, 경험 많은 사람이 새파란 후배에게 속아넘어가지는 않는다.

신입사원이든 경력이 많은 베테랑이든 직장 생활을 하면서 크고 작은 문제에 부딪히곤 한다. 실수하는 것 자체는 문제가 아니지만, 자신의 실수에 구차한 변명과 이유를 달아서는 안 된다. 이런 상황에서는 어디서 문제가 생겼는지 파악하는 것이 급선무다. 꼼꼼히 살펴보면 정말로 당신의 문제가 아닐 수도 있다. 만약 문제의 원인 제공자가 당신이라면 그것을 고치려고 노력하고 같은 문제가 재발하지 않도록 그 속에서 교훈을 얻어야 한다.

세상에는 영리한 사람, 평범한 사람 그리고 어리석은 사람이 있다. 영리한 사람은 어떤 일에 대해 조금만 언급해도 단숨에 알아차리지만 평범한 사람에게는 설명이 필요하다. 또한 어리석은 사람에게는 몇 번이고 반복해서 설명을 해 줘야 한다. 일은 공부처럼 어렵지 않으므로 평범한 사람이라면 대부분의 일을 처리할 수 있다. 한 번 해서 깨닫지 못한 일은 두 번 해보고, 두 번 해도 안 되면 세 번 하면 된다. 이렇게 시도를 수차례 반복하다 보면 일은 자연스럽게 손에 익는다.

무엇보다 중요한 것은 잔꾀를 부리지 않는 것이다. 영리한 사람은 새로운 일에도 금방 적응하지만 영리함 역시 양날의 칼과 같다. 자신의 잇속을 채우려고 머리를 굴리는 것은 주변 사람들의 눈살을 찌푸리게 하고 그런 행동이 계속되면 사람들은 당신이 자신을 바보 취급한다고 여기고 폭발하고 말 것이다. 잔머리를 쓰고 나서의 후폭풍이 두렵다면 진정성을 갖고 착실하게 일해야 한다. 특히 업무를 할 때는 능력보다 태도가 중요하다. 능력은 경험을 쌓으며 보완할 수 있지만 근무 태도가 불량한 것은 심각한 문제다. 그러므로 언제나 일을 성실히 완수하려고 노력하고, 만약 실수했다면 간사하게 농간을 부리지 말고 자신의 잘못을 과감히 인정해야 한다.

2

불평하지 않는 것-
자신의 일에 대한 최고의 존중이다

대도시의 어느 상업 지구에 편의점이 하나 있었다. 겨울에는 그곳에서 뜨끈한 어묵 국수와 구수한 찐빵을 맛볼 수 있었고, 폭염이 기승을 부리는 여름에는 편의점의 에어컨 바람 밑에서 시원한 아이스크림을 먹으며 더위를 식힐 수 있었다.

하지만 이상하게도 이 편의점은 황금부지에 자리잡고 있고 오가는 사람들도 많은 데다가 24시간 내내 문을 여는데도 장사가 늘 시원찮았다.

어느 날 아침, 필자도 그 편의점에 들른 적이 있다. 8, 9시의 바쁜 출근 시간이라 편의점 안은 간단히 끼니를 때우러 온 손님들로 발 디딜 틈이 없었다. 그런데 점원은 조금도 긴장한 기색 없이 친구와 큰소리로 전화 통화를 하고 있었다. 그는 일상에 대한 자질구레한 불평을 늘어놓으며 계산대 앞에 서 있는 손님들의 당황하고 불만에 찬 표정을 전혀 읽지 못했다.

"방금 전에 어떤 사람은 위챗페이WeChat Pay(중국 오프라인 시장의 대표 결제 수단)도 할 줄 모르더라구. 진짜 멍청하지?"

"결제한 물건은 반품이나 환불 안 된다고 말했잖아. 아직도 모르겠어?"

"진짜 재수 없어. 어제 집에 가는 길에 차가 막혀서 한 시간이나 날

렸어.”

……

❖

　한창 바쁜 시간에 전화로 친구와 쓸데없는 잡담을 나누며 불평불만을 늘어놓는 행동은 자신의 일에 대해 일말의 존중도 없음을 반증한다. 아인슈타인은 이렇게 말했다. “자신의 삶을 불평하지 말라. 이것은 자신의 무능함을 드러낼 뿐이다.” 강자는 스스로의 삶에 대해 불평하지 않는다. 불평한다고 해서 어떤 것도 바뀌지 않고 오히려 사람의 정서와 마음에 악영향을 미칠 뿐이다.

　직장에서도 ‘불평쟁이’는 사랑받지 못한다. 그들은 자신의 생활이나 업무에 대한 불만을 타인에게 하소연함으로써 일시적인 마음의 위안을 받지만, 불만에 찬 무지몽매한 삶이 반복되면서 삶의 의미를 점차 상실하게 된다.

❖

　챵즈強子는 업무 능력이 뛰어나고 인맥도 좋은 소위 능력자다. 그러나 그런 챵즈도 매사에 불평을 하는 안 좋은 버릇을 갖고 있었다. 시간이 지나면서 불만의 강도가 점점 세지기 시작했고 하찮은 일도 시시콜콜 따지며 하루 종일 불평을 늘어놓는 수준까지 이르렀다. 이제 그에게 남자다운 모습이라곤 찾아볼 수 없었다. 상사의 까다로운 성격부터 고객의 무리한 요구, 동료가 쓴 PPT의 사소한 실수, 보고서 오탈자까지 모두 그의 불평 대상이 되었고 그럴 때마다 주변 사람들은 당혹감을 금치 못했다. 그렇게 그는 회사 동료, 상사, 심지어 회사의 협력 파트너에게도 미움을 샀지만 버릇이 쉽게 고쳐지지 않았다. 결국 회사는 그에게 등을 돌렸고 그는 직장을 잃고 말았다.

강도 높은 회의와 브레인스토밍으로 모두가 정신없이 바쁜 업무 현장에서 누군가 앵무새처럼 하루 종일 계속 불평만 늘어놓는다면 그 누구도 참지 못할 것이다. 대만의 인기 여류작가 싼마오三毛는 '불평은 감정 표출의 한 방식이기에 가끔은 필요할 때도 있다. 하지만 습관적으로 불평만 하고 변화를 꾀하지 않는 사람은 어리석은 사람이다'라고 했다. 일을 하면서 가끔씩 선의의 토로를 하는 것은 나쁜 감정을 배출시켜 일에 대한 몰입을 높이는 데 도움이 된다. 그러나 맹목적인 불평은 스스로를 헤어나올 수 없는 수렁에 빠뜨리고, 철없고 어리광 부리는 못 미더운 이미지만을 남긴다. 더 심각한 것은, 마음속에 가득 찬 원망을 남에게 실컷 털어놓으면서도 그것을 듣고 있는 사람의 감정을 전혀 배려하지 않는 것이다.

오늘날 사람들의 불만은 인터넷과 소셜네트워크서비스SNS 등을 타고 전 세계로 번지고 있다. 작게는 차가 막히거나 미세먼지가 많다고 불평하고 크게는 사회적 현상이나 국가 정책을 비난하기도 한다. 불만이 가득한 사람들의 눈에 세상은 언제나 나쁘고 불공평하다. 하지만 명심해야 할 것은 나에 대한 세상의 태도는 세상을 대하는 나의 태도에 달려 있는 경우가 많다는 것이다. 그러므로 항상 불평불만하며 비관적인 눈으로 주변을 바라보아서는 안 된다.

직장인들은 업무 과정에서 크고 작은 불만을 갖기 마련이다. 회사의 제도가 제대로 갖추어지지 않았어. 프로젝트 난이도가 너무 높아. 근무 환경이 엉망이야 등등…. 하지만 당신은 머지않아 이러한 불평들이 당신의 삶에 전혀 도움이 되지 않는다는 것을 깨닫게 될 것이다. 물론 불평을 통해 일시적인 통쾌함을 얻을 수도 있겠지만 이는 훗날 더 큰 고통을 가져 온다. 습관적으로 불평을 하면 책임감과 사명감을 잃고 불만거리를 찾는 데만 혈안이 되어 직장에서 점차 설 자리를 잃게 된다.

사업에 성공한 사람들은 쉽게 불평불만하지 않는다. 불평은 저주와 같아서 많이 하면 할수록 더 많은 고통이 따르기에, 불평하며 고통에 빠지느니 그 시간에 자신을 성장시키는 건설적인 일을 하는 것이 낫다.

프랭클린은 자서전에서 이같이 썼다. '나는 아침에 일찍 일어나고 부지런하며 신중하고 성실한 사람이 운명을 탓하는 것을 본 적이 없다. 훌륭한 인품, 좋은 습관, 강한 의지는 소위 운명이라고 불리는 것에 절대 지지 않는다.'

끊임없이 자신에게 투자하고 더 나은 성장을 위해 노력하면 자아는 더욱 강해지고 눈앞의 문제를 원만히 해결하게 된다. 어쩌면 마윈의 말처럼 우리도 이 변화하는 시대에 감사하고, 수많은 불평에 감사해야 할지도 모른다. 다른 사람들이 불평할 때야말로 자신이 무엇을 갖고 있고, 무엇을 원하며,

무엇을 포기해야 하는지를 정확히 알 수 있는 기회이기 때문이다.

다른 사람이 불평할 때가 바로 내가 두각을 드러낼 때다.

다른 사람이 불평할 때가 바로 내가 기회를 잡아야 할 때다.

다른 사람이 불평할 때가 바로 내가 추월해야 할 때다.

주변 환경과 사람들은 내 마음대로 바꿀 수 없지만 나 자신은 제어할 수 있지 않은가. 만약 당신의 손에 평범함을 뒤집고 성공으로 가는 비장의 카드가 쥐어져 있다면 그것은 바로 '불평하지 않기'다.

3

당신은
그렇게 대단한 인재가 아닐 수도 있다

자기애가 강한 사람은 늘 자기중심적이고 스스로를 대단하다고 여기기에 남들이 무시한다고 느끼면 분노를 참지 못한다. 하지만 이 세상에서 자만은 용납되지 않으며, 자신을 낮추고 착실하게 일해야 성공할 수 있다.

한 낙타가 천신만고 끝에 사막을 무사히 건넜다. 낙타 등에 붙어 있던 파리 한 마리가 조롱하듯이 낙타에게 말했다.

"힘들게 나를 태워다 줘서 고마워. 나중에 또 보자."

낙타가 파리를 힐끔 쳐다보더니 말을 이었다.

"난 네가 내 몸에 붙어 있는지도 몰랐으니 나한테 굳이 인사할 필요도 없어. 무게도 느껴지지 않는 몸뚱이를 갖고 스스로를 너무 대단하게 여기는 거 아니니?"

스스로를 너무 대단하게 여기지 말라…. 낙타도 아는 이 이치를 당신은 알고 있는가? 스스로 아무리 대단하다고 느껴도 세상 어딘가에는 자신보다 더 강한 사람이 있기 마련이다.

어느 사장이 양생당養生堂(중국의 전통 의학 병원)을 열어 직원 몇 명을 채용했다. 개업 초기에 사장은 직원들을 따뜻하게 아꼈고 직원들도 그 보답으로 열심히 일했다. 그 결과 양생당은 얼마 지나지 않아 큰 수익을 내게 되었다. 그런데 돈맛을 보면서 태도가 180도 바뀐 사장이 자만에 빠져 직원들을 타박하기 시작했다. 하루는 그가 잔뜩 날이 선 목소리로 말했다.

"일 열심히들 해. 내가 너희를 먹여 살리고 있는데 열심히 안 하면 월급을 깎을 거야!"

이에 직원들은 언짢아하며 대답했다.

"사장님이 저희에게 월급을 더 많이 주셔야죠. 저희가 일을 해서 사장님을 먹여 살리고 있는 거 아닙니까?"

사장은 분노하며 소리쳤다.

"당장 내 눈앞에서 꺼져!"

직원들은 사장의 언행을 이해할 수가 없어 그 자리를 떠났고 양생당에는 사장만 홀로 남게 되었다. 그제야 사장은 직원들의 소중함을 깨닫게 되었다.

❖

사장의 자만 때문에 모든 직원이 떠났다. 타인을 무시하는 사람은 인정을 받을 수 없음을 알려주는 대목이다. 자만에 빠지는 것을 주의하라. 당신이 아무리 능력자라 해도 다른 사람의 눈에 비춰지는 당신은 그저 조연일 뿐이다.

그 누구도 사람의 경중輕重과 귀천貴賤에 기준을 정할 수 없다. 늘 차분하고 겸손하며 함부로 떠벌리지 않는 사람이야말로 진정한 능력자다. 수많은 '고수'와 '달인'이 판을 치고 '뛰는 놈 위에 나는 놈 있는' 이 세상에서 자만과 교만은 절대 금물이다.

자만에 빠진 사람들은 거드름을 부리며 의기양양한 모습을 보인다. 그들은 세상에서 자신이 가장 똑똑하고 경륜이 넘친다고 생각하여 사람들 앞에서 장황하게 말을 늘어놓는 것을 즐기곤 한다. 그러다 누가 자신의 의견에 대적하기라도 하면 분노를 금치 못한다…. 이때 그들이 분노하는 이유는 자신에 대한 지나친 과대평가로 인해 심리적인 균형이 깨졌기 때문이다.

자신을 낮추는 것은 부정적인 심리상태가 아니라 현명한 지혜를 기반으로 한 겸손한 미덕이다. 자신을 낮추는 법을 배워야 편안한 인생길을 걸을 수 있다. 자만에 빠져 제 잘난 맛에 살고 다른 사람의 장점을 보지 못한다면 막다른 골목행을 자처하는 것이나 다름없다. 자신을 낮추고 스스로를 부정하는 법을 배우면 끊임없이 자신을 단련시켜 불쑥 찾아온 위기 앞에서도 침착하게 대처하며 웃어넘길 수 있다.

한 러시아 귀부인이 어느 행색이 초라한 사람을 보고 자신의 짐꾼을 도와 상자를 나르게 했다. 이에 기꺼이 응한 그는 즐겁게 일을 끝낸 후 1루블의 보수를 받았다. 잠시 뒤, 귀부인은 그 사람이 다름 아닌 러시아의 대문호 레프 톨스토이였다는 사실을 알고 부끄러워서 얼굴이 빨갛게 달아올랐다. 그녀는 톨스토이에게 1루블을 주었다는 자체가 너무 부끄러워서 다시 돌려달라고 하자 그는 태연하게 말했다.

"이건 제가 노동한 대가입니다. 원고료와 마찬가지로 소중한 것이지요."

또 하나의 비슷한 일화가 있다. 로널드 레이건 전 미국 대통령의 임기 시절, 레이건은 빌리라는 소년이 불치병에 걸려 죽을 날이 머지않았다는 소식을 들었다. 아이의 가장 큰 꿈이 대통령이라는 것을 알게 된 레이건은, 아이를 백악관으로 불러 타원형 사무실에 앉히고 직접 아이의 조수 역할을 하며 날이 저물 때까지 아이와 함께 공무를 처리했다.

톨스토이와 레이건의 자신을 낮추는 겸손함은 세상의 존경과 사랑을 받기에 마땅하다. 세상의 모든 사람은 소중하고 중요하다. 자신감은 좋지만 자만심은 경계해야 하며, 자유분방함은 좋지만 무분별함은 피해야 한다. 건강하게 오래 살 수는 있어도 불로장생不老長生할 수는 없으며, 잘못된 상황을 바로잡을 수는 있어도 천지를 재창조할 수는 없다. 알고 보면 우리는 모두 대체 불가능한 절대적 존재가 아니기에 자신을 지나치게 과대평가하지 말자.

사람들은 저마다 울타리를 갖고 있다. 어느 정도의 능력과 재능을 갖고 있다면 주변 사람들의 인정과 존중을 쉽게 받을 수 있다. 하지만 여기서 주의해야 할 것은 울타리 밖에서의 처신이다. 울타리 안에서 수많은 별들이 달을 에워싸듯 사람들의 관심을 한몸에 받는 나날을 보내다가, 울타리 밖으로 나가서도 평소처럼 행동하면 돌아오는 것은 차가운 외면뿐이다.

왕씨는 일 잘하기로 소문난 일꾼이다. 날이 갈수록 그를 찾는 사람들이 많아지자 왕씨의 태도가 점차 거만해지기 시작했다. 어느 날, 그의 도움을 청하러 온 마을 사람에게 왕씨는 그 일은 자기만 할 수 있다는 듯 건방진 말투로 응대했다. 이에 잔뜩 화가 난 마을 사람은 그 자리를 떠나 다른 사람을 찾았고 일이 일사천리로 잘 해결되었다. 왕씨는 그제야 비로소 자신이 그렇게 대단한 사람이 아니며, 내가 할 수 있는 일은 다른 사람도 할 수 있다는 것을 깨달았다.

내가 없어도 지구는 돌며, 내가 없어도 사람들은 평소처럼 일하고 살아간다. 스스로를 지나치게 과대평가하지 말고 자신이 남보다 우월하다고 자만하지 말라. 치열한 경쟁 사회에서 능력자들은 차고 넘친다. 당신의 능력이 아무리 대단하다고 해도 다른 누군가로 얼마든지 대체될 수 있다.

어느 청년이 천 리 너머에 있는 한 사원을 찾아가 석원釋圓스님에게 말했다.

"제가 그림을 제대로 배우고 싶은데 아직까지 마음에 드는 스승을 찾지 못하고 있으니, 어떻게 하면 좋겠습니까?"

석원스님은 이에 웃으며 대답했다.

"자네는 십수 년 동안 전국팔도를 돌아다녔는데도 마음에 드는 스승을 만나지 못했단 말인가?"

청년은 깊은 한숨을 내쉬며 말했다.

"제가 만났던 그림의 대가들은 모두 허울만 번지르르했지 실력은 기대에 못 미쳤습니다. 심지어 저보다 그림 솜씨가 떨어지는 사람도 있었지요."

석원스님은 옅은 웃음을 띤 얼굴로 다시 말을 이었다.

"이 노승은 그림은 몰라도 명작 모으는 것을 좋아한다네. 자네의 그림 실력이 그 대가들에도 뒤지지 않는다면 나에게 작품 한 점 남겨 줄 수 있는가?"

그리고 석원스님은 어린 중에게 붓, 벼루와 화선지 한 뭉치를 가져오게 한 후 말을 이었다.

"나의 가장 큰 취미는 차를 마시는 것이네. 특히 고풍스러운 다기에 차 마시는 것을 즐기지. 이 노승을 위해 찻잔과 찻주전자를 하나씩 그려 줄 수 있겠나?"

청년은 "쉽지는 않을 것 같네요"라고 말하며 벼루에 먹을 갈기 시작했다. 화선지 위에서 붓이 현란하게 움직이자 기울어진 찻주전자와 우아한 찻잔 하나가 어느덧 완성되었다. 게다가 그는 찻주전자의 주둥이에서 나오는 물이 찻잔 안으로 떨어지는 것까지 생생하게 그려냈다.

청년은 붓을 내려놓고 석원스님에게 물었다.

"그림이 마음에 드십니까?"

석원스님은 미소를 지으며 고개를 가로저었다.

"잘 그리긴 했지만, 찻주전자와 찻잔의 위치가 잘못된 것 같네. 마땅히 찻잔이 위에, 찻주전자는 아래에 있어야 하지 않는가?"

청년는 어이가 없다는 듯 웃으며 말했다.

"스님, 지금 무슨 말씀하시는 겁니까? 찻주전자에 담긴 물을 찻잔에 부어야 하는데, 찻잔이 위에 있으면 어떡합니까?"

"자네도 이 이치를 알고 있었군. 자네는 고수들의 가르침을 받기 원하면서도 늘 자신의 잔을 주전자보다 높게 놓아두는데, 가르침의 향유가 어찌 자네의 잔에 들어갈 수 있겠는가? 자신을 낮추어야 비로소 다른 사람의 지혜와 경험을 배울 수 있는 것이네."

　강과 바다가 모든 계곡의 왕이 될 수 있는 이유는 가장 낮은 곳에서 모든 것을 포용하였기 때문이다. 마찬가지로 사업에서 큰 성공을 하고 싶다면 강·바다와 같은 넓은 아량을 갖고 자신을 낮추고 또 낮추어야 한다.

4
사소한 일도
열심히 하자

모죽毛竹은 중국 및 일부 아시아 국가에서 자라는 대나무다. 특이하게도 모죽은 성장에 필요한 영양분을 충분히 공급해도 첫 5년 동안은 거의 성장을 멈춘 것처럼 눈에 띄는 변화를 보이지 않는다. 하지만 5년이 지나면 마치 마법을 부린 듯 하루에 약 30센티미터씩 자라기 시작해, 6주 후에는 27미터를 넘으며 웅장한 자태와 화려한 위용을 과시한다.

과학자들이 오랫동안 모죽의 생장을 관찰하고 연구한 결과, 전혀 변화가 없었던 5년 동안에도 모죽이 계속 자라고 있었음을 알게 되었다. 바로 줄기가 아닌 모죽의 뿌리가 땅속 깊은 곳에서 사방으로 몇 마일 이상 넓게 퍼져 있었던 것이다. 세상으로 뻗어 나갈 날을 위해 숨죽인 듯 철저히 준비한 모죽은 5년 후 모두가 놀랄 만한 기적을 만들어냈다.

❖

세상의 모든 기적은 하루아침에 일어나는 것처럼 보이지만 자세히 살펴보면 이 모든 기적에는 쓰라린 인고의 세월이 녹아 있다. 성공은 축적을 통해 얻어진다. 착실하게 일하면서 묵묵히 에너지를 모으다 보면 어느새 당신의 뿌리는 넓게 퍼지고 자연스레 기적이 일어날 것이다.

일하는 태도와 방법 역시 남들과 차별화되어야 한다. 어떤 사람은 일을 하면 할수록 현명해지고 노련해지는 반면, 어떤 사람은 오히려 더욱 긴장하고 쩔쩔맨다. 어떤 사람은 더 나은 삶을 향해 끊임없이 전진하지만, 어떤 사람은 하염없이 나락으로 떨어진다. 수많은 사소한 일들로 이루어진 인생에서 우리가 염두에 두어야 할 것은 모든 일에 열심히 임하는 것이다.

우리의 삶에 중요하지 않은 일이란 없다. 성공한 사람도 평범한 사람과 마찬가지로 간단하고 반복적인 일을 하지만, 유일한 차이점은 '자신이 하는 일을 결코 사소한 일로 여기지 않는다'는 것이다.

미국의 한 석유 회사에 아키포트Arkiepott라는 어린 직원이 있었다. 아키포트에게는 이상한 버릇이 있었는데 출장 가서 호텔에 묵을 때마다 자신의 이름을 서명한 뒤 그 밑에 '배럴당 4달러'라고 덧붙였다. 이뿐만 아니라 그는 영수증·편지 등 자신이 서명할 수 있는 모든 곳에 이 문구를 적었다. 동료들은 그런 그를 '배럴당 4달러 씨'라고 부르며 놀리곤 했다. 시간이 지나면서 모두가 그를 그렇게 불렀고, 심지어 어떤 사람들은 아키포트의 진짜 이름을 잊을 정도였다.

사장은 이 소식을 듣고 매우 흐뭇해하며 말했다.

"우리 회사를 그렇게 열심히 홍보하고 다니는 직원이 있다니, 내가 꼭 만나봐야겠네."

　그날 저녁 회장은 아키포트를 초청하여 만찬을 함께했고, 몇 년 후 회장이 사임하면서 아키포트가 회장직을 승계하였다.

　아키포트가 꾸준히 행한 사소한 일이 그를 성공으로 이끌었다. 일을 할 때 남의 비웃음이나 의심의 눈초리에 신경 쓰지 않고, 다른 사람이 나보다 능력이 얼마나 강한지 의식하지 않으며 매사에 열심히 임하면 성공은 당신의 것이 된다.

　중국 하이얼의 창립자 장루이민 회장은 "간단한 일을 잘 해내는 것 자체가 간단하지 않으며, 평범한 일을 잘 해내는 것 자체가 평범하지 않다"라고 말했다. 업무 성과의 좋고 나쁨은 개인의 학력이나 스펙이 아닌 업무 태도에 달려 있다. 일하는 자세는 마치 거울과 같아서 사람의 내면을 비추고 개인의 정신적 면모와 인품을 그대로 반영한다.

❖

　주사장의 가구 사업이 하루가 다르게 번창했다. 그의 성공의 배후에는 목수 이씨의 노력이 크게 한몫했다. 현지에서 이름난 목수인 이씨는 손재주가 뛰어나 업계의 많은 이들이 그를 스승으로 모실 정도였다. 세월이 흘러 75세가 된 이씨는 은퇴해서 편안한 노후를 보내고 싶다는 마음에 주사장을 찾아가 말했다.

"이제 나는 퇴직하고 싶소."

주사장은 예의를 갖추어 말했다.

"몇 년 동안 우리 가구 공장을 위해서 큰 기여를 하셨는데 이렇게 떠나보내야 하니, 너무 아쉽네요. 그런데 어찌 세월을 이길 수 있겠습니까, 부디 노후를 편안하게 보내시길 바랍니다. 그럼 떠나시기 전에 12개짜리 고급 조립 가구 한 세트를 만들어주실 수 있을까요?"

그 후 이씨는 주사장이 5만 위안을 들여 사들인 목재로 가구 만들기에 착수했다. 하지만 이미 마음이 떠난 이씨는 매일 은퇴 이후의 삶을 생각하면서 일에 집중할 수가 없었다. 이씨는 계획했던 것보다 자재를 적게 써서 날림식으로 작업을 끝낸 후 주사장을 찾아가 말했다.

"이번에 만든 가구는 특별 디자인을 해서 그런지 목재가 많이 남았네요."

주사장은 이씨를 보더니 웃으면서 "좋아요. 수고하셨습니다"라고 말한 후, 공장의 모든 직원들을 한자리에 불러모았다. 그리고 많은 이들 앞에서 큰소리로 외쳤다.

"선생님께서 몇 년 동안 많은 고생을 해오셨습니다. 그 노고에 대한 보답으로 선생님의 마지막 작품을 기념으로 드리겠습니다."

이 말을 들은 이씨는 순간 멍해졌다. 자신의 얄팍한 술수가 오히려 스스로에게 해를 입힌 것이다.

이 '웃픈' 이야기를 듣고 이씨를 안타깝게 여기는 사람도 있을 것이다. 하지만 이씨는 평생 잘해 왔음에도 마지막에 유종의 미를 거두지 못했다. 성실히 하지 않고 꼼수를 부린 대가로 돌이킬 수 없는 결과를 초래한 것이다.

모든 일에 성실히 임하는 것은 성공을 얻는 비결이다. 매사를 가볍게 여기지 말고 아무리 평범한 일이라 해도 최선을 다해 책임을 져야 한다.

일본 도쿄의 한 무역회사에 근무하는 이여사는 바이어에게 차표를 구매해 주는 일을 맡고 있었다. 그녀는 특히 독일 협력업체 사장에게 도쿄와 오사카를 오가는 기차표를 자주 사주곤 했다. 독일 업체 사장은 일본 출장이 반복되면서 흥미로운 점을 발견하게 되었다. 그가 오사카에 갈 때는 언제나 열차 오른쪽 창가에 앉고, 도쿄로 돌아올 때는 늘 왼쪽 창가에 앉는 것이다. 독일 업체 사장은 이여사를 찾아가 어떻게 된 일인지 묻자 그녀가 대답했다.

"오사카행 기차를 타면 후지산이 오른편에 있고 도쿄행 기차를 타면 후지산이 왼쪽에 있거든요. 특히 외국인들은 후지산의 웅장하고 아름다운 경치를 좋아하니 좌석을 다르게 예약한 것뿐입니다."

독일 사장은 그녀의 세심한 배려에 깊은 감동을 받았고 일본 회사에 대한 거래액을 400만 마르크에서 1,200만 마르크로 대폭 확대했다. 하찮아 보이는 작은 일도 이렇게 세심하게 처리하는 직원을 보고 회사에 대한 신뢰도가 크게 높아진 것이다.

작은 배려 하나로 이렇게 큰 성과를 이루다니 이 얼마나 남는 장사인가? 그렇다. 업무 중에서 소위 말하는 '큰일'들은 모두 작은 일이 하나하나 모여 이루어진 것이다. 하찮은 일들을 성실히 해내야 큰일도 성공할 수 있다.

일에는 거창한 호언장담도 필요없다. 그저 한결같은 마음으로 모든 사소한 일을 실수 없이 완벽하게 해내는 것이 중요하다. 사소한 일을 잘 해내면 상사의 신뢰와 인정을 받고 더 나은 성과를 낼 수 있지만, 작은 일을 소홀히 하면 큰일을 맡을 기회를 놓치게 된다. 작은 일조차 제대로 해내지 못하면서 어떻게 큰일을 할 수 있단 말인가? 늘 사소한 일은 경시하고 작은 일을 성공적으로 끝낸 경험이 없다면 큰일을 할 기회를 얻기 어렵다. 설사 운 좋게 큰일을 할 기회가 생겼다 해도 어디에서부터 일을 해야 할지 갈피를 잡을 수 없다. 일의 노하우와 방법은 평소에 사소한 일을 하면서 쌓아가는 것이기 때문이다. 당신이 평사원이라면 업무 중의 자질구레하고 번잡한 일도 성실히 잘 해내야 한다. 큰일이든 작은 일이든 일에 대한 한 사람의 마음과 태도가 고스란히 드러난다는 것을 잊지 말자. 사소한 일도 중요시하고 열심히 하면 수많은 작은 일로 이루어진 큰일도 충분히 해낼 수 있다.

5

조금 더 부지런하면
결과가 달라진다

　작품의 가치는 장인의 손에 달려 있고, 장인이 흘린 땀은 집념의 수준과 비례한다. 흘린 땀이 많을수록 작품의 완성도가 높아지는 것이다. 로마는 하루아침에 만들어진 것이 아니라고 했던가. 훌륭한 기술과 정교한 작품은 갑자기 하늘에서 떨어지는 것이 아니라 오랜 인고의 시간을 거쳐야 한다.

　성공의 지름길은 성실함이다. 매일 조금씩 더 많이 하고 노력하면 당신의 천부적인 재능이 곧 빛을 발하게 될 것이다. 남들보다 조금 더 신경 써서 공을 들이면 비범한 성과를 거둘 수 있다. 사실 능력자와 평범한 사람이 하는 일은 크게 다르지 않다. 단지 더 나은 삶을 추구하는 능력자는 모든 일에 촉각을 곤두세우고 더 주의를 기울일 뿐이다.

　직장인 샤오우小吳는 복잡하고 요구가 까다로운 사무 업무를 맡게 되었다. 그는 자신의 부주의로 인해 회사의 명성과 이미지에 누가 되지 않도록 날마다 업무 분량을 조금씩 늘리면서 모든 일을 꼼꼼하게 살폈다. 샤오우는 매일 아침 하루를 시작할 때마다 전날의 임무를 완성했는지 확인하고 오늘 해야 할 일들의 중요도를 체크하여 업무 순서를 정했다.

어느 날, 샤오우는 점심 식사를 마치고 사무실에 들어와 회사 전 직원에게 발송된 문서를 집어 들었다. 자세히 살펴보니 문서에 명백한 오류가 두세 군데나 눈에 띄었다.

샤오우는 그동안의 업무 경험을 되돌아보며 한 가지 사실을 파악했다. 각 부서에서 문서 작성을 하는 직원들의 글 쓰는 수준이 천차만별인 데다가, 시간에 쫓겨 문서를 작성하다 보면 문맥이 매끄럽지 않거나 불규칙한 용어를 쓰는 등의 각종 오류가 자주 발생한다는 것이다.

샤오우는 오류가 발견된 문서를 만지작거리며 생각했다.

'이 문서는 비록 내가 쓴 것은 아니지만 결국 사무실 결재를 받고 발송된 거잖아. 사무실의 구성원인 나라도 사무실의 이미지를 지켜야겠어. 나는 언어 실력도 괜찮은 편이고, 특히 문서 교정은 내 전문이니 내가 한번 고쳐 보자!'

그래서 그는 짧은 점심시간 안에 발급된 문서를 회수하고 교정을 한 후 재발송까지 마쳤다. 그 후 샤오우는 자발적으로 사무실에서 작성되는 모든 서류의 교정 임무를 맡았고 결재 도장을 찍어 발급해야 하는 문서는 몇 차례나 꼼꼼히 체크했다. 급히 결재 도장을 받으러 온 직원들은 조급한 마음에 불평을 하기도 했지만 샤오우는 이에 굴하지 않고 모든 문서를 빈틈없이 검수했다. 샤오우의 엄격한 '단속' 덕분에 회사에서 발급하는 문서의 품질이 날로 높아졌다. 샤오우 역시 다양한 분야의 문서를 섭렵하면서 그의 공문서 작성 능력도 눈에 띄게 향상

됐다. 또한 그는 회사의 발전 동향을 가장 빠른 속도로 파악해 회사에 대한 이해와 사명감이 더욱 확고해졌다.

❖

매사를 주의 깊게 살피며 맡은 일을 책임감 있게 해내는 사람이야말로 우수한 인재다. 일을 통한 즐거움과 성공이라는 두 마리 토끼를 잡으려면 '조금 더' 하는 것이 중요하다. 자신의 본분을 벗어난 일이라 해도 매일 조금씩만 더 하면 그 일의 주인이 된다.

'1온스의 법칙'을 발견한 월스트리트의 전설 존 템플턴John Templeton은 "우수한 성과를 내는 사람과 보통 사람의 업무량이나 에너지를 정량화하면 '1온스'의 차이밖에 나지 않는다"라고 말했다. 다른 사람보다 조금만 더 부지런하고 조금만 더 많이 하면 성공할 수 있다는 뜻이다.

사실 이는 그리 어려운 일이 아니다. 이미 99퍼센트의 노력을 기울여서 일을 거의 끝낸 상황에서 조금만 더 힘을 내면 된다. 하지만 우리는 종종 이를 위한 책임과 결심이 부족하다.

모든 일을 성공적으로 완수하기 위해 우리가 조금씩 더 해야 할 일은 무엇이 있을까? 전화 받는 일, 정산하는 일 등 사소한 일도 상관없다. 일하면서 맡게 되는 모든 업무의 양을 조금씩 늘리며 성실히 임하면 업무의 완성도가 높아지고 몇 배로 보상받을 수 있다.

날마다 조금씩 더 하는 것은 성공으로 가는 지름길이다. 재계·예술계·

체육계 등 각 분야에서 우수한 성과를 거둔 사람들은 보통 사람보다 조금 더 노력하고 부지런했을 뿐이다. 간단한 예를 들어, 일찍 회사에 출근하는 것은 당신이 자신의 일을 중시하고 있음을 반증한다. 단 10여 분만 일찍 도착해도 하루 일과에 대한 계획을 세우는 시간적 여유가 생긴다. 다른 동료가 오늘 무엇을 어떻게 해야 할지 고민하고 있을 때 이미 일을 시작한 당신은 늘 남보다 한발 더 앞서 있을 것이다.

듀랜트의 회사에서 평사원으로 시작한 다우니스는 이제 듀랜트의 든든한 오른팔이 되어 계열사 회장을 맡고 있다. 그가 이처럼 짧은 기간에 빠른 승진을 할 수 있었던 비결은 바로 날마다 조금씩 더 일했기 때문이다.

다우니스가 회사에 막 입사했을 무렵, 그는 모든 직원들이 퇴근한 후에도 듀랜트 사장이 혼자 사무실에 남아 야근을 한다는 것을 알게 되었다. 듀랜트의 업무 열정에 감탄한 다우니스는 자신도 사무실에 남아 보조 역할을 해야겠다고 마음먹었다.

듀랜트 사장은 야근을 할 때 관련 문서를 찾거나 인쇄하는 일들을 혼자서 처리하곤 했다. 하지만 다우니스가 회사에 남아 사장의 부름을 대기하고 있다는 것을 알게 된 후부터는 도움이 필요할 때마다 가장 먼저 그를 부르는 버릇이 생겼다.

그렇게 다우니스는 야근을 자처하면서 언제나 듀랜트 사장의 시야 안에 있었다. 그 결과, 다우니스는 회사에서 더 많은 기회를 얻고 고속 승진의 가도를 달렸다.

날마다 조금씩 더 하는 것은 별것 아닌 것처럼 보이지만 꾸준히 쌓이면 큰 부를 모을 수 있다. 그러므로 우리는 일을 할 때마다 '내가 여기에서 조금 더 할 수 있지 않을까?'라고 스스로를 독려해야 한다.

'매일 조금씩 더 하는' 긍정적이고 능동적인 태도는 당신을 더욱 민첩하고 주동적인 사람으로 만든다. 이로써 자신의 발전에 더 많은 기회를 창출하여 어느새 과거와는 전혀 다른 모습으로 성장하게 된다. 능력 있는 사람과 보통 사람과의 차이는 사소한 일에서 두드러진다. 하루빨리 성공하고 싶은가? 자료를 조금 더 찾고 전화 몇 통을 더 하며 업무에 관한 고민을 조금 더 해보자. 남들이 하는 것보다 조금 더 많이 하는 것, 이것뿐이다.